MIX
Papier aus verantwortungsvollen Quellen
Paper from responsible sources
FSC® C105338

Joachim von Stockhausen

Dankelshausen - Wellersen zwischen Göttingen und Hann. Münden

Ein dorf- und familiengeschichtlicher Streifzug

disserta
Verlag

von Stockhausen, Joachim: Dankelshausen - Wellersen zwischen Göttingen und Hann.
Münden: Ein dorf- und familiengeschichtlicher Streifzug, Hamburg, disserta Verlag, 2014

Buch-ISBN: 978-3-95425-796-6
PDF-eBook-ISBN: 978-3-95425-797-3
Druck/Herstellung: disserta Verlag, Hamburg, 2014
Covermotiv: © laurine45 – Fotolia.com

Bibliografische Information der Deutschen Nationalbibliothek:
Die Deutsche Nationalbibliothek verzeichnet diese Publikation in der Deutschen
Nationalbibliografie; detaillierte bibliografische Daten sind im Internet über
http://dnb.d-nb.de abrufbar.

Das Werk einschließlich aller seiner Teile ist urheberrechtlich geschützt. Jede Verwertung
außerhalb der Grenzen des Urheberrechtsgesetzes ist ohne Zustimmung des Verlages
unzulässig und strafbar. Dies gilt insbesondere für Vervielfältigungen, Übersetzungen,
Mikroverfilmungen und die Einspeicherung und Bearbeitung in elektronischen Systemen.

Die Wiedergabe von Gebrauchsnamen, Handelsnamen, Warenbezeichnungen usw. in diesem
Werk berechtigt auch ohne besondere Kennzeichnung nicht zu der Annahme, dass solche
Namen im Sinne der Warenzeichen- und Markenschutz-Gesetzgebung als frei zu betrachten
wären und daher von jedermann benutzt werden dürften.

Die Informationen in diesem Werk wurden mit Sorgfalt erarbeitet. Dennoch können Fehler nicht
vollständig ausgeschlossen werden und die Diplomica Verlag GmbH, die Autoren oder
Übersetzer übernehmen keine juristische Verantwortung oder irgendeine Haftung für evtl.
verbliebene fehlerhafte Angaben und deren Folgen.

Alle Rechte vorbehalten

© disserta Verlag, Imprint der Diplomica Verlag GmbH
Hermannstal 119k, 22119 Hamburg
http://www.disserta-verlag.de, Hamburg 2014
Printed in Germany

Inhalt

Vorbemerkungen 9
Über Wellersen nach Dankelshausen 11
Die Bramburger werden Grundherren von Dankelshausen 16
    Anfängliche Siedlungsstruktur 16
    „Das ist des Herzogs Wort" 19
Die Dankelshäuser Kirche – eine Stiftung derer von Stockhausen? 24
    Die Dankelshäuser Mutterkirche 24
    Die Mitgliedsgemeinden der Dankelshäuser Parochie proben den Aufstand 29
    Umstrittenes Kirchenpatronat 34
Die Dankelshäuser Gerichtsherren und das Amt Münden: Wer war zuständig? 42
    Das ungeschlossene Untergericht Dankelshausen und Wellersen 42
    Auflösung der Dankelshäuser Gerichtsbarkeit 50
    Mitglied des Nebenanlage-Verbandes des Amtes Münden 53
Dankelshausens dominante Grundherrschaft 56
    Merkmale der Grundherrschaft 56
    Kauf des Ritterguts Wellersen 57
    Die Bramwald-Dörfer im Vergleich 58
    Grundherrliche Einflussnahme auf die bäuerliche Betriebsstruktur 63
    Sonderrechte des grundherrlichen Adels 70
    Ablösung der grundherrlichen Rechte 74
    Das Hannoversche Höferecht 78
Kriege, Not und Strukturwandel im 17. und 18. Jahrhundert 80
    Plünderungen und Sittenverfall 80
    Nachhaltiger Strukturwandel seit dem Ende des 17. Jahrhunderts 84
    Gewerbliche Nebenerwerbsquellen 86
    Französische Besatzung 92
    Belastungen in der Nachkriegszeit 97
„Also lautet der Beschluss, dass der Mensch was lernen muss" 103
    Einführung der allgemeinen Schulpflicht im Jahre 1650 103
    Seit wann gibt es in Dankelshausen eine Schule? 110
    Der Streit um das Küsteramt 111

Die Synagogengemeinde Dankelshausen, Oberscheden, Mielenhausen 116
    Die ersten Juden in Dankelshausen Anfang des 18. Jahrhunderts 116
    Die jüdischen Mitbürger in der ersten Hälfte des 19. Jahrhunderts 120
    Zäher Wandel der jüdischen Mobilitätsfreiheit 122
    Isaac Moses Esbergs Verdienste um die jüdische Schule 125
    Der jüdische Friedhof 127

Einschneidende Gemeindereformen 129
    Die Domizilordnung vom Jahre 1827 129
    Ablösung der Bramwaldnutzungen 134
    Gemeinheitsteilung und Verkoppelung 141
    Widerstand gegen das Landgemeindegesetz vom Jahre 1859 146
    Die letzten Tage des Königreichs Hannover im Jahre 1866 149
    Vereinigung des Gutsbezirks Wellersen mit der Gemeinde Dankelshausen 151

Unter der Fahne der Nationalsozialisten 153
    Hoher Wahlerfolg der NSDAP in den Bramwald-Dörfern 153
    Die Amerikaner sind da 161

Vom Bauern- zum Wohndorf 168
    Die Gemeinde gibt sich eine neue Verfassung 168
    Willi Pauche – ein Bürgermeister der Familienzusammenführung und
    Mangelbewirtschaftung 170
    Eingliederung der Flüchtlinge in die Dankelshäuser Dorfgemeinde 179
    Auspendler und „Feierabendlandwirte" bestimmen das Dorfbild 182

Dankelshausen verliert seine kommunale Eigenständigkeit 185
    Einheitsgemeinde Scheden 185
    Samtgemeinde Dransfeld 188
    Vor der Herausforderung einer neuen kommunalen Identität 191

Anmerkungen 194

Stammtafel der Familie von Stockhausen 211

Übersichten 212

Quellennachweis 229

Vorbemerkungen

Das Dorf Dankelshausen und das Gut Wellersen sind mit meiner Familie als deren ehemalige Grundherren über viele Jahrhunderte hinweg eng verbunden, Dankelshausen seit der zweiten Hälfte des 13. und Wellersen seit dem Ende des 16. Jahrhunderts. Aus diesem Verbund schied im Jahre 1949 das Gut Dankelshausen durch Verkauf aus. Die von meinem Vater im Jahre 1946 begonnene Selbstbewirtschaftung des Gutes Wellersen – es war seit dem Jahre 1736 verpachtet gewesen - gab mein Bruder Hans Anfang der 1970er Jahre auf. Diese Aufgabe bedeutete eine weitere Lockerung der Bindung meiner Familie an Dankelshausen und Wellersen. Das bis heute verbliebene Bindeglied zwischen meiner Familie und Dankelshausen beschränkt sich auf das Kirchenpatronat meines Neffen Ludolf.

Seit den ersten Siedlungsansätzen im 8./9. Jahrhundert bildeten die Nutzungsrechte am Bramwald für die Bewohner der sieben Bramwald-Dörfer Dankelshausen, Scheden (ehemals Ober- und Niederscheden) Bühren, Varlosen, Ellershausen und Mielenhausen die sie verbindende und zugleich prägende Lebensgrundlage. Verantwortlich für die etwas gesonderte Entwicklung von Dankelshausen waren seine adligen Grundherren als gleichzeitige Gerichtsherren und Kirchenpatrone. Ihr Wirken hatte u. a. zur Folge, dass Dankelshausen als kleinste Gemeinde nicht nur das Parochiezentrum für Ober- und Niederscheden sowie Mielenhausen, sondern auch während des 18. und 19. Jahrhunderts das Zentrum der Synagogengemeinde Dankelshausen, Oberscheden, Mielenhausen bildete.

Einen einschneidenden Wandel erfuhren Dankelshausens Entwicklung und seine Beziehung zu meiner Familie im 19. Jahrhundert. Auslöser waren die Anerkennung von Dankelshausen als politische Gemeinde, die Auf- und Ablösung der grundherrschaftlichen Gerichtsbarkeit sowie der grundherrlichen Abgaben und Dienste, die Ablösung der Nutzungsrechte am Bramwald sowie die Gemeinheitsteilung und Verkoppelung.

Die Machtübernahme der Nationalsozialisten im Jahre 1933 hatte für die Dankelshäuser nach dem Ende des Zweiten Weltkriegs äußerst schwierig zu bewältigende Belastungen zur Folge - die Bewältigung des allseitigen Mangels sowie die Unterbringung der zahlreichen Flüchtlinge und ihre Eingliederung in die Dorfgemeinde.

Im Rahmen der Bemühungen der niedersächsischen Landesregierung, die Effizienz der kommunalen Verwaltungen zu erhöhen, verlor am 1. Januar 1973 die damalige 300-Seelen-

Gemeinde Dankelshausen durch ihre Eingliederung in die Einheitsgemeinde Scheden und über sie in die Samtgemeinde Dransfeld ihre vor zweihundert Jahren erworbene kommunale Selbständigkeit.

Mit den vorliegenden Aufzeichnungen wird die vielfältige und wechselreiche Entwicklungsgeschichte von Dankelshausen mit der der übrigen Bramwald-Dörfer verknüpft und partiell verglichen. Sie bieten eine Fülle von bislang nicht veröffentlichtem dorfspezifischen Daten und Informationen sowie zahlreiche allgemeine historische Hinweise über den dörflichen Entwicklungsprozeß im südlichen Niedersachsen. Sie sind nicht zuletzt das Ergebnis der Auswertung einer großen Anzahl von Archivalien aus den verschiedensten Archiven. Einige hat Heinz Rüngeling zusammengestellt, eine Vielzahl hat er in eine für mich lesbare Form übersetzt. Für diese seine so wichtige Unterstützung möchte ich ihm ganz besonders danken.

Dank schulde ich meinem Bruder für seine finanzielle Unterstützung, die er mir über den Heimatverein Dankelshausen hat zukommen lassen.

Mein besonderer Dank aber gilt meiner lieben Blanka, die mir mit ihrer umfassenden Hilfe und unermüdlichen Ermunterung über viele Jahre hinweg zur Seite gestanden hat.

Über Wellersen nach Dankelshausen

Das Gut Wellersen und das Dorf Dankelshausen liegen im Landkreis Göttingen, in dem südwestlichen Gebiet des ehemaligen Landkreises Münden[1]. Auf der Bundesstraße 3 von Göttingen kommend, passiert der Reisende wenige Kilometer hinter Dransfeld linksseitig eine kleine Ansammlung von Häusern, einige etwas größer als die anderen. Kein Hinweisschild informiert ihn über deren Namen. Ortskundige könnten ihm sagen, dass es sich um das Gut Wellersen handelt. Noch vor sechzig Jahren üblicherweise als Rittergut[2] bezeichnet, herrschte hier zu jener Zeit das rege Leben eines vitalen Gutsbetriebes. Pferde, Kühe, Schweine, Gänse und Hühner bestimmten nicht nur das Bild des Hofes und der Ställe, sie bestimmten auch den Arbeitsrhythmus der Frauen und Männer, die sie versorgten und die umliegenden Äcker bewirtschafteten. Inzwischen ist es hier still geworden. Die Flächen sind verpachtet. Pferde verschiedener Jahrgänge auf den Weiden rings um den Gutshof zeugen von der Passion seines Eigentümers, meines Neffen Ludolf[3].

Den Gutshof in einer Linkskurve umfahrend, erblickt der Reisende zur Rechten das „Hainholz". Ursprünglich wohl ein Teil der Gemarkung von Dankelshausen war es nachweislich in den Jahren 1591 und 1783 ein Teil des Gutes Wellersen. Im Jahre 1860 wieder zu Dankelshausen gehörig,[4] gehörte es fünfundzwanzig Jahre später erneut den Eigentümern des Gutes Wellersen[5], meinem Ururgroßvater Carl Wilhelm und seinem Bruder Carl August, auch wenn es ein Teil der Gemarkung Dankelshausen blieb. Die Gemarkungsgrenze zwischen dem Dorf Dankelshausen und dem Gut Wellersen bildet der Schedebach. Mit seiner Quelle südwestlich von Bühren fließt er durch die Dörfer Scheden und Volkmarshausen, um südlich des Eichhofs in die Weser zu münden.

In den „Schedener Kurven" ist es die eingeforderte Aufmerksamkeit auf die kurvenreiche Straßenführung, die früher leicht die Zubringerstraße nach Dankelshausen übersehen ließ. Noch bis Ende des Jahres 2010 zweigte sie ganz plötzlich in der vorletzten Kurve in einem rechten Spitzwinkel ab. Heute bildet sie die erste Ausfahrt aus einem jüngst gebauten Kreisel.

Nach wenigen hundert Metern, teilweise verdeckt von prächtigen Bäumen, steht rechter Hand ein großes gepflegtes Gebäude, die ehemalige Dankelshäuser Mühle. Ende der 1950er Jahre hatte ihr Betrieb der Wettbewerbsüberlegenheit der Großmühlen weichen müssen.

Hinter der Schede-Brücke steigt die Straße nach einer Rechtskurve relativ stark an. Nach etwa zweihundert Metern hinter der Kuppe des Straßenanstiegs steht rechter Hand das imposante Wohnhaus des Dankelshäuser Gutshofs, ein zweigeschossiger, allseits vorkragender Fachwerkbau aus den 1780er Jahren[6]. Und wenige Meter weiter dorfeinwärts zur Linken die Dorfkirche. Beide bilden die Wahrzeichen einer über viele Jahrhunderte hinweg die Dankelshäuser Gemeinde prägenden grundherrschaftlichen Machtfülle.

Weniger „herrschaftlich" präsentierte sich noch vor sechzig Jahren - im Gegensatz zu heute - der Dorfkern. Die Fachwerkhäuser – zumeist aus der Zeit des späten 18. bis mittleren 19. Jahrhunderts - entlang der „Großen Straße", der Durchgangsstraße nach Bühren, und der vor der Kirche von ihr links abzweigenden „Kleinen Straße" - strahlten kaum die Pracht vormals reicher Bauern aus. Unregelmäßig, mal etwas näher, mal etwas entfernter zur Straße gebaut, vermittelten sie eher den Eindruck von fleißigen und bescheidenen Menschen, die zeit ihres Lebens hart um ihren Lebensunterhalt hatten kämpfen müssen.

Im Jahre 1858 wird das Dorf als eine kleine Gemeinde mit 42 Häusern beschrieben[7]. Es sei arm und besitze nur einen kleinen Anger, dessen Ertrag auf sieben bis acht Reichstaler jährlich veranschlagt werden könne. Der größte Teil der Gemeindemitglieder bestehe aus armen Tagelöhnern, die nur ein höchst dürftiges Auskommen hätten. Es gebe nur neun Ackerleute. Bis auf zwei oder drei seien alle mehr oder weniger verschuldet. Auch befänden sich unter den Hausbesitzern zwei Juden. Zwölf Jahre später, im Jahre 1870, heißt es, der Ort sei klein, der mit jedem Jahr mehr verarme. Er bestehe aus 43 Häusern, darunter 10 Anbauerhäuser[8]. Seine Bewohner seien zum größten Teil Handarbeiter.

Im Verlaufe der folgenden hundert Jahre scheint sich an der wirtschaftlichen Lage der Dankelshäuser nur wenig geändert zu haben. Mit ihren 300 Bewohnern betrug im Jahre 1970 die jährliche Steuerkraft *der rein bäuerlichen Gemeinde* 35 DM je Einwohner. Die entsprechenden Durchschnittswerte des Kreises Münden und des Regierungsbezirks Hildesheim lagen bei 91 bzw. 102 DM[9].

Am 3. April 1970 beschloß der Dankelshäuser Gemeinderat, ein Gemeindewappen anfertigen zu lassen[10]. Nach der Wappenbegründung *symbolisiert der grüne Hügel die Lage des Dorfes an den Hängen des Bramwaldes*. Über viele Jahrhunderte hinweg gehörte Dankelshausen zusammen mit Bühren, Ellershausen, Varlosen und Mielenhausen[11] zu den so genannten fünf Kerngemeinden des östlichen Bramwaldgebietes[12], also zu jenen Gemeinden, die zu sämtlichen Bramwaldnutzungen berechtigt waren: dem Eintrieb von Schweinen, Rindern, Schafen und Gänsen, dem Einschlag von Bau- und Brennholz, dem Sammeln von Fall- und Leseholz, von Einstreumaterial, Eicheln, Bucheckern und Steinen sowie dem Graben von Lehm. Für alle diese Dörfer, einschließlich der beiden mit geringeren Rechten ausgestatteten Randgemeinden Ober- und Niederscheden, bildeten die Nutzungsrechte bis zu ihrer Ablösung im 19. Jahrhundert eine wichtige, für einige möglicherweise sogar ihre Lebensgrundlage schlechthin.

Mit 259 Bewohnern im Jahre 1885 (vgl. Übersicht 1) war Dankelshausen das kleinste Bramwald-Dorf. Seine Gemarkungsfläche war mit 224 ha (Hektar) nach der von Ellershausen mit 217 ha die zweitkleinste. Bei der Bewohnerdichte, ausgedrückt durch die Gemarkungsfläche je Dorfbewohner, rangierte Dankelshausen mit 0,86 ha an dritter Stelle hinter Ellershausen mit 0,73 ha und Mielenhausen mit 0,82 ha. Doch bei dieser Gruppierung ist einige Vorsicht geboten, erscheint eine nähere Differenzierung angebracht zu sein.

In der Wähler-Liste für die Reichstagswahl im Jahre 1874[13] gaben vierzehn oder neunundzwanzig Prozent der achtundvierzig in Dankelshausen wahlberechtigten Männer Arbeiter auf dem Gutshof als ihren Beruf an. Vor diesem Hintergrund ist zu fragen, ob es einen Unterschied macht, ob jemand als freier Bauer allein auf seiner eigenen Scholle seinen Lebensunterhalt verdient oder sich zusätzlich als Tagelöhner auf dem Gutshof verdingen muß. Sehen wir da einen Unterschied, so erscheint es angebracht, die Fläche des Gutsbetriebes (83 ha) aus der des Dorfes herauszurechnen. Die Folge ist, dass zu einer Zeit, als die dörfliche Berufsstruktur noch nahezu vollständig durch die Landwirtschaft geprägt wurde, die Gemarkungsfläche nur 0,54 ha je Dorfbewohner betrug, eine Fläche, die weit unter der aller anderen Bramwald-Dörfer lag.

Die silberne Quelle, so heißt es in der Wappenbegründung, *weist auf die unter großen Geldopfern der Einwohner von 1966 bis 1967 geschaffene moderne Wasserversorgung mittels Tiefenbohrung hin.* Die Trinkwasserversorgung war ein Problem, das den Gemeinderat schon seit jeher immer wieder stark beschäftigt hatte[14]. Im Jahre 1966 wurde etwa 500 Meter nordwestlich des Dorfes in einer Senke unterhalb des Bramwaldes eine Aufschlussbohrung von rd. 110 Metern Tiefe durchgeführt. Bereits wenige Monate vor der Entscheidung des Gemeinderats, das „Jahrhundertwerk" symbolisch in das Gemeindewappen aufzunehmen, zeigte es erhebliche Mängel. *Die Sanierung der wichtigsten Verteilungsleitungen im Ort,* so heißt es im

Januar 1970 in einem Bericht des Landkreises Münden, *ist ... dringend notwendig und vom Gemeinderat beschlossen* worden[15]. Vor diesem Hintergrund überrascht es nicht, dass einige Gemeinderäte bei der Entscheidung über den Entwurf des Gemeindewappens so ihre Zweifel hatten, ob die Wasserversorgung symbolisch in das Wappen aufgenommen werden sollte.

Das schwarze durchgehende Kreuz hält die kirchliche Bedeutung des Ortes als Parochiezentrum fest, und die Kleestengel versinnbildlichen die zur Parochie (Kirchengemeinde) *gehörenden Nachbargemeinden* Mielenhausen, Ober- und Niederscheden – die beiden letztgenannten Dörfer haben sich im Jahre 1964 zu der Gemeinde Scheden zusammengeschlossen.

Die Wurzeln von Dankelshausens Stellung als Parochiezentrum, als Zentrum der Kirchengemeinde, reichen weit in die Vergangenheit zurück. Sie sind auf das engste mit dem letzten Schildbild verwoben, mit dem *Wappen der Familie von Stockhausen, das an die enge geschichtliche Beziehung zwischen Gutshof und Dorfbevölkerung erinnern soll.* Ihren beherrschenden Einfluss auf das Gemeindegeschehen deutet der Umfang ihres Grund und Bodens an. Die Fläche ihres Gutes in Dankelshausen betrug 37 Prozent und die ihres im Jahre 1591 gekauften und im Jahre 1932 mit der Gemeinde Dankelshausen vereinigten Gutes Wellersen das 1,7fache der Dankelshäuser Gemarkungsfläche.

Am 19. Mai 1971 wurde den Dankelshäusern ihr Gemeindewappen offiziell übergeben. Zwei Tage später war in der Tageszeitung *Mündener Allgemeine* zu lesen: *Kurz vor „Toresschluß", d. h. vor Aufgabe ihrer dörflichen Selbständigkeit, erlebte die kleine Gemeinde Dankelshausen am Fuße des Bramwaldes noch einmal einen Höhepunkt ihrer Geschichte, dessen Bedeutung durch die nahezu geschlossene Teilnahme aller Einwohner dokumentiert wurde. Im Rahmen eines festlichen Heimatabends wurde ihr durch Kreisoberrat Walter Hoffmann das Gemeindewappen verliehen. Die Gemeindeverwaltung hat damit das Recht, auch das Gemeindesiegel und die grün-weiße Flagge zu führen. Das Wappen ... vereint in sich alle Symbole, die von der Lage des Dorfes her über seine geschichtliche Entwicklung bis zur Dorfgemeinschaft unserer Tage reicht.*

Die angesprochene Aufgabe der dörflichen Selbständigkeit nahm Bezug auf die Verwaltungs- und Gebietsreform der Niedersächsischen Landesregierung vom 9. Februar 1971. Auf ihrer Grundlage wurde mit dem Gesetz zur Neugliederung der Gemeinden im Raum Göttingen die Gemeinde Dankelshausen am 1. Januar 1973 mit den Gemeinden Scheden und Meensen zu der Einheitsgemeinde Scheden zusammengeschlossen. Dankelshausen hörte auf, eine eigenständige Gemeinde zu sein, *deren Einwohner zur Erledigung aller örtlichen Gemeinschaftsaufgaben in eigener Verantwortung zu einem rechtsfähigen Verband (Gebietskörperschaft) zusammengeschlossen sind* [16].

Die Aufgabe der politischen Selbständigkeit am 1. Januar 1973 durch die Einbindung in die Einheitsgemeinde Scheden stellte die schärfste politische Zäsur dar, die das Dorf Dankelshausen jemals erlebt hat. Kritiker der Gemeindereform sprechen von einer politischen Entmündigung der Dorfbewohner und von einem sozio-kulturellen Enteignungsprozess. In vielen Dörfern würden außer Wohnen und ein wenig Landwirtschaft keine Funktionen mehr angeboten, die erst in ihrer Fülle das Leben lebenswert machen[17]. Von einer solchen Entwicklung ist auch Dankelshausen nicht völlig verschont geblieben.

Die Bramburger werden Grundherren von Dankelshausen

Anfängliche Siedlungsstruktur

Meinen Einstieg in die Dankelshäuser Geschichte beginne ich mit der Völkerwanderung, als ab etwa 300 bis 400 n. Chr. die Sachsen ihre nordelbischen Siedlungsgebiete verließen und im Süden eine neue Heimat suchten. Zu dieser Zeit war das Oberwesergebiet noch dünn besiedelt[18]. Hohe, den Wald begünstigende Niederschläge sowie der für den Ackerbau wenig günstige mittlere Buntsandstein berechtigen zu der Annahme, dass im 5. Jahrhundert der Bramwald mit seinen östlichen Ausläufern ein noch zusammenhängendes Waldgebiet war[19].

Im Gegensatz zur Ost- dürfte seine Westseite von Münden über Gimte bis Hemeln bereits im 5. Jahrhundert waldfrei gewesen sein[20]. Gleiches gilt für die östlich gelegene Dransfelder Muschelkalkhochfläche. Die ersten Siedlungen nordwestlich von Dransfeld, wie Varlosen, Imbsen und Güntersen, sind als Hinweise dafür zu deuten, dass man bereits zu jener Zeit begann, von der Dransfelder Hochfläche aus zu dem noch vom Bramwald bedeckten unfruchtbareren Boden vorzudringen[21].

Der Verlauf des Schede-Bachs markiert die Grenze zwischen dem mittleren Buntsandstein des Bramwaldes und dem oberen Buntsandstein des „Hainholzes". Und die östlich des Gutes Wellersen gelegenen Wälder von der „Wellerschen Hecke" über den „Lohberg" bis hin zur „Breckellieht" bilden die Trennlinie zwischen dem oberen Buntsandstein und dem Muschelkalk, die Grenze zwischen dem späteren und frühen Siedlungsgebiet.

Die Endung „hausen" der drei Bramwald-Kerngemeinden Dankelshausen, Mielenhausen und Ellershausen deutet auf eine Siedlungszeit um das Jahr 800 hin[22]. Der ehemalige Eichen- und Hainbuchenbestand des „Hainholzes" - in vorchristlicher Zeit wurden Hainholze als heilig angesehen, in ihrer Nähe befanden sich nicht selten Volksgerichtsstätten[23] - lässt darauf schließen, dass die ersten Siedlungsansätze von Dankelshausen ganz in seiner Nähe erfolgt sind. Es war insbesondere das Schwein - ernährungsphysiologisch der wichtigste Energielieferant -, dem der Eichenbestand günstige Bedingungen für seine Aufzucht und Mast bot[24]. Das Großvieh fand im Sommer sein Futter auf den Bauernwiesen und in den Laubhainen. Sein Winterfutter bestand aus Laub und geschnittenem Gras[25].

Bei dem Versuch, die Struktur des Siedlungsprozesses von Dankelshausen nachzuzeichnen, stütze ich mich auf André Gides Traktat *Corydon*: *Ich meine, der Wert eines neuen Systems, einer neuen Erklärung bestimmter Erscheinungen bemißt sich nicht einzig und allein nach ihrer Genauigkeit, sondern auch oder vielmehr vor allem danach, ob sie dem Geist Auftrieb zu neuen Entdeckungen, zu neuen Feststellungen gibt (sollten diese dann auch besagte Theorie entkräften).*

Den ersten Siedlungsansatz sollten wir uns als einen kleinen Weiler mit einigen wenigen Gehöften vorstellen. Anfänglich mag eine jede Sippe einen selbständigen Siedlungsverband gebildet haben. Später dürfte es das nachbarliche Zusammengehörigkeitsgefühl gewesen sein, das mit abnehmenden verwandtschaftlichen Banden zum eigentlichen Bindemittel der Dorfgemeinschaft wurde. Im Hinblick auf die Außenbeziehungen war es auf die Notwendigkeit ausgerichtet, gemeinsam gegen äußere Feinde vorzugehen, im Innenverhältnis wurde es durch den gemeinsamen religiösen Kult geprägt[26]. In vielen Dörfern, so G. C. von Unruh (1956, S. 17), war der Kreis der Nachbarschaft mindestens auf sechs Höfe beschränkt, *da sechs Menschen zum Tragen eines Sarges erforderlich sind*. Der Tod eines Nachbarn war kein *privates* Ereignis, er betraf die gesamte Nachbarschaft und Gemeinde, die geschlossen an seinem Begräbnis teilnehmen mußten.

Zu vermuten ist, dass die ursprüngliche Siedlungszeile nahe der Schede angelegt war[27]. Weitere Gehöfte befanden sich westlich der Kirche, linksseitig der „Kleinen Straße". *Durch die Überschwemmungsgefahr in der Schedeniederung wurde als zweite Platzwahl eine Stelle weiter von der Schede entfernt gewählt. Schließlich siedelten sich dann auch zwischen diesen beiden Plätzen Bewohner an. Zwischen diesen beiden Zeilen der letzten Platzwahlen blieb eine angerartige Fläche zurück. Der obere Teil des angerartigen Platzes ist unbesiedelt, weil durch die Entfernung zum Schedebach kein hofnahes Grünland zur Verfügung stand.* Die „angerartige" Aussparung der Fläche zwischen der heutigen „Großen" und der „Kleinen Straße" dürfte eine Folge der dort anzutreffenden Fließerden sein. Fließerden, dessen Feinmaterial aus Schluffen und Sanden besteht, werden schon bei geringer Durchfeuchtung mobil und sind sehr rutschgefährdet[28]. Die dauerhafte Wasserzufuhr aus dem Bramwald dürfte die *angerartige Fläche*, die vergleichsweise tief gelegene Dorfmitte, schon seit Siedlungsbeginn für den Bau von Gehöftanlagen wenig geeignet gemacht haben.

Die Inkulturnahme der Gemarkungsfläche haben wir uns als einen Prozess vorzustellen, der von Osten nach Westen erfolgte. Er war darauf ausgerichtet, dem Bramwald mit seinen *lockeren Eichen- und Buchenbeständen, durchsetzt mit Fruchtbäumen artenreicher Fülle*[29], durch Rodungen immer weitere Flächen abzuringen. Für diese Einschätzung spricht der Befund, dass für die anfänglich genutzten, östlich gelegenen Flächen zunächst den Erzbischöfen von Mainz, später den Dankelshäuser Grundherren, meinen Vorfahren, der Zehnte[30] und für die später genutzten Flächen den letzteren ein Erbzins zu bezahlen war.

Den westlich des Dorfkerns gelegenen Flächen dürfte der Charakter einer Allmende zuzusprechen sein. Sie war der Markgemeinde, der Gesamtheit der Eigentümer der mit Grund und Boden ausgestatteten und in der „Mark" gelegenen Hofstätten, zur gemeinsamen Nutzung vorbehalten. Ihre Nutzungsberechtigung war ein untrennbarer, „grundgebundener" Bestandteil des Eigentums der Mitglieder der Markgenossenschaft. Die Mitglieder waren verpflichtet, sich anteilig an den Lasten und Pflichten der Markgenossenschaft zu beteiligen, und zwar in der von ihr beschlossenen Reihenfolge. Es ist diese Bestimmung, die den nutzungsberechtigten Markgenossen den Namen „Reiheberechtigte" gegeben hat. Über drei Triftwege diente sie dem Vieheintrieb in den „Gemeinen Bramwald", einem Eigentum *zur gesamten Hand.* Diesen Begriff, so schreibt H. Freist (2001, S. 179), *muß man wörtlich verstehen.* Die gemeinsamen Beschlüsse der zu seiner nachhaltigen Nutzung berechtigten Mitglieder wurden dadurch bekräftigt, dass man sich im Kreise die Hände reichte.

An dem „Gemeinen Bramwald" nutzungsberechtigt waren ursprünglich sechzehn Dörfer: Hemeln, Ober- und Niederscheden, Dankelshausen, Bühren, Mielenhausen, Varlosen, Ellershausen, Volkmarshausen sowie die Leinetaldörfer Mengershausen, Lemshausen, Obernjesa, Sieboldshausen, Olenhusen, Settmarshausen und Volkerode sowie die Stadt Dransfeld[31]. In der Zeit nach den Sachsenkriegen, zu Beginn des 9. Jahrhunderts, erklärten die fränkischen Könige den bis dahin herrenlosen Bramwald zu einem *forestierten Bezirk*[32]. Mit dieser Erklärung wurde der Bramwald einschließlich des nichtbewaldeten Geländes zu einem gesonderten Rechtsbezirk. In ihm wurden die gesamten dort möglichen Nutzungen wie Holzschlag, Eichelmast, Jagd, Fischfang, Rodung, Besiedlung sowie alle sonstigen Weidelanderträgnisse einschließlich der Bodenschätze der königlichen Verfügungsgewalt unterworfen.

Mit dem Ersatz der altgermanischen Gauverfassung durch eine Verwaltung nach fränkischem Vorbild wurden an die Stelle der ehemaligen Gauführer frankenfreundliche Sachsen als Grafen eingesetzt und mit der Verwaltung des Landes beauftragt. Als Gegenleistung wurden sie mit Reichsgut belehnt, mit Lehen ausgestattet, die später erblich wurden. Die solchermaßen „vergüteten" Grafen *werden im allgemeinen an der Ansetzung von Siedlern interessiert gewesen sein, zunächst schon aus wirtschaftlichen Gründen wegen der zu erwartenden Einnahmen aus den neuen Höfen. Aber man muss wohl auch machtpolitische Interessen annehmen, denn mit den neuen, mehr oder weniger geschlossenen Rodungsgebieten ließen sich Lücken im Streubesitz schließen und kleine, aber doch einigermaßen abgerundete Einflussgebiete schaffen*[33].

Für eine solchermaßen geplante oder zumindest gelenkte Ansetzung von Siedlern im östlichen Bramwaldgebiet zeugen die Ortsnamen. Der Verbund mit Personennamen weist nicht selten auf Adelsfamilien als Grundherren und Siedlungsgründer hin[34]. Nach R. Wenskus (1972, S. 383 ff) legt der Vorname Thanculf als erster Namensteil von Dankelshausen (*Dancolueshusen*) eine Verwandtschaft mit dem Liudolfinger Geschlecht nahe.

„Das ist des Herzogs Wort"

Im Jahre 1070 hatte Dietrich an der Seite von Graf Otto von Northeim (+1083) an dessen Kampf gegen den Salier-König Heinrich IV. teilgenommen. In einem der Folgejahre hat ihn Graf Otto zu seinem Statthalter an der oberen Weser auf die Bramburg bei Hemeln bestellt. Seit dem Jahre 1129 ist sie in ununterbrochener Folge Pfandlehen der Herren von Stockhausen gewesen[35]. Als *Afterlehen*[36] der Bramburg besaßen sie die Güter Imbsen, Dankelshausen und Löwenhagen.

Wenn davon gesprochen wird[37], dass man nicht wisse, von welchem Herzog zu Braunschweig und Lüneburg sie die Lehen empfangen haben, so wird damit zugleich ein generelles Datierungsproblem berührt. *Vom Herrscher erhaltene Schenkungen, Verlust und Zugewinn durch Heiratsgut machen es nahezu unmöglich, den Besitz einer einzelnen Adelsfamilie zu einem bestimmten Zeitpunkt zu erfassen*[38]. Vor dem Hintergrund der zahlreichen Eigentümer halte ich es für wahrscheinlich, dass Thietmar Dankelshausen von dem Welfenherzog Albrecht I. (+1279) verlehnt bekommen hat[39].

Diese Vermutung gründe ich auf seinen Beitrag, den er – wenn auch wohl nicht aus eigenem Antrieb - der Sage nach[40] dem Welfenhaus geleistet hat, um dessen Ehre gegenüber den Staufern wieder in ein rechtes Licht zu rücken. Eine Sage mag zwar als ein nur schwaches wissenschaftliches Fundament erscheinen. Wenn ich sie aber dennoch verwende, dann stütze ich mich auf das, was Volkskundler über ihr Wesen mitteilen. Sagen seien eine Art von Chronikerzählungen, die merk-würdige Geschehnisse von realen Personen der Mit- und Nachwelt überliefern[41].

Meinen Vorfahren als Burgmänner der Bramburg wird ein wildes Raubritterdasein nachgesagt. Um die auf der Weser vorbeifahrenden Schiffe leichter anhalten und ausplündern zu können, hätten sie unterhalb der Wasseroberfläche eine Kette gezogen. Die an ihr befestigte Glocke habe dazu gedient, ihnen alle passierenden Schiffe anzuzeigen. Zu ihren „Opfern" habe auch eine Prinzessin von der herzoglichen Burg in Münden auf ihrer Wallfahrt nach dem Kloster Corvey gehört.

Mit dieser Schandtat hatten sie das bisher übliche Maß an Räubereien überschritten. Es war vermutlich Herzog Albrecht I., der daraufhin seine Truppen sammelte und die Burg belagerte. Doch er stieß auf Thietmars erbitterten Widerstand. Über den Verlust vieler seiner Mitstreiter höchst erbittert, schwor er, kein männliches Wesen aus der Burg entkommen zu lassen. Als sich schließlich die Besatzung ergeben mußte, bat die Burgfrau den Herzog um die Gnade, mit dem frei abziehen zu dürfen, was sie in ihrer Schürze fortzutragen vermöge. Und der Herzog gewährte ihr die Bitte. Als sie die Burg verließ und an ihm vorbeikam, konnte er seine Neugierde nicht zügeln und bat sie, ihm zu zeigen, was sie in ihrer Schürze forttrug. Der Anblick ihres kleinen Söhnleins rührte ihn so sehr, dass er seinen Schwur vergaß. Dicke Tränen rollten ihm über die Wangen. Zutiefst bewegt, schenkte er Thietmar das Leben, nahm ihn aber auf der Mündener Burg in Haft.

Das Besondere und Staunenswerte an der Sage ist, dass sich ein Herzog durch die Burgfrau solchermaßen „austricksen" ließ. Ist ein solcher Vorgang glaubwürdig? Oder war es gar kein Sich-Austricksen-Lassen? Im Jahre 1140 hatte der Stauferkönig Konrad III. den Onkel von Herzog Heinrich dem Löwen, Welf VI., auf der Burg Weinsberg bei Heilbronn belagert. Es war damals der Hunger gewesen, der die welfische Besatzung immer stärker bedrängt und sie, wie Albert von Chamisso in seiner Volkssage *Die Weiber von Winsperg* die damalige Situation beschreibt, schließlich zur Aufgabe gezwungen hatte:

> ......
> *„Die Weiber mögen abziehn, und jede habe frei,*
> *Was sie vermag zu tragen und ihr das Liebste sei.*
> *Laßt ziehn mit ihrer Bürde sie ungehindert fort",*
> *Das ist des Königs Meinung, das ist des Königs Wort.*
> ...
> *Es öffnet leise, leise sich das bedrängte Thor,*
> *Es schwankt ein Zug von Weibern mit schwerem Schritt hervor.*

Tief beugt die Last sie nieder, die auf dem Nacken ruht,
Sie tragen ihre Ehherrn, das ist ihr liebstes Gut.
.....

Eine solche Niederlage gepaart mit der königlichen Großherzigkeit hatte sicherlich den Stolz des Welfenhauses zutiefst verletzt, hatte eine tiefe, nur schwer zu heilende Wunde hinterlassen. Es war wohl diese nach wie vor schwelende Wunde, die auch den Welfenherzog Albrecht I. nicht zur Ruhe kommen ließ. Dem staufischen Großmut galt es, einen welfischen entgegenzusetzen: Laßt ziehn mit ihrer Bürde sie ungehindert fort, /Das ist des Herzogs Meinung, das ist des Herzogs Wort.

Der Zeitrahmen des Bramburger Geschehens wird durch zwei Jahresdaten markiert. Da ist einmal das Jahr 1247. In diesem Jahr gewährte Herzog Otto das Kind (+1252), der Vater von Herzog Albrecht I., der Stadt Münden das Privileg der Verkehrsfreiheit auf der Weser. In den folgenden Jahren ließ er die Mündener Burg zu einer fürstlichen Residenz ausbauen, in der sich nicht nur er, sondern auch sein Sohn Albrecht I. des Öfteren aufgehalten hat.

Und da ist das Jahr 1256, in dem das Schloss und das Amt Bramburg aus der Erbmasse des im Jahre 1247 verstorbenen Landgrafen Heinrich Raspe von Thüringen an Herzog Albrecht I. gelangten[42]. Dieser Wechsel ist insofern bedeutsam, als sich in den Jahren zuvor meine Vorfahren als nicht-welfische Lehnsleute mit ihren Räubereien nicht der Lehnsuntreue gegenüber den Welfenherzögen schuldig gemacht hatten. Mit einem solchen Vorwurf wären sie von den Welfen wohl kaum mit den besagten Afterlehen bedacht worden.

Mit sehr gemischten Gefühlen dürften die Mündener Stadtherren die nachsichtige Behandlung der stockhausenschen Räubereien durch die Welfenherzöge betrachtet haben. Denn zu den Privilegien, die Herzog Otto das Kind den Mündenern im Jahre 1247 gewährt hatte, gehörte auch der zollfreie Handel im welfischen Herzogtum Braunschweig-Lüneburg[43]. Mit diesem Privileg hatte der Überlandhandel für sie eine völlig neue Bedeutung gewonnen.

Die wichtigste Überlandverbindung von Münden in das welfische Herzogtum war zur damaligen Zeit die Heerstraße von Gimte durch den Bramwald über Bühren, Varlosen, Imbsen und weiter über Harste und Nörten-Hardenberg nach Northeim[44]. Wenn Münden noch im gleichen Jahr mit der Stadt Northeim ein Bündnis abgeschlossen hatte, so deshalb, um sich gemeinsam gegen den straßenräuberischen Adel zu schützen[45], so wohl auch gegen die Mannen auf der nahe gelegenen Bramburg. Zeugnis davon, wie es zu jener Zeit um die Sicherheit auf der Straße bestellt war, legen die zehn, in der südlichen Feldmark von Bühren aufgefundenen Kreuzsteine ab. Als Sühnesteine bezeugen sie die Untaten, *die an oder auf der vorüberführenden Heerstraße verübt wurden*[46]. Auch wenn es keinerlei Hinweise dafür gibt, dass die Bramburger an den Untaten beteiligt gewesen waren, so sind sie doch als Mittäter nicht völlig auszuschließen.

Mit sehr gemischten Gefühlen dürften sich damals auch viele Dankelshäuser die bange Frage gestellt haben, was sie von ihren neuen Grundherren zu erwarten haben würden. Dabei dürften sie kaum befürchtet haben, dass auch sie deren Wegelagereien zum Opfer fallen würden. Vor einer solchen Gefahr waren sie als deren „Eigentum" geschützt. Dagegen zu befürchten hatten sie, dass ihre Grundherren nicht stark genug sein könnten, sie vor möglichen Verwüstungen anderer Potentaten zu schützen. Und richtig. Im Jahre 1335 sollten sie es nicht sein, als der Erzbischof von Mainz bei seinem Durchzug gegen die Burg Everstein und die Stadt Einbeck dem Dorf *Dancolveshausen* schweren Schaden zufügte[47]. Waren ihre neuen Grundherren auch zu schwach gewesen, ihr Dorf zu schützen, so heißt dies allerdings nicht, dass sie das Geschehene schicksalhaft hinnahmen: *Die von Stockhausen zu der Bramburg, herzogliche Mannen und Burgmannen*, so klagte sie Erzbischof Gerland von Mainz noch gut dreißig Jahre später, im Jahre 1367, an, *hätten ihm seinen Zehnten in dem Dorfe Dankelshausen seit Jahren mit Gewalt vorenthalten*[48].

Eine andere, nicht minder schwerwiegende Frage der Dankelshäuser dürfte gewesen sein, wie sie von ihren neuen Grundherren behandelt werden, welchen Dienst- und Abgabeverpflichtungen sie ausgesetzt sein würden. Hatten die Bauern während der karolingischen Zeit ihr ehemals freies Land zugunsten ihres Schutzes durch die mächtigen geistlichen und weltlichen Herren eingetauscht, so gab es seit dem 12. Jahrhundert für die Grundherren vielfältige Gründe, die alte Grundherrschaft aufzulösen und das Land den Bauern wieder zur selbständigen, jedoch abgaben- und dienstpflichtigen Bewirtschaftung zu überlassen[49]. Im Falle von Geismar, heute ein Stadtteil von Göttingen, heißt es[50], dass von einer Auflösung der älteren Grundherrschaft im Sinne eines formellen Auflösungsaktes nicht gesprochen werden könne. Sie habe sich zu einem bloßen Recht der Abgabennutzung verflüchtigt. Als Reallast sei der niedrige Hörigenzins in Form eines Erbzinses zum Teil bis in das 19. Jahrhundert hinein erhalten geblieben. In dieser Form ist die Veränderung auch in Dankelshausen erfolgt.

Von dem Wandel unberührt blieb die herrschaftliche Macht der Grundherren. Es war insbesondere das häufige Verbleiben der Gerichtsfunktion in ihren Händen, das der bäuerlichen Freiheit bis zur Mitte des 19. Jahrhunderts enge Grenzen zog. Indem die Grundherren den Bauern die Verwaltung und die Gerechtsame über die dörfliche Allmende abnahmen, weiteten sie ihre Herrschaft zu einer patrimonialen, staatsähnlichen Gewalt aus[51]. Die von ihnen beanspruchten Hoheitsrechte machten sich *gegenüber den Bauern als materielle Belastung, sei es in Form von naturalen oder später monetären Abgaben oder zu leistenden Diensten und in der Beschränkung sowohl der persönlichen Freiheit als auch der Verfügungsgewalt über ihren Besitz, geltend und führten zu der reichen Differenzierung der Größen und Formen der bäuerlichen Betriebsführung, der wir* - auch in den Bramwald-Dörfern – *...nach Abschluß des Mittelalters begegnen*[52].

Die Dankelshäuser Kirche – eine Stiftung derer von Stockhausen?

Die Dankelshäuser Mutterkirche

Die Anfänge der Dankelshäuser Pfarrkirche liegen im Dunkel der Vergangenheit. Wenn davon gesprochen wird, der Turm der Dankelshäuser Kirche sei um das Jahr 1240 erbaut worden[53], so deutet dieses Datum, wenn es denn stimmt, lediglich darauf hin, dass es um diese Zeit wahrscheinlich eine Kirche gegeben hat. Offen muss bleiben, ob es eine solche nicht bereits schon früher gegeben hat. In dem Protokoll der General-Kirchenvisitation vom Jahre 1588 wird die Kirche in Dankelshausen als „mater" und die in Oberscheden als „filia" bezeichnet[54]. Mit dem Begriff Mutterkirche (mater) wird das generationsmäßige Verhältnis jeder älteren zu einer aus ihr herausgelösten Tochtergründung (filia) bezeichnet[55]. Bei einer Mutter-Tochter-Kirchen-Beziehung[56] ist als Mutterkirche diejenige anzusehen, an deren Ort der Pfarrer wohnt, in der der allsonntägige Gottesdienst stattfindet - in der Tochterkirche wird ein Gottesdienst nur an gewissen Sonntagen abgehalten - und schließlich in der die Einführung eines neuen Pfarrers erfolgt.

Für die urkundlich zum ersten Male im Jahre 1366 erwähnte Pfarre in Volpriehausen im Solling werden als Voraussetzung für ihre Einrichtung die Verfügbarkeit von ca. fünfzehn Hektar zehntfreies Land und die entsprechenden Erträge aus der Landwirtschaft als Existenzgrundlage für den Pfarrer genannt. Hinzu kamen noch die Naturalabgaben der Gemeindemitglieder und die Einkünfte für kirchliche Amtshandlungen[57]. Um zu jener Zeit eine bäuerliche Familie mit Nahrungsgütern, vor allem mit Getreide, dauerhaft - bei schlechteren Ernten unter Ausnutzung eventueller Überschüsse aus den vorangegangenen Jahren - ernähren zu können, wird eine Fläche von sieben bis acht Hektar als erforderlich veranschlagt[58]. Das ist die Hälfte derjenigen Fläche, die in Volpriehausen für einen Pfarrer als angemessen erachtet wurde.

Wenn wir die Entwicklung eines Dorfes als einen Prozess der allmählichen Zunahme der Zahl der Hofstellen begreifen[59] und wenn es nachweislich in Dankelshausen im Jahre 1585 nur dreizehn Kleinbauernfamilien (Köter) und einen Halbspänner-Hof gegeben hat (vgl. Übersicht 2), so dürfte die Dankelshäuser Gemeinde 350 Jahre zuvor, zur Zeit des erwähnten

Kirchturms, oder noch früher ganz offensichtlich zu klein und zu arm gewesen sein, um sich allein einen Pfarrer leisten zu können.

In einer vergleichbaren Situation mögen sich die Dörfer Mielenhausen und - mit Einschränkungen - auch Niederscheden befunden haben. Im Falle von Oberscheden mit seinen 60 Bauernfamilien im Jahre 1585 dürften für eine solche Einschätzung allerdings einige Zweifel angebracht sein. Doch wie dem auch gewesen sein mag, bei dem Bemühen um eine gemeinsame Pfarre dürfte auch das vermutlich inständige Bestreben meiner Vorfahren eine gewichtige Rolle gespielt haben, die gemeinsame Kirche in ihrem Dorf zu haben[60]. Es dürfte dazu geführt haben, dass das kleinste Dorf zum Parochiezentrum des vierdörfigen Kirchspiels Dankelshausen, Oberscheden, Niederscheden und Mielenhausen wurde. Grundlage dieser Vermutung ist, dass das Mittelalter eine Kirchengemeinde im modernen Sinne nicht kannte - ihre Konstituierung geht erst auf das *Gesetz über Kirchen- und Schulvorstände* vom 14. Oktober 1848 zurück -, dass zur fraglichen Zeit die kirchliche und bäuerliche Gemeinde noch als eine Einheit empfunden wurde[61], das Bewusstsein der örtlichen Zusammengehörigkeit noch *nicht in ein „kirchengemeindliches" und ein „bürgergemeindliches" gespalten* war [62].

Mitglieder der Kirchengemeinde waren die parochiani, häufig einfach als plebs bezeichnet. Der für die plebs tätige Priester war der plebanus[63]. Der erste uns bekannte Pfarrer in Dankelshausen war *dominus Engelfridus*[64]. Mit ihm verbindet sich ein zwar dorfgeschichtlich bedeutungsloser, in Dorf- und Stadtchroniken allgemein jedoch umso stärker hervorgehobener Tatbestand: die erste urkundlich belegbare Erwähnung des in Rede stehenden Ortes[65]. Im Falle von Dankelshausen ist es das Jahr 1309. In diesem Jahr wird dominus Engelfridus plebanus in *Dancolueshusen* als einer der Zeugen des Edelherrn Heinrich von Ziegenberg genannt, als er am 26. Juli dessen Schenkung von zweieinhalb Hufen in Groß Lengden an das Stift Hilwartshausen beurkundete[66].

Die für Dankelshausen vermutete Eigenkirche meiner Vorfahren steht im Einklang mit dem allgemeinen Befund, dass die Eigenkirche eine ständige Begleiterin der Grundherrschaft war [67]. Die Patronatsrechte befanden sich gehäuft dort in den Händen eines Adligen, wo dieser auch über die grundherrlichen Rechte allein oder mehrheitlich verfügte[68]. Begründet H. Wiswe (1934, S. 81) diese Parallität mit dem Interesse der Grundherren an den kirchenbaulichen Anlagen, so spricht J. K. F. Schlegel (1804, S. 296 ff) von einer Art von Verpflichtung, die die Kirche den Grundherren zum Schutz der kirchlichen Güter aufgegeben habe[69]. Als die Kirche zu größerem Reichtum gelangt sei, habe sie zur Verteidigung und zum Schutz ihrer Güter eigene Defensoren oder Vogte bestellt. Als solche habe man in kriegerischen Zeiten gern angesehene Gutsbesitzer und Dynasten gewählt. Wer keine Waffe trug oder tragen durfte, allen voran die geistlichen Personen, der war auf den Schutz eines Grundherrn angewiesen. In diesem Sinne könnte das Patronatsrecht der Grundherren gleichsam als eine kirchliche Gegenleistung für den ihnen aufgebürdeten Schutz der kirchlichen Güter verstanden werden.

Die Dankelshäuser Kirche steht auf einer kleinen Anhöhe. Die mehrfachen Hinweise aus den Jahren 1701 bis 1708, dass die Erdfälle in der Kirche als *eine Folge vorhandener Gräber*[70] hätten ausgefüllt werden müssen, lassen nur sehr bedingt auf eine künstliche Aufschüttung schließen. Fragen wir dennoch, warum die Dankelshäuser und deren Grundherren sich möglicherweise die Mühe einer künstlichen Erhöhung des Standorts ihrer Kirche gemacht oder anders herum, warum sie die natürliche Erhöhung für den Platz ihrer Kirche gewählt haben, so nähern wir uns erneut der wichtigen Nebenaufgabe einer Dorfkirche, ihrer Benutzung zur Sicherung der Gemeinde.

Herausragender Bestandteil der dörflichen Sicherungsanlagen war der Kirchturm. Unter diesem Gesichtspunkt ist die Wahl des Kirchplatzes mit der des Burgplatzes vergleichbar. Die vom Siedlungskern etwas abseitige Lage der Dankelshäuser Kirche mag nicht zuletzt eine Folge des sehr feuchten, wenig festen, fließerdigen Untergrunds zwischen den beiden Dorfstraßen, der „Großen" und der „Kleinen Straße" sein.

Das praktische Vorbild des Kirchturms war der Bergfried, der Hauptturm einer Burg[71]. In seine beiden Wortbestandteile zerlegt, oblagen ihm die Aufgaben des Bergens und Einfriedens, des Beschützens der sich ihm anvertrauenden Menschen und deren wichtigsten Habe. Die architektonischen Merkmale des Dankelshäuser Kirchturms - die Dicke der Mauern, der fehlende Zugang zum Erdgeschoß, die Schießscharten - machen deutlich oder lassen zumindest darauf schließen, dass seine vorrangige Funktion nicht die eines im Dienste der Kirche stehenden Glocken-, sondern die eines im Dienste von irdischen Angelegenheiten der Dankelshäuser stehenden Wehrturms war. Für die in „grauer" Vorzeit noch recht kleinen Glocken wäre ein derartig wuchtiger Turm viel zu aufwendig gewesen.

Unter Androhung von schweren Strafen warnte im Juni 1730 die Königlich und Churfürstliche Regierung zu Hannover, von der ursprünglichen und über lange Zeit beibehaltenen

Funktion der Kirchenglocken, Gemeindeversammlungen einzuberufen[72], missbräuchlichen Gebrauch zu machen. Zwei Monate später wies das Amt Münden die Pastoren an, das Dekret in vollem Wortlaut in allen Dörfern und Kirchspielen der versammelten Gemeinde vorzulesen[73]:

Es sei vorgekommen, dass Untertanen die Glocken allein zu dem Zwecke angeschlagen hätten, um sich zu Privatgeschäften zu versammeln. Auf diese Weise seien die Leute ohne Not von ihrer Arbeit abgehalten worden. Wenn dann aber in wirklichen Notfällen geläutet worden sei, sei die Hilfe nicht so schnell zur Stelle gewesen, wie es die Gefahr erforderte. Die Einwohner seien das häufige Glockenläuten gewohnt gewesen. Von besonderer Bedeutung sei aber, dass sie mit dem Glockenläuten zum Opponieren gegen obrigkeitliche Verordnungen zusammengerufen worden seien. Solches habe zu *höchststrafbaren Aufwiegelungen und vielen anderen Inkonvenienzen* (Unannehmlichkeiten) Anlaß gegeben. Diese in einigen Orten der Fürstentümer Calenberg, Göttingen und Grubenhagen eingerissene Unordnung solle abgeschafft und ernstlich verboten werden. Das Verbot solle in den Kirchspielen und Dorfschaften, *wo dergleichen unordentliches Anschlagen der Glocken gebräuchlich ist,* den Eingesessenen und Untertanen, insbesondere den Küstern deutlich gemacht werden: *hinführo sollen die Glocken zu nichts anders, als zu dem ordentlichen Gottes-Dienst, auch zur Beleutung der Todten und wan etwa eine Feuers-Brunst entstehet oder sonst ein ausserordentlicher Casus und sonderbare Noth sich begiebet, gebrauchet, geläutet und angeschlagen werden.*

Mit Bezug auf das Dorf Fürstenhagen im Bramwald wird davon gesprochen[74], dass die dortige Kirche ursprünglich eine Doppelfunktion gehabt haben müsse: Sakralraum sowie Speicher und Fluchtraum. Diese Einschätzung dürfte auch auf die Kirche in Dankelshausen zu übertragen sein. Im Jahre 1670 spricht der Dankelshäuser Pastor Johann Friedrich Schenk davon, dass über dem Erbbegräbnis meiner Vorfahren in dem Glockenturm *Frucht und Korn gewesen sein mögen*[75].

Mit ihrer Funktion, das Hab und Gut der Dorfbevölkerung zu schützen, ist die Oberschedener Kirche durch die Sage von der Hensemannsche in die Geschichte eingegangen[76]. Sie geht auf den im Jahr 1481 ausgebrochenen Streit zwischen dem Hildesheimer Bischof Barthold und der Stadt Hildesheim über die bischöfliche Aufforderung zurück, ihm durch eine Biersteuer zu helfen, die bischöfliche Kasse zu füllen. Der Streit weitete sich zu einem regionalen Konflikt aus, als der Bischof Herzog Wilhelm d.J. (+1503) und die Stadt Hildesheim den sächsischen Städtebund und mit ihm als sein Mitglied die Stadt Göttingen als ihre jeweiligen Bündnispartner gewannen.

Die Sage beginnt mit dem Verrat, dass die herzoglichen Oberschedener all ihr Hab und Gut in ihrer Kirche versteckt hätten. Im Oktober 1486 bedrängten die Göttinger sie, ihre dort zusammengetragenen Güter herauszugeben. Als die Göttinger Übermacht zu obsiegen drohte, habe sich die Oberschedener Bauersfrau, die Hensemannsche, mit etlichen anderen Frauen hilfesuchend nach dem herzoglichen Münden auf den Weg gemacht. Auch wenn sie von dem Stadtrat wenig freundlich empfangen worden sei, so habe sie sich nicht entmutigen lassen. Wenn schon der Stadtrat ihren bedrängten Freunden und Verwandten nicht zur Hilfe eilen wollte, so werde gewisslich Gott sich ihrer erbarmen. Und richtig, hinter der Werrabrücke am Blümer Berg stieß sie auf einen Landsknecht, eine Frau und einen Trompeter und überredete sie, mit ihr zu kommen. Kurz vor Oberscheden forderte sie den Trompeter auf, das herzogliche Marschlied zu blasen:

> *Das Marschlied laß erschallen,*
> *Wie's bei dem Herzog Brauch,*
> *Wir werden dazu singen,*
> *Sind heute Knechte auch.*
> Georg Schwiening, *Die wahre Hensemannsche von Oberscheden*

Ihre List machte ihren Freunden und Verwandten neuen Mut. Und die Göttinger, die es mit der Angst zu tun bekamen, zogen sich zurück. Als Herzog Wilhelm dann am Abend herbeieilte, wollte er das Geschehene kaum fassen: *„Dank dir, Hensemannsche!"/ Drückt ihr die schwiel'ge Hand.*

Als kirchliche Befestigungsanlage ist nicht nur der Kirchturm mit der zu ihm gehörigen Kirche anzusprechen. In die Anlage vielfach einbezogen war auch, wie nachweislich in Oberscheden[77], der Friedhof. Er war nicht nur ein Ort des Begräbnisses, er war zugleich im Verbund mit der Kirche ein durch das kirchliche Asylrecht geschützter Zufluchtsort[78]. Im Jahre 1339 wurden mehrere Göttinger in den Bann getan, weil sie zwei Totschläger, die nach Geismar, der eine in den Kirchturm, der andere in das Pfarrhaus, geflüchtet waren, unter Verletzung des kirchlichen Asylrechts ergriffen hatten[79].

Vor dem Hintergrund der These von H. Tütken (1964, S. 318), dass *dort, wo Patronat und Grundherrschaft in einer Hand waren, es kaum Auseinandersetzungen um die Bebauung und Befestigung des Kirchhofes gegeben haben (wird)*, wird wohl der Hinweis in der Dankelshäuser

Kirchenrechnung vom Jahre 1690, dass *ein großes Stück Kirchhofsmauer...durch Meister Jacob zu Dransfeld, im folgenden Jahr auch der übrige Teil gemacht wurde*[80], nicht als Neubau-, sondern als Reparaturmaßnahme zu interpretieren sein. Das heißt zugleich, dass der hinter der Kirche gelegene alte Friedhof als Teil der kirchlichen Wehranlage vermutlich bereits in früher Zeit durch eine Friedhofsmauer befestigt gewesen war.

Die Doppelfunktion des Kirchturms als Speicher und Fluchtraum sowie die irdischen Anliegen des Glockenläutens mögen der Grund dafür gewesen sein, dass es häufig die Gemeinden waren, denen der Kirchturm und die Kirchenglocken gehörten. Als im Jahre 1949 der Landkreis Münden die Klosterkammer in Hannover darum bat, die Kirchengemeinden Dankelshausen, Varlosen, Lutterberg, Hedemünden, Uschlag und Dransfeld bei der Instandsetzung ihrer während des Zweiten Weltkrieges zerstörten Kirchtürme zu unterstützen, stellte sich in den besagten Gemeinden heraus, dass die Rechtsverhältnisse über die Kirchtürme keineswegs eindeutig waren. So wurden die Kirchtürme in Hedemünden und Varlosen nicht von den Kirchengemeinden, sondern von den politischen Gemeinden unterhalten, wohl ein bezeichnender Hinweis für die ehemals dominante Wehrfunktion des Kirchturms[81].

Über den Eigentümer des Dankelshäuser Kirchturms wird in den Akten nichts ausgesagt. Als Stiftungskirche dürften anfänglich der Kirchturm und das Kirchenschiff eine Einheit gebildet haben. Die in den Jahren 1806 und 1826 auf Bitten der Gemeinde Dankelshausen geleisteten Unterstützungszahlungen des Superintendenten für die erforderlichen Reparaturen des Kirchturms und das Aufhängen der Glocken[82] deuten daraufhin, dass zu jener Zeit der Kirchturm und die Glocken der Kirche gehört haben.

Die Mitgliedsgemeinden der Dankelshäuser Parochie proben den Aufstand

Die Ursprünge der Dankelshäuser Parochie mit der Mutterkirche in Dankelshausen, der erstmals im Jahre 1486 erwähnten Tochterkirche in Oberscheden sowie den Tochtergemeinden Niederscheden und Mielenhausen habe ich u. a. auf die damalige Armut der Mitgliedsgemeinden und die Stiftungskirche meiner Vorfahren zurückgeführt. Seit dieser Zeit scheinen sich die Macht- und Wohlstandsverhältnisse zwischen den Mitgliedsgemeinden deutlich verändert zu haben. Im Jahre 1689 betrug die Zahl der Bewohner von Oberscheden 349, von Dankelshausen 111, von Mielenhausen 133 und von Niederscheden 143 (vgl. Übersicht 3). Es dürfte das mit ihrer Gemeindegröße und mit ihrem gewachsenen Wohlstand gestiegene Selbstbewusstsein gewesen sein, das die Oberschedener dazu bewog, mit dem Dankelshäuser Grundherrn gleichziehen zu wollen.

War es im Jahre 1644 die Aufhebung des einseitigen Präsentationsrechts der Dankelshäuser Kirchenpatrone gewesen, so ging es später den Oberschedenern auch darum, in ihrem Dorfe nicht nur ein Gotteshaus, sondern auch eine „Vollkirche" zu haben[83]. Spätestens im Jahre 1675 wurde sie als „mater combinata"[84], als rechtlich selbständige Kirche, bezeichnet. Ihre verbleibende Verbindung mit der in Dankelshausen bestand darin, dass beiden nur ein Pfarrer vorstand. Konnten die Oberschedener die vollwertige Anerkennung ihrer Kirche auch als einen Erfolg feiern, so waren es zugleich die aus der Entstehungsgeschichte der Parochie herrührenden Anrechte[85] der Dankelshäuser Mutterkirche, die ihnen vielfältige Sorgen bereiteten. Und so beschweren sie sich im Jahre 1675 bei Gerhard Walter Molanus, als dieser seine Generalvisitation in der Spezialinspektion Münden durchführte, dass *die drei mit uns eingepfarrten Gemeinden als Dankelshausen, Mielenhausen und Niederscheden unsere Oberschedische zur Zubuße ihrer Pfarrgebäude mitgefordert haben, aus der Ursache, dass wir des H. Pastoris Dienste so wohl als sie genössen*[86]. Wenn sie sich an den Kosten des Dankelshäuser Pfarrhauses beteiligen sollten, dann sei es nur recht und billig, dass im Gegenzug die anderen Gemeinden sich auch in angemessener Form an den Baukosten ihres Küsterhauses und insbesondere an den Personalkosten ihres Küsters beteiligten. Denn ihr Oppermann müsse auch *jenen drei Gemeinden ebenso viel als hiesiger Gemeinde aufwarten, welches ihm desto schwerer fällt, weilen er die gefährlichen Wege dorthin gehen und dabei allemal so oft es fället, mit unserer Jugend die Schule allhie muß anstehen lassen, wodurch unsere Kinder nicht wenig versäumet werden.*

Für den anhängigen Streit bedeutungslos, wohl aber in seinem Zusammenhang erwähnenswert ist, dass Hermann Moritz im Jahre 1659 über die Schede eine Brücke hatte bauen lassen, um seine in Wellersen gestorbene Mutter als erste der Familie in dem von ihm ausgewählten stockhausenschen Erbbegräbnis unter dem Turm der Dankelshäuser Kirche beizusetzen - vermutlich als letzter der Familie wurde dort im Oktober 1794 Heinrich Ludwig an der Seite seiner zwei Jahre zuvor verstorbenen Frau zur letzten Ruhe gebettet.

Da, so Pastor Johann Friedrich Schenck in dem Dankelshäuser Kirchenbuch[87], *Scheden mit Dankelshausen und anderen Dörfern eine Pfarre bleiben und einander zur Kirche folgen, bei einfallendem Ungewitter aber der Steg über die Schede stracks wegläuft ..., und so forthein der Hof Wellersen nach Dankelshausen pfarren soll, so hat der Juncker bei Leichbestattung seiner Mutter eine Brücke über die Schede machen lassen, welche diesseits auf die Pfarrwiese, sog. Grabenwiese, und jenseits auf die Kirchwiese, den sog. Möhlenkamp, gelegen ist.* Die von ihm bezeichnete Brücke dürfte in der Folgezeit den Kirchgang und auch die erwähnten Gänge des Oberschedener Oppermanns erheblich erleichtert haben.

Es waren nicht nur die aus der Entstehungsgeschichte der Parochie herrührenden Anrechte der Dankelshäuser Kirche, die die Oberschedener verdrossen. Was sie darüber hinaus noch wollten, war eine Kirche, deren Größe der in Dankelshausen nicht nachstand. In ihr sollten die Kirchgänger aller vier Parochiegemeinden Platz haben. Ihre Kirche, so beklagten sie sich im Jahre 1730, sei so klein, *dass kaum der dritte Teil von 4 Gemeinden, so darinnen zusammen kommen müssen, eine Stelle haben kann, da hergegen die andern auf dem Kirchhofe stehen bleiben und wenig oder gar nichts von der Predigt hören können*[88].

Zwanzig Jahre später begründeten sie ihr Anliegen mit der unzureichenden Größe der Dankelshäuser Kirche. Sie sei, so führten sie gegenüber dem „Königlich Britannischen und Kurfürstlichen Konsistorium" zu Hannover aus, schon für die drei Gemeinden Dankelshausen, Mielenhausen und Niederscheden zu eng. Sie, die Oberschedener, müßten *allezeit ihren Aufenthalt vor der Kirchentüre oder in den Gängen nehmen und stehen und könnten dadurch den Gottesdienst nicht mit gebührender Ehrfurcht und Andacht beiwohnen. Überdies hätten sich öfters die Eingepfarrten und mehrenteils unter Adel-Gerichten* – meiner Vorfahren in Dankelshausen und der Herren von Mengershausen in Mielenhausen - *und wenig Zwang stehenden Einwohner herausgenommen, einige Leute aus Oberscheden zu verschiedenen Zeiten bei den Haaren auf dem Mannhause herumzuzerren, ihnen die Hüte zu zertreten, andere aber zur Kirche herauszustoßen. Daraus gehe hervor, dass die zu dieser Kirche Gehörenden die Oberschedener nicht in diese aufnehmen und zum Gehör des göttlichen Wortes zulassen wollten, was, ohne öffentliche Ärgernis und Anstoß zu geben, nicht zugehe*[89].

Natürlich waren das unhaltbare Zustände. Doch deren Abstellung war wohl nur vorgeschoben. Denn was sie in Wirklichkeit wollten, war mit dem Neubau ihrer Kirche, den sie bereits im Jahre 1741 beschlossen hatten, das Vorrecht der Dankelshäuser Kirche aufzuheben, das alleinige Gotteshaus für alle vier Gemeinden zu sein. Und so drangen sie darauf, dem Pastor aufzuerlegen, in Abweichung von der bisherigen Gepflogenheit eines abwechselnden Predigtgottesdienstes in Dankelshausen und Oberscheden nunmehr allsonntäglich in Oberscheden einen öffentlichen Gottesdienst zu halten. Für eine solche Regelung waren sie auch bereit, dem Pastor eine Entschädigung zu zahlen.

In der Verhandlung am 12. Mai 1751 vor dem Oberhauptmann zu Münden wollte <u>Adam Christoph</u> als Dankelshäuser Kirchenpatron von dem Anliegen der Oberschedener nichts wissen. Kurz und bündig ließ er dem von der Gemeinde Oberscheden beauftragten Verhandlungsführer, Bauermeister Johann Christian Stromburg, wissen, dass er beschlossen habe, die Dankelshäuser Kirche binnen anderthalb Jahren so zu erweitern, dass sämtliche Eingepfarrte für ihre Teilnahme am Gottesdienst genügend Platz hätten.

Bereits hundert Jahre zuvor, im Jahre 1646, zur Lebzeiten seines Großvaters <u>Hermann Moritz</u>, war die Dankelshäuser Kirche als baufällig erklärt worden. Bei den erforderlichen Reparaturmaßnahmen war es damals zu einem Streit über die Aufbringung der erforderlichen Gelder gekommen. Einen Durchbruch erzielte die Kirchenvisitation im Jahre 1648: *Weil die Kirche ganz dachlos war und von ihren eignen wenigen Kosten allein nicht konnte gedecket werden, so ist von den Visitatores bei der Generalvisitation den hierzu gehörenden Gemeinden, als Dankelshausen, Mielenhausen, Niederscheden auferlegt, dazu zu schießen 30 Taler, jede Gemeinde 10 Taler gegeben*[90]. Bemerkenswert ist, dass die Gemeinde Oberscheden nicht genannt wurde. Dies könnte ein Hinweis dafür sein, dass die Oberschedener Kirche bereits in diesem Jahr den Status einer „mater combinata" hatte.

Noch in dem gleichen Jahr wurde das Dach der Dankelshäuser Kirche neu gedeckt. Ein Jahr später wurde das Mannhaus ausgebessert. So umfangreiche Reparaturarbeiten auch noch in den folgenden Jahren durchgeführt wurden – im Jahre 1664 wurde die Pfarrscheune gebaut -, so blieb doch ein Mangel bestehen: Die Kirche war zu klein. Und es war dieser Mangel - viel *Drängens und Mutwille gehet oft auf den Mannhäusern vor*[91] -, über den sich im Jahre 1675 Pastor Johann Friedrich Schenk bei Gerhard Walter Molanus während dessen Kirchenvisitation beklagte.

Johann Christian Stromburg kannte wohl diese Geschichte. Und so dürfte es ihm im Jahre 1751 nicht schwergefallen sein, auf die Bitte der Oberschedener Gemeinde zu verzichten und das bisherige Herkommen zu beachten, falls - für den aus seiner Sicht wohl unwahrscheinlichen Fall - die Kirche in Dankelshausen wirklich erweitert werden würde. Und tatsächlich, aus welchen Gründen auch immer, <u>Adam Christoph</u> hielt seine Zusage nicht ein.

Ihr Neubau wurde erst im Jahre 1779, fünfundzwanzig Jahre nach seinem Tode, begonnen und zwei Jahre später abgeschlossen. *Diese Kirche, so lautet die Inschrift über dem Haupteingang, welche die H. H. v. Stockhausen zu Patronen hat, ist unter dem Kommissariat des Herrn Sup. Jo. Christ. Weckenegel und herrn Gener. major Henlud* (<u>Heinrich Ludwig</u>) *v. Stockhausen und Pastorat Hr. Fr. Andr. Apel 1781 neu erbauet worden.*

Friedrich Andreas Apel - er hatte die Pfarrstelle in Dankelshausen von 1761 bis 1797 inne - war ein baufreudiger Pfarrer. Während seiner Amtszeit wurde nicht nur die heutige Dankelshäuser St. Matthäus-Kirche gebaut. Auch der Neubau der St. Markus-Kirche wurde in der von den Oberschedenern gewünschten Größe abgeschlossen. Wahrscheinlich zum Dank für seine Verdienste, so heißt es[92], wurde er vor dem Altar der Oberschedener Kirche beigesetzt.

Zeitgleich mit der Diskussion über die Oberschedener Kirche kam es zwischen der Niederschedener und Mielenhäuser Gemeinde auf der einen und den Dankelshäuser Pfarrern auf der anderen Seite zu einem langwierigen Streit. *Aus bloßem Stolze*, wie sich rückblickend Karl Ludwig Christian Weber ausdrückte[93] - in den Jahren 1802 bis zu seinem Tode 1835 Pfarrer in Dankelshausen -, verlangten die beiden Gemeinden, dass der Pfarrer bei Beerdigungen zu ihnen kommen, vor dem Leichenhaus zwei Gesänge abhalten und sodann die Leiche zum Kirchhof nach Dankelshausen begleiten sollte. Nicht bereit, dieser Forderung zu entsprechen, seien die ärgerlichsten Auftritte vorgefallen. Aus Verdruss sei sogar ein Pastor weggezogen, der schon bald an seiner neuen Wirkungsstätte gestorben sei. Dies wiederum hätten die Niederschedener und Mielenhäuser als eine Strafe Gottes betrachtet und pflegten es einem jeden neuen Pfarrer zu erzählen[94].

Als Johann Justus Köster - von 1751 bis 1761 Pfarrer in Dankelshausen -, der nicht gut zu Fuß, wohl aber ein guter Reiter gewesen sein soll, die Leichen zu Pferde begleitet habe, sei dieses ihnen auch nicht recht gewesen. Seine Art der Begleitung habe sie zu der Bemerkung veranlasst, dass nur noch die Hunde fehlten. Anfangs mögen einige Pfarrer den Leichen das Geleit gegeben haben, wenn sie einem guten Menschen eine besondere Ehre erweisen wollten oder größere Accidentien (Abgaben) erhielten. Daraus habe sich aber dann eine Art von Schuldigkeit des Pastors entwickelt. Einige Pastoren hätten des lieben Friedens willen auch nachgegeben.

Auch er habe es anfangs getan, sich jedoch so manchen Verdruss eingehandelt. Im Jahre 1807 habe er einen schweren Stand gehabt, als der Dankelshäuser Friedhof zu klein geworden sei und sich beide Gemeinden auf Kosten der Kirche gesonderte Friedhöfe erbaten. Er habe ihre Bitte mit allen Kräften unterstützt allerdings mit der Einschränkung, dass der Pfarrer bei Beerdigungen nicht zu ihnen käme, sondern die Leichenpredigt in der Dankelshäuser Kirche stattfände. Doch da habe ihre Entrüstung keine Grenzen gekannt. Es habe nicht viel gefehlt, und sie wären in seinen Pfarrgarten eingebrochen.

Jetzt nun, im Jahre 1833, verlangen sie trotzig, bei dem Friedhof in Dankelshausen zu bleiben – es sollten noch 35 Jahre ins Land gehen, bis sie im Jahre 1868 ihre eigenen Friedhöfe erhielten -, weigern sich aber, für die Kosten seiner Erweiterung einen Beitrag zu leisten. Auch wenn der Friedhof ohne ihr Zutun erweitert worden sei, so sei ihnen doch deutlich gemacht worden, dass ihre Forderung gegenüber dem Pastor unbillig sei. Dieser komme ihnen in einem genügenden Maße entgegen, wenn er die Leiche eingangs von Dankelshausen in Empfang nähme. *Seit dieser Zeit sind sie etwas demütiger geworden, besonders da ich bei gutem Wetter und wenn es nicht Sonntag war, viel weiter entgegenkam und sie auch jetzt auf mein Alter Rücksicht nehmen.* Doch, so fügte er sogleich hinzu, sei dies nur eine vorübergehende Erscheinung. Komme ein neuer Prediger, so würden sie sich wohl wieder regen und *anfangs ihre gewöhnliche Sprache führen, dass er es doch aus Liebe zu ihnen tun möchte.*

Umstrittenes Kirchenpatronat

Nach Ansicht des Dankelshäuser Pastors Friedrich Konrad Krohne im Jahre 1860[95] dürfe angenommen werden, dass die Pfarre von den früheren Besitzern der Güter Dankelshausen und Wellersen, *welches die in unserem Lande ausgestorbene Familie von Bardeleben gewesen sein soll,* gegründet und auch zunächst dotiert worden ist. Dieser Einschätzung stehen die Ergebnisse meiner Rercherchen gegenüber. Nach ihnen haben die Herren von Bardeleben das Gut Dankelshausen niemals und das Gut Wellersen nur in den Jahren 1548 bis 1591 als Lehen besessen. Als mögliche Gründer der Pfarre Dankelshausen scheinen ausschließlich meine Vorfahren als Lehns- und Grundherren von Dankelshausen oder deren uns unbekannte Vorgänger in Frage zu kommen.

Eine andere etwas umstrittene Frage ist, welcher Art das Dankelshäuser Kirchenpatronat war und heute noch ist. G. Arndt (1926, S. 34 f) unterscheidet zwischen einem persönlichen und einem realen Patronat. Um ein persönliches handelt es sich dann, wenn es einzelnen Personen oder Familien auf Lebenszeit oder erblich verliehen worden ist. Im Falle eines realen Patronats ist es mit einem Gut verbunden, bei dessen Verkauf es auf den jeweiligen Besitzer übergeht. In seiner umfangreichen Untersuchung über das Kirchenpatronat in der preußischen Provinz Hannover gelangt er zu der Vermutung, *dass in den meisten Fällen das Privatpatronat als ein persönliches anzusprechen ist, das diese Familien entweder auf Grund des Eigenkirchenrechts oder durch Verleihung seitens des Landesherrn erhalten haben.*

Im Jahre 2004 bezeichnete das Landeskirchenamt in Hannover[96] das Dankelshäuser Kirchenpatronat als ein reales, das ausschließlich auf dem Gut Wellersen ruhe. Ob es sich nach dem Kauf des Gutes Wellersen durch <u>Heinrich</u> im Jahre 1591 bei den beiden Gütern Dankelshausen und Wellersen um *ein* Gut gehandelt habe, könne dahingestellt bleiben. Der Verkauf des Gutes Dankelshausen im Jahre 1949 durch meinen Vater habe jedenfalls auf den Fortbestand des Patronats keine Auswirkung gehabt, da mit dem Gut Wellersen der wesentlich größere Teil des bis dahin gemeinsamen Besitzes der Familie erhalten geblieben sei. Die Sichtweise des Landeskirchenamts wirft die Frage auf, warum und wann das Dankelshäuser Kirchenpatronat auf das Rittergut Wellersen übertragen bzw. erweitert worden sein soll. Für einen solchen Rechtsakt habe ich keinen Nachweis gefunden. Für den Fall, dass es einen solchen wirklich nicht gibt, ist die Frage zu stellen, ob mit dem Verkauf des Gutes Dankelshausen im Jahre 1949 nicht auch das Kirchenpatronat veräußert worden ist

Kirchengeschichtlicher Hintergrund eines Patronats dürfte eine den Grundherren ausgesprochene Genehmigung sein, auf ihrem Gut für ihre Privatandacht und für ihre Haus- und Hofgenossen ein Bethaus zu errichten, einen Hauspriester zu bestellen und das Bethaus als Kapelle weihen zu lassen. Auch wenn es keinerlei Angaben über eine solche Kapelle in Dankelshausen gibt, so lässt der baugeschichtliche Datierungsrahmen der Kapellen in Wellersen[97], Bühren[98] und Fürstenhagen[99] um das Jahr 1150 darauf schließen, dass die Dankelshäuser, wenn es sie denn gegeben hat, in den gleichen Zeitrahmen einzuordnen ist.

Später, als die Zahl der Gutsuntertanen zugenommen hatte, mag sich der Grundherr zu einer ausreichenden Versorgung eines eigenen Priesters verpflichtet haben, und mag die Kapelle mit Parochialrechten ausgestattete worden sein. Indem der grundherrliche Stifter das Eigentumsrecht an der Kapelle behielt, war es nur konsequent, dass der Stifter der späteren Parochialkirche auch die verschiedensten kirchlichen Rechte für sich beanspruchte. Dabei dürfte ihm und seinen Nachkommen als Dank für die Kirchengüter, den Kirchenbau und dessen Unterhalt das Patronatsrecht nicht verwehrt worden sein [100]. Im Jahre 1793 wies <u>Heinrich Ludwig</u> darauf hin, dass alle Grundstücke der Kirche in Dankelshausen einschließlich des Grund und Bodens, auf dem sie gebaut ist, aus Lehen seiner Familien stammen[101].

Können wir auch nicht mit Sicherheit sagen, auf welchen Ursprung das Dankelshäuser Patronat zurückgeht, so scheint doch einiges für die Version des Eigenkirchenrechts zu sprechen. In seiner bereits erwähnten Darstellung schreibt G. Arndt (1926, S. 34) kurz und bündig, *dass das Patronat erworben wird durch die Gründung einer Kirche*. Und in einem Beitrag des historischen Vereins für Niedersachsen heißt es zur Kirche Dankelshausen, dass sie *wahrscheinlich von den früheren Besitzern des dasigen Rittergutes gestiftet* [102] worden sei.

Wenn in der Vergangenheit gelegentlich der Wert eines Kirchenpatronats auf zwei Hufen[103] Land veranschlagt worden ist[104], so ist die Frage nur zu berechtigt, um welche materiellen Interessen - von dem immateriellen Prestigewert einmal abgesehen - es dabei ging. Im Jahre 1793, vierzehn Jahre nach dem Baubeginn der heutigen Kirche in Dankelshausen, wies <u>Heinrich Ludwig</u> auf die beiden nicht zu trennenden Seiten des vermögensrechtlichen Aspekts einer Eigenkirche hin: auf seine Verpflichtung zum Unterhalt der Kirche und die Verwendung der Klingelbeutel-Sammlungen für die Unterstützung der Armen[105]. Wenn die Kirche durch Unglücksfälle beschädigt werde oder gar abbrenne und keine ausreichenden Mittel zur Behebung der Schäden angesammelt worden seien und auch sonstige Mittel nicht zur Verfügung stünden, so würden die Bau- und Reparaturkosten seiner Familie aufgebürdet werden. Vor diesem Hintergrund sei es wohl angemessen, dass vor der Tätigung von außerordentlichen Ausgaben sie zunächst seiner Familie als Patron der Pfarre angezeigt würden und deren Einwilligung eingeholt werde.

Wenn schon von dem Kirchenvermögen kein unmittelbarer materieller Ertrag zu erwarten war - so kann wohl <u>Heinrich Ludwigs</u> Hinweis gedeutet werden -, könnte dann das Lehngeld, das ihm als Patron von jedem neuen Pastor für die zu besetzende vakante Pfarrstelle zu bezahlen war, die Quelle eines materiellen Anreizes für das Kirchenpatronat gewesen sein? Im Jahre 1576 hatte Pastor Nicolaus Prätorius für die freigewordene Pastorenstelle in Dankelshausen den Patronen <u>Melchior</u> und <u>Jobst</u> 22 Taler bezahlen müssen[106]. Ob der Betrag als hoch oder niedrig anzusehen ist muss vor dem Hintergrund bewertet werden, dass bei Leistungen, die die Ertragskraft des Kirchenlehens überstiegen, die Möglichkeit nicht auszuschließen war, dass Simonie, der Kauf von geistigen Ämtern, im Spiel war. Mochte auch die Interpretation des Begriffes sehr dehnbar sein, sie konnte von folgenreicher Bedeutung sein. Denn machte sich der Patron bei der Besetzung der Pfarre der Simonie schuldig, so verlor er das Präsentationsrecht, im Wiederholungsfalle das Patronatsrecht[107].

Am 26. Oktober 1797 gelobte Johann August Wilhelm Habenicht - von Elliehausen auf die Pfarrstelle zu Dankelshausen berufen - und schwor zu Gott dem Superintendenten in Göttingen, dass er durch keine Mittel, die durch Gottes Wort verboten sind, zu der Pfarre gelangt sei. In Sonderheit habe niemand zur Unterstützung seiner Bewerbung etwas beigetragen. Weder direkt noch indirekt habe jemand ihm selbst, seiner Frau, seinen Kindern, Angehörigen oder Unterhändlern Geld, geldwerte Sachen oder eine Belohnung, oder wie dergleichen Geschenke auch immer genannt werden mögen, geleistet. Auch wisse er nicht und sei ihm nicht bekannt, dass irgendeiner seiner Verwandten seinetwegen etwas versprochen und gegeben habe. Sollte er über kurz oder lang etwas Entsprechendes erfahren, so wolle er dieses dem Konsistorium anzeigen, dass er also die Pfarre auf dem Wege der durch Gottes Wort und durch die hiesige Landesordnung verbotenen Simonie nicht rechtmäßig erlangt habe[108].

Mochte auch ein solcher Eid von den Pastoren vor Besetzung einer jeden Pfarre abverlangt werden, gänzlich ausrotten ließ sich die Simonie nicht. Dennoch dürfen wir wohl annehmen, dass mit ihrem Verbot durch Herzog Heinrich Julius (+1613) im Jahre 1597 das von dem Pfarrer zu zahlende Lehngeld für meine Vorfahren als finanzieller Anreiz für die Aufrechterhaltung des Dankelshäuser Kirchenpatronats stark an Bedeutung verloren, wenn es denn überhaupt jemals eine große materielle Bedeutung gehabt hat.

Das in dem Erwerb und in der Begründung von Kirchenpatronaten auf dem Lande sich äußernde Interesse, so H. Wiswe (1934, S. 81), *läßt sich nur erklären, wenn man die Nebenaufgaben der mittelalterlichen Dorfkirche im Interesse der Grundherrschaft berücksichtigt*. Neben der baulichen Anlage, der Kirche und des Kirchhofs habe dieses Interesse insbesondere der Präsentation des Pfarrers gegolten. Da dürfte einmal der Wunsch des Grundherrn gewesen sein, bei der Verwaltung des Kirchen- und Pfarrvermögens, nicht zuletzt bei der Verpachtung der Kirchenländereien, den Pfarrer in seinem Sinne zu beeinflussen. In Dankelshausen waren das immerhin sechzehn Morgen Acker- sowie etliches Wiesenland. Und da war möglicherweise sogar noch das gewichtigere Interesse, dem Beziehungssystem zwischen dem grundherrschaftlichen Gut und den Kleinköter-Tagelöhnern – ich werde auf dieses System später noch näher zu sprechen kommen - eine gleichsam kirchliche Unterfütterung zu verleihen. Als Patron konnte der Grundherr den Pfarrer veranlassen, abgaben- und dienstleistungssäumige Bauern durch die Androhung und Verhängung von Kirchenstrafen zur Ordnung zu rufen[109].

Wenn in früherer Zeit die Grundherren den Pfarrer zur Disziplinierung der Kleinköter-Tagelöhner benutzt haben mögen, so war diese seine Verwendung spätestens im Verlaufe des 17./18. Jahrhunderts mit dem Einzug der Häuslinge und Brinksitzer, die als Tagelöhner auf dem Gutshof mit den Kleinkötern um dessen Arbeitsangebot konkurrierten, weitgehend wertlos geworden. So dürfte auch die Bestimmung der Calenberger Klosterordnung vom Jahre 1737, dass kein Pfarrer einer Gemeinde aufgezwungen werden dürfe, den grundherrlichen Kirchenpatronen keine besonderen Probleme bereitet haben. Andererseits lässt sie die Vermutung zu, dass in früherer Zeit der von dem Patron vorgeschlagene Kandidat für eine frei gewordene Pfarrstelle nicht immer auch die Zustimmung der Gemeinde gefunden hatte.

Bereits hundert Jahre zuvor, im Jahre 1632, hatten sich die Oberschedener bei dem Amt Münden über das einseitige Präsentationsrecht der Dankelshäuser Kirchenpatrone beklagt[110]. Zwölf Jahre später, am 24. Oktober 1644, wurde ihrer Klage entsprochen. In einem Vergleich des Konsistoriums als Vertreter der Landesherrschaft *wegen des ihr über die Filiale zu Ober- und Niederscheden und Mielenhausen zustehenden Patronatsrechtes mit denen von Stockhausen, als Patron der Mutterkirche zu Dankelshausen,* wurde vereinbart, dass *die Ernennung oder Präsentation künftig abwechselnd geschehe*[111].

Es war nicht nur das wechselnde Präsentationsrecht, das den Einfluss der Dankelshäuser Kirchenpatrone erheblich einschränkte. Von besonderem Gewicht war auch und insbesondere das geänderte Anliegen der Kirchenvisitationen. Im Gefolge des Gandersheimer Landtagsabschieds vom 10. Oktober 1601 und der Einführung des evangelisch-lutherischen Glaubensbekenntnisses benutzten die Landesherren als nunmehrige Oberhäupter der Kirche und als Dienstherren der Geistlichen die Visitationen auch dazu, die Anforderungen der adligen Grundherrschaft und seinen Einfluss auf die Kirchenpolitik zugunsten der Interessen der Landesherrschaft zurückzudrängen[112]. Hatten sich früher die katholischen Visitationen vorrangig auf den Klerus konzentriert, so waren es nunmehr die Gemeinden, die in ihren Mittelpunkt rückten. Dabei oblag es den Visitatoren nicht nur, Informationen über die Zustände, Einstellungen, Vorkommnisse, Verfehlungen und das Wohlverhalten in den Gemeinden einzuholen. Sie nahmen zugleich auch eine Kontroll- und Disziplinierungsaufgabe wahr. Als „Funktionären" des Landesherrn oblag es ihnen, dessen Vorstellungen von den Zuständen in den Gemeinden und ihren Mitgliedern verbindlich zu machen. Sie hatten *innerdörfliche Konflikte auszutragen, die ohne diesen äußeren Anlaß nur sehr zögerlich und versteckt hätten ausgetragen werden können, weil die Nachteile für die Konfliktparteien zu groß gewesen wären*[113].

Im Jahre 1675 nutzte der Dankelshäuser Pastor Johann Friedrich Schenk die Autorität von Gerhard Walter Molanus als Generalsuperintendent, um die von ihm allein nicht behebbaren Missstände abzustellen. Ein Dorn im Auge waren ihm nicht nur die ausstehenden Pachtgelder des vor einem Jahr verstorbenen Kirchenpatrons Hermann Moritz, sondern auch die ungenügenden und unregelmäßigen Pachtzahlungen der Gemeinde. Ein besonderes Anliegen war ihm auch die dringende Reparaturbedürftigkeit des Pfarrhauses. Doch damit nicht genug. Wissen wollte er auch, ob dem Rittmeister Wölfinß, der eine Magd geschwängert hatte, eine Kirchenbuße aufzuerlegen sei. Oder wie es mit Stoffel Hasen zu halten sei, der sonntags während des Gottesdienstes Heu gemacht hatte. Und schließlich beklagte er, dass es in keinem der vier Parochie-Dörfer ein Witwenhaus gebe[114].

C.-H. Hauptmeyer (1988, S. 226 ff) spricht davon, dass die territorial-staatliche Verwaltung im Laufe des 18. Jahrhunderts so weit vervollkommnet wurde, dass Eingriffe in kleinste bäuerlich-dörfliche Angelegenheiten möglich wurden. Indem die Landesherren die Pfarrer auch mit Verwaltungsangelegenheiten beauftragten und den bisherigen politischen Freiraum der Kirchenstifter und -patrone ihrer Aufsicht unterstellten, sie solchermaßen den Adel *domestizierten*, hoben sie die spätmittelalterliche Patt-Situation zwischen sich und dem grundherrlichen Adel auf. Sie verschafften sich die Möglichkeit, vermehrt auf die dörflichen Verhältnisse einzuwirken.

Vor dem Hintergrund des stattgefundenen Wandels ist die Frage zu stellen, wie stark danach meine Vorfahren an dem Kirchenpatronat überhaupt noch interessiert waren, welche wirtschaftliche Bedeutung sie dem Patronat noch zumaßen. Der patronalen Verpflichtung zum Unterhalt der Dankelshäuser Kirche standen keine adäquaten irdischen Gegenleistungen mehr gegenüber. Das Kirchenpatronat hatte machtpolitisch ausgedient. J. Sieglerschmidt (1987, S. 253) bezeichnet das, was von ihm verblieb, als *ständische Fassade*. *Das Patronatsrecht wird mit Rücksicht auf hergebrachte Rechte vor allem des Adels und Bürgertums zu einem Fossil, das in der protestantischen Kirchenverfassung einen ebenso exzentrischen Platz einnimmt wie in der katholischen.*

Differenzierter drückt sich J. K. F. Schlegel (1804, S. 307) aus. Dabei geht er von der Überlegung aus, dass kaum eine Parochialkirche und Pfarre allein aus den Gütern des Stifters hervorgegangen ist. In den meisten Fällen habe die Pfarrgemeinde einen beträchtlichen Beitrag geleistet. *Soll aber eine Kirchensocietät durch eine solche erzeigte Wohltat, in der wichtigsten Angelegenheit ihres Lebens, von der uneingeschränkten Willkür des Wohltäters und dessen Nachkommen fortdauernd ... abhängig werden, so ist dies sodann eine erdrückende Wohltat, der man gern entübrigt seyn würde. Es hänge von den Patronen ab, die Kirche mit dieser einmal bestehenden Einrichtung auszusöhnen und sie von allem Tadel gänzlich zu befreyen. Wenn sie in einträchtiger Übereinstimmung mit der Kirchenregierung, mit thätigem Eifer dem Bestem der Kirchen und des Kirchenstaates sich annehmen, ohne nur allein auf die Erhaltung und Erweiterung ihrer Gerechtsame Bedacht zu nehmen; wenn sie ferner nicht nur die Annehmlichkeiten ihres Rechts genießen, sondern auch zu den Lasten, sofern es etwa nöthig werden sollte, mit beytragen wollen,* dann wird man ihnen *diesen einmal, zuweilen nicht ohne Aufopferung, erworbenen Vorzug gern gönnen, und sich von ihnen einen mitwirkenden Beystand zur Erreichung der Kirchenzwecke versprechen dürfen*[115].

Im Jahre 1969 wies der Mündener Superintendent das Landeskirchenamt darauf hin[116], dass der Dankelshäuser Patron keinerlei Verpflichtung gegenüber der Pfarrstelle wahrnehme: *Es besteht offensichtlich nur noch das Recht der Präsentation. Dieser Zustand ist völlig unbefriedigend.* Deshalb bitte der Kreiskirchenvorstand dringend, *die Rechtslage dieses Patronats zu prüfen und nach Möglichkeit die Aufhebung zu betreiben*. Als er sodann im Jahre 1973 meinen Vater bat, auf das Patronat über die Pfarrstelle in Dankelshausen zu verzichten[117], war allerdings mit keinem Wort mehr die Rede davon, dass der *Zustand* des Präsentationsrechts *völlig unbefriedigend* sei. Worum es ging, war eine rein kirchenorganisatorische Angelegenheit: Von der anstehenden Neugliederung der Kirchengemeinden im Kirchenkreis Münden werde *auch die Kirchengemeinde Dankelshausen betroffen. Sie soll mit den Kirchengemeinden Bühren und Scheden zu einer Kirchengemeinde Scheden vereinigt werden. Voraussichtlich wird damit auch die Pfarrstelle in Scheden eingerichtet werden müssen.* Es war allein und ausschließlich die erforderliche Zustimmung des Dankelshäuser Kirchenpatrons zu dieser Maßnahme, die den Superintendenten im Auftrage des Landeskirchenamtes zu seiner Verzichtsfrage veranlasste.

Erneut im Vordergrund stand das Präsentationsrecht im Jahre 1990. In diesem Jahr bat der Dankelshäuser Kirchenvorstand das Landeskirchenamt in Hannover, dem amtierenden Patron deutlich zu machen, *dass Grund und Auslöser des Wunsches nach Patronatsverzicht … allein die Tatsache ist, dass durch die Rechte des Patrons die Gemeindewahl zur Besetzung der Pfarrstelle ausgeschlossen ist.*

Ohne auf die wiederholten Bemühungen des Dankelshäuser Kirchenvorstandes zur Aufgabe des Kirchenpatronats konkret einzugehen, wies im Jahre 2004 das Landeskirchenamt[118] in der von mir erbetenen Stellungnahme die zuvor zitierten Überlegungen von J. K. F. Schlegel mit Nachdruck zurück: *Wiederholt haben Kirchenvorstände auch in jüngerer Zeit, wenn der Fortbestand des Patronats in Frage stand, immer wieder betont, dass sie an dem Patronatsverhältnis mit seinen Rechten und Pflichten festhalten möchten. Dies zeigt …, dass es … in der Regel gelingt,* das *Rechtsverhältnis auch heute noch so mit Leben zu füllen, dass es auch für die Kirchengemeinde nicht „eine drückende Wohltat, der man gern entübrigt sein würde", darstellt.* Wie auch immer die verallgemeinernde Stellungnahme vor dem Hintergrund der Bitten des Dankelshäuser Kirchenvorstandes zu bewerten ist[119], kirchenrechtlich steht das letzte Wort dem Patron, <u>Ludolf</u>, zu.

Die Dankelshäuser Gerichtsherren und das Amt Münden: Wer war zuständig?

Das ungeschlossene Untergericht Dankelshausen und Wellersen

Das Dorf Dankelshausen und das Landgut Wellersen, so ist im Jahre 1823 zu lesen[120], bilden das ungeschlossene Untergericht Dankelshausen. Hinter dieser nüchternen Feststellung verbirgt sich ein jahrhundertealtes Rechtsprivileg, die sogenannte Patrimonialgerichtsbarkeit meiner Vorfahren als grundherrlicher Adel. Die grundherrliche Gerichtsbarkeit wird auf die Zeit der älteren Grundherrschaft zurückgeführt[121], als den Grundherren noch die uneingeschränkte Jurisdiktion über ihre unfreien Bauern zustand.

Als Herzog Heinrich dem Löwen (+1195) auf dem Reichstag zu Würzburg im Jahre 1180 alle Reichslehen und Eigenbesitzungen abgesprochen wurden, zerfiel sein Herzogtum in eine Vielzahl von Kleinst- und Kleinherrschaften. Davon betroffen war auch das für den Leinegau zuständige Leineberggericht bei Göttingen. Sein Verfall bot den ritterlichen Herren die Möglichkeit, das Gerichtsrecht auf ihrem Grund und Boden und über ihre Hintersassen (zinspflichtige Kleinbauern) zu beanspruchen[122]. Nach W. Ebel (1953, S. 15) waren die Patrimonialgerichte der Grundherrschaften - gleichsam als *Lückenfüller* der von der landesherrlichen Verwaltung und Justiz nicht abgedeckten Gebiete - an die Burgen wie die Gleichen, den Hanstein, Adelebsen, Jühnde, Hardenberg, Plesse u. a. angelehnt. In vergleichbarer Form dürften die Patrimonialgerichte über die Dörfer Dankelshausen, Imbsen und Löwenhagen als stockhausensche Lehnsgüter an die Bramburg angelehnt gewesen sein. Ihre rechtliche Bestätigung könnte, wenn auch urkundlich nicht belegbar, im Jahre 1303 erfolgt sein. In diesem Jahr übertrug Herzog Albrecht II. (+1318) die Gerichtsbarkeit über den südwestlichen Teil des Leinegaus von Gieselwerder auf die Bramburg und erhob damit die Herren von Stockhausen als Bramburger Lehnsherren in den Stand von Gerichtsherren.

Vielleicht, so H. Mundhenke (1941, S. 40), *ist der Vorgang so gewesen, dass die Hintersassen bei Streitigkeiten unter sich zuerst die Entscheidung ihres Grundherren anriefen, dass daraus der Bequemlichkeit wegen sich eine Gewohnheit entwickelte, aus der dann die Herren das Recht ableiteten, Gericht zu halten.* Gut möglich ist allerdings auch, dass die Initiative nicht von der Bequemlichkeit der Hintersassen ausging[123], sondern dass es die Grundherren waren, die es gezielt darauf anlegten, über ihren Lehnsbesitz eine staatsähnliche, patrimoniale Gewalt auszuüben.

Dankelshausen gehörte zu dem geschlossenen Untergericht Imbsen, auch Löwenhagen genannt[124]. Der historische Hintergrund ist, dass bis Anfang des 17. Jahrhunderts die Güter Dankelshausen, Imbsen und Löwenhagen von den Herren von Stockhausen gemeinschaftlich besessen wurden. Noch Ende des 16. Jahrhunderts wurde die Gerichtsherrschaft über Dankelshausen im Sinne eines geschlossenen Untergerichts beschrieben[125]: Die Dankelshäuser seien, wenn es den Herren von Stockhausen nicht genehm war, in Dankelshausen Gericht zu halten, zu dem Gericht nach Löwenhagen zitiert worden. Sie hätten dort auch erscheinen müssen. Wenn wir unterstellen, dass es für die Dankelshäuser weniger bequem war, nach Löwenhagen zu gehen als nach Münden zu dem Sitz des landesherrlichen Gerichts, dann dürfte der Aspekt der Bequemlichkeit für die Dankelshäuser Gerichtsbarkeit keine wesentliche Rolle gespielt haben, dann dürften es die Grundherren gewesen sein, die das Gerichtsrecht anstrebten.

Dem gemeinschaftlichen Besitz bereitete <u>Heinrich</u> ein Ende, als er im Jahre 1619 die Güter Löwenhagen, Imbsen und Dankelshausen seinen Söhnen als individuellen Besitz vererbte. Danach scheinen die von Stockhausen in Imbsen die geschlossene Untergerichtsbarkeit über alle Gerichtsdörfer behalten und ihren Vettern in Dankelshausen die Zuständigkeit eines ungeschlossenen Untergerichts übertragen zu haben. Wenn diese Vermutung richtig ist, so saßen meine Vorfahren in Dankelshausen formell zwar nur einem ungeschlossenen Untergericht vor, verfügten aber mittels ihrer Verwandten in Imbsen über die Zuständigkeiten eines geschlossenen Untergerichts mit all den Einflussnahmemöglichkeiten, die ihnen ein solches Gericht bot.

Die Unterscheidung zwischen geschlossenen und ungeschlossenen Untergerichten bezog sich auf das Gebiet der Verwaltungsangelegenheiten[126]. Die geschlossenen waren völlig selbständig, empfingen von den landesherrlichen Ämtern keine Befehle und mussten keine Verwaltungshandlungen derselben in ihren Bezirken dulden. Anders lagen die Dinge bei den ungeschlossenen. Von Verwaltungsangelegenheiten ausgeschlossen, beschränkte sich ihre Zuständigkeit allein auf die niedere Gerichtsbarkeit.

Mag auch einiges für unsere Herleitung des Dankelshäuser Gerichts und dessen Zuständigkeit sprechen, so war doch die Rechtslage alles andere als klar. Im Jahre 1823 erkundigte sich die Landdrostei Hildesheim bei dem Amt Münden[127], ob das Dorf Dankelshausen zu dem geschlossenen Untergericht Imbsen gehöre oder ob denen von Stockhausen über dieses Dorf eine besondere ungeschlossene Gerichtsbarkeit zustehe. Drei Jahre später wusste das Amt Münden lediglich zu sagen: *das Dorf Dankelshausen nebst den Dorfschaften Imbsen und Loewenhagen und den beyden Adelichen von Stockhausenschen Gütern Dankelshausen und Wellersen gehöre zu dem im hiesigen Amtsbezirk belegenen geschlossenen Gerichte Imbsen. Es werde von dem adlich von Stockhausenschen Gerichtshalter, Amtsverwalter und Advocat Günther, hiselbst verwaltet.* Bemerkenswert ist sodann der Zusatz, dass *in Ansehung desselben und den dazu gehoerigen obbenannten drey Dorffschaften dem hiesigen Amte die Criminal-Gerichtsbarkeit zustehet.*

Über die ursprüngliche Entstehung dieser sonst ungewöhnlichen Combination, so fügte das Amt Münden im Jahre 1839 noch hinzu, habe *es* keinen Aufschluss zu erhalten vermocht. Wahrscheinlich habe sie ihren Grund darin, dass die Verwaltung der beiden Gerichte schon seit vielen Jahren einem und demselben *Justion* anvertraut war. Das Gericht könne auch ursprünglich zu dem Gericht Imbsen gehört und vormals nicht als ein besonderes Gericht bestanden haben.

Seit dem Ende des 18. Jahrhunderts wird von dem Gericht Dankelshausen und Wellersen gesprochen. Diese Bezeichnung ist darauf zurückzuführen, dass nach dem Tode von Heinrich Ludwig im Jahre 1794 Benedikt Moritz sowohl der Besitzer des Gutes Wellersen als auch des Gutes Dankelshausen sowie Gerichtsherr zu Dankelshausen war.

Im Jahre 1803[128] legten die Gerichtsherren des geschlossenen Untergerichts Imbsen, Löwenhagen und Dankelshausen dar, dass das vormalige bardelebensche Gut Wellersen über keinen patrimonialen Gerichtsbezirk verfügt habe. Es habe sich lediglich um ein adliges, freies, mit keinen pflichtigen Untertanen versehenes Gut gehandelt. Es sei kein gemeinschaftliches stockhausensches Gut. Die Familienlinie der gegenwärtigen Gerichtsherren zu Imbsen und Löwenhagen habe daran keinen Anteil gehabt. Für die Untertanen des geschlossenen Gerichts Imbsen und Löwenhagen sei Wellersen ein fremdes Gut. *Denn alle solche nur mit der niederen oder Pfahl-Gerichtsbarkeit versehenen Allodiale oder Patronien-Güter sind keine geschlossenen Gerichte, sondern solche in dem Herrschaftlichen Amte* - sprich Amt Münden -, *das die Criminal-Jurisdiction darüber hat und die Hoheits-Rechte darüber ausübt.*

Dieser Einschätzung steht die Mitteilung von A. Seidensticker (1896a, S. 214) entgegen, dass Herzog Ernst (+1367) Wellersen mit Gericht, Halsgericht und Vogtei denen von Adelebsen verlehnt habe. Und noch im Jahre 1782 spricht der im Dienste der „Königlich Großbritannischen Kurfürstlich Hannoverschen General-Wege-bau-Intendance" stehende Vermessungsingenieur A. Du Plat ohne jede Einschränkung von der Wellersener Gerichtsbarkeit[129].

Mochte auch das Gericht Dankelshausen und Wellersen durch seine Einbettung in das Untergericht Imbsen den formalen Charakter eines geschlossenen Untergerichts haben, so waren es eben dieser formale Charakter sowie die ursprüngliche Nichtzugehörigkeit des Gutes Wellersen zu dem geschlossenen Untergericht Imbsen, die die Zuständigkeit der Dankelshäuser Gerichtsherren auch und insbesondere auf dem Gebiet der niederen Gerichtsbarkeit durch das Amt Münden besonders angreifbar machten. Strittig war dabei nicht nur die Abgrenzung zwischen der niederen und oberen Gerichtsbarkeit, sondern insbesondere, wie im Jahre 1825 von dem Amt Münden offen ausgesprochen, ihre generelle Zuständigkeit für die *Criminal-Gerichtsbarkeit*.

Im Jahre 1612 beschwerte sich Georg, Herr zu Imbsen und Dankelshausen, dass das Amt Münden Zeugen aus Dankelshausen zu einem Kriminal-Verhör geladen habe, obwohl er darauf hingewiesen habe, dass *wir den Angriff in peinlichen Sachen in Dankelshausen haben*[130]. Aus den Jahren 1613 bis 1616 – also schon bald nach dem Beginn der protestantischen Kirchenvisitationen - liegt ein umfangreicher Schriftverkehr vor, in dem sich die von Stockhausen wiederholt über Eingriffe des Amtes Münden in die ihnen zustehende niedere Strafgerichtsbarkeit beschwerten[131].

Die 10 Taler-Grenze

Gut vierzig Jahre später, im Jahre 1659, kam es über die Abgrenzung der beiderseitigen Zuständigkeiten erneut zu einer heftigen Auseinandersetzung[132]. Die Brüder Wilhelm Christoph, Besitzer des Gutes Dankelshausen, und Heinrich Moritz, Besitzer des Gutes Wellersen, hatten die Brüder Ricus und Hanns Hasen wegen Holzdiebstahls bei dem Dankelshäuser Pfarrer mit 20 Talern bestraft.

Am 22. Mai *denunzierte* der Förster von Mielenhausen die beiden Gerichtsherren bei dem Amt Münden: Das Strafgeld stünde dem Amt, nicht aber denen von Stockhausen zu. Am 11. August protestierte das Amt Münden gegen deren Amtsanmaßung und forderte die *de facto zur Ungebühr gehobenen Gelder* für das Amt Münden ein. Am gleichen Tag wurden die Brüder Hasen schriftlich aufgefordert, sich am nächsten Freitag vor dem Amt zu verantworten. Vier

Tage später sagten sie dort aus, dass sie zu vieren den Diebstahl begangen hätten und dass ein jeder von ihnen von den Dankelshäuser Gerichtsherren mit 5 Talern bestraft worden sei.

Acht Tage später ließen Wilhelm Christoph und Heinrich Moritz das Amt wissen, dass sie von dem gnädigsten Landesherrn mit dem Dorf Dankelshausen und der *daselbigen Nieder- und Erbgerichtsbarkeit und Jurisdiction* belehnt worden seien. Seit undenklichen Zeiten verfügten sie über den gerichtlichen Zwang und übten ihn bis zur gegenwärtigen Stunde aus. *Wir gestatten niemanden, wer es auch sein mag, unsere höchste Macht über unser Gebiet in Frage zu stellen.* Deswegen könnten sie die Denunziation nicht anders bewerten, als einen gehässigen, neuerlichen *Eingriff der Verwirrung*, der in ihren Gerichtszwang und in ihre Rechtsprechung hineingetragen werden solle. Diese widerrechtlichen, öffentlich gemachten Irrungen und verbotenen Beeinträchtigungen könnten und wollten sie sich nicht im Geringsten gefallen lassen. Ihre notarische Jurisdiktion und Gerichtsbarkeit ließen sie sich *nicht auf ein haarbreit schmälern*. Nach ihren Lehnsbriefen stünden ihnen das Untergericht und die Belegung von Strafen bis zu 10 Talern zu. Straftatbestände, die mit höheren Strafen zu belegen seien, gehörten in die Zuständigkeit des fürstlichen Amtes[133].

Hausfriedensbruch oder jugendlicher Übermut?

Drei Jahre später, im Jahre 1662, war der Ton ihres Vaters Hermann Moritz wesentlich konzilianter, als er den Amtmann von Münden ersuchte, seinen Sohn Heinrich Jobst nicht vor das Mündener Gericht zu zitieren[134]. Falls ihn kein fürstlicher Auftrag zwinge, *wolle der Herr Amtmann solche citationes an mich oder die Meinigen nicht senden.*

Heinrich Jobst wurde vorgeworfen, zusammen mit dem Dankelshäuser Müller und Hans Weitemeyer aus Dransfeld, bezecht aus Münden kommend, abends zwischen 7 und 8 Uhr gewaltsam in das Haus des Försters Kersten in Mielenhausen eingedrungen zu sein - eben jenes Mannes, der vor drei Jahren seine beiden Brüder angezeigt hatte. Kersten habe zu dieser Zeit oben in seinem Haus mit seinen Leuten zu Abend gegessen. Die Haustür sei verschlossen gewesen. Kaum seien Heinrich Jobst und seine Kumpanen angekommen, da habe ersterer sofort mit Schlagen und Stoßen die Tür aufzumachen begehrt. Als Kerstens Tochter die Obertür habe schließen wollen, habe er sie mit dem Degen bedroht, die Tür entzweigehauen und Kersten beschimpft. Schließlich habe er mit seiner Pistole auf die Wand nahe der Tür geschossen. Wenn die Kugel die Wand durchschlagen hätte, wäre Kerstens

Tochter getötet worden. Kersten forderte von dem Mündener Amtmann, den mutwilligen Hausfriedensbruch zu bestrafen und ihn vor weiteren derartigen Vorfällen zu schützen.

Gut verständlich, dass <u>Hermann Moritz</u> den Vorfall nicht wie geschildert sehen wollte. Es sei Kerstens Sohn gewesen, so ließ er den Mündener Amtmann wissen, der in Münden mit seinem Sohn Streit angefangen habe. Nach dessen Beilegung sei <u>Heinrich Jobst</u> mit Hans Weitemeyer und seinem ehemaligen Dankelshäuser Müller von Münden davongeritten. In Höhe von Mielenhausen hätten seine beiden Begleiter zu Kerstens Haus vorreiten und diesen von dem Geschehen in Münden berichten wollen. Dabei habe <u>Heinrich Jobst</u> sie noch ermahnt zu bedenken, dass der Förster mit dem, was sein Sohn getan hatte, nichts zu schaffen habe. Diese seine Ermahnung mache deutlich, dass er Kersten nichts habe antun wollen. *Nur hatt er einen Schuß in die Luft thun wollen, welches öfter insonderlich von der Jugend aus fröligem gemüthe und unbedarflich geschiehet.*

Wie auch immer der Vorfall abgelaufen sein mag - eine *hohe Criminal-Sache,* wie ihn der Mündener Amtmann einstufte -, dem Dankelshäuser Gerichtsherrn war die ganze Angelegenheit mehr als unangenehm. Und so bat er den Amtmann, den Leuten keinen Glauben zu schenken.

Umstrittener Jagddienst

Im Jahre 1688 hatten die Brüder <u>Wilhelm Christoph</u> und <u>Heinrich Moritz</u> erneut Grund, sich gegen ungerechtfertigte Eingriffe des Amtes Münden in ihre Gerechtsame zu wehren[135]. Der Bauermeister und die ganze Gemeinde Dankelshausen seien heute, den 31. März, vor ihnen erschienen. Sie hätten ihnen eine Nachricht gezeigt, in der der Amtsschulze zu Münden ihnen *anmaßig und reurelich bei wilkürlicher Straffe* befohlen habe, bei den anstehenden Jagden in den Brackenbergischen Holzen zu erscheinen. Eine solche Aufforderung käme ihnen, den Aufgeforderten, fremd vor. Sie stelle eine *gehessige Neuerung* dar. Sie wollten sich dagegen wehren und bäten, die ihnen bei ihrer Erbhuldigung gnädigsten Schutz versprochen hätten, für sie Recht zu suchen. Es sei keiner im Ort, wie alt er auch sei, der von einer solchen, den Stockhausenschen Untertanen abverlangten Zumutung jemals gesehen oder gehört habe.

Und auch sie seien doch sehr verwundert, dass sich der Amtsschulze *so unbesonnen denen Stockhausenschen Unterthanen unmittelbar zu befehlen sich anmaset.* Und so baten sie den von ihnen angeschriebenen Oberforst und Jägermeister, *nicht zu verstatten, dass die Dankelshausische Eingesessene mit dergleichen Neuerungen belestiget werden.*

Streit um eine Leiche

Im Jahre 1729 wurde Adam Christoph beschuldigt, die Obergerichtsbarkeit des Amtes Münden verletzt zu haben[136]. Am 4. August hatten zwei Kinder einen Schuss gehört, waren in seine Richtung gelaufen und hatten den 70jährigen Förster Johann Brandt König in seinem Blut liegend aufgefunden. Adam Christoph, von ihnen informiert, hatte den stark Verletzten auf seinen Hof geholt und sofort nach Pastor Johann Heinrich Hogreve geschickt. Kurz darauf war er gestorben. Da der Pastor vermutete, dass der Verstorbene sich erschossen hatte, glaubte er, ihn nicht auf dem Friedhof beerdigen zu dürfen. Den befreienden Ausweg wies der zu Rate gezogene Superintendent. *Aus Uhrsachen, weil man nicht wüßte, wie es eigentlich zugangen*, gab er seine Genehmigung. Und Adam Christoph ließ ihn beerdigen.

Was für alle unmittelbar Beteiligten eine so praktische Lösung war, stellte sich für das Amt Münden ganz anders dar: Adam Christoph habe sich der unerlaubten Amtsbefugnis schuldig gemacht. Wenige Tage nach dem Vorfall ließ es die „Königliche und Churfürstliche Justizkanzlei" wissen, dass Adam Christoph, *ohne dem hiesigen Ambt davon das geringste schriftl. zu melden, sich des Körpers quasi angemasst und selbigen* habe *beerdigen lassen. Da die criminalität über besagtet Dorf dem hiesigen amt ohnstreitig zu kombt,* habe ihn das Amt Münden offiziell bedeutet, dass er eine schriftliche Anzeige zu machen gehabt hätte, um den gesamten Vorgang untersuchen zu lassen.

Umstrittener Kuhmist

Im Jahre 1765 war es die Zuständigkeit des Amtes Münden, die am 26. Juni Machdalene in ihrem Streit mit ihrem Pächter und Gerichtsuntertanen ihres Ehemanns anrief[137]. Sie habe, so ließ sie das Amt Münden wissen, am 19. Juni ihren Kuhstall ausmisten und den Mist vor dem Stall lagern lassen. Am nächsten Tage habe sie ihn auf diejenigen Ländereien bringen lassen wollen, die ihr Ehemann bei der Verpachtung des Gutes sich zur Eigennutzung vorbehalten hatte. Doch da habe sie sehen müssen, wie sich ihr Pächter F. L. Krüger des Mistes, wie schon zum wiederholten Male, habe bemächtigen wollen, um ihn auf seine Felder auszubringen. M*it Bescheidenheit und in friedliebender Absicht* habe sie ihn darauf hingewiesen, dass nach dem Pachtvertrag *der Mist, welchen wir mit unsern Kuhvieh und reservireten Zehnt-Stroh machten, nicht mit verpachtet worden, wir auch diesen zur Bedüngung unsers selbst bestellenden Landes unumgänglich benötigt wären.* Der Pächter aber habe ihr, *ohne sie zu grüßen und seinen Huth auf den Kopfe behaltend,* ganz trotzig geantwortet, dass der Mist auf seinem ihm verpachteten Hof liege. Er gehöre ihm, und er wolle ihn in zwei Stunden abfahren lassen.

Trotz *dieser so frech als unbefugten Antwort und respectwidrigen Begegnung von meines Eheherrn Pächtern und Gerichtsunterthanen* habe sie mit aller Güte und Mäßigung auf ihn eingeredet. Doch dieser sei immer gröber geworden. Er habe sie beständig *ihr* genannt: *ihr sollet es sehen, dass ich den Mist werde wegfahren lassen, und gehöret euch hier nichts, alles ist mein.* Nicht gesonnen, sich *in eine meiner Ehre und Standes nachtheilige Zänkerey einzulassen,* alles Weitere ihrem Ehemann zu überlassen, habe sie ihn wissen lassen, dass sich kein früherer Pächter so respektlos gegen seine Gerichtsherrin und Gutsfrau gezeigt habe.

Bei diesen Worten habe sie nach seinem Hut gegriffen, um ihn abzunehmen. *Als er dieses bemerkete, rieff er, ehe ich noch mein Vorhaben bewerkstelligen konnte, überlaut; und schimpfte: Der Teufell hat mich zwischen euch geführt, ihr seyd Bettel- und Canaillenzeug, dass hier nichts hat, wobeneben er mich zu dreyenmahlen dermaaßen hart mit dicker Faust ins Gesichte und um Ohren schlug, dass ich alle Mühe hatte, mich auf den Füßen zu halten, und des rasenden Menschen Händen und gewalthätigkeiten nach meiner Wohnung zu entfliehen.*

Wie das Amt wohl selbst ermessen werde, seien die ihr zugefügten *hochstraffbahren verbal- und realinjurien* des Pächters und hiesigen Gerichtsuntertanen von einer solchen Beschaffenheit, dass sie anderen zum Exempel *criminel untersuchet und bestraffet* zu werden verdienen. In Sonderheit müsse sie gegen künftig gewaltsame Anfälle geschützt werden.

Machdalene ersuchte Rechtsschutz bei dem Amt Münden, obwohl sie wiederholt ihren Pächter als Gerichtsuntertanen ihres Mannes bezeichnete. Lagen die Tätlichkeiten des Pächters, der er sich schuldig gemacht hatte, außerhalb der Zuständigkeit der niederen Gerichtsbarkeit ihres abwesenden Ehemannes. Lagen die ihr zugefügten *hochstraffbahren verbal- und realinjurien* jenseits der 10 Taler-Grenze? Oder war die Kompetenz des Untergerichts Dankelshausen schon so weit erodiert, dass sie formal wohl noch bestand, real aber bedeutungslos war? Wohl bezeichnend für die allgemeine Unsicherheit über die beiderseitigen Zuständigkeiten ist, dass das Amt Münden im Jahre 1798 höheren Orts eine allgemeine

Klärung darüber erbat, *in welchen Fällen das Gericht Imbsen zur Untersuchung und Bestrafung befugt ist*[138].

Auflösung der Dankelshäuser Gerichtsbarkeit

Kaum war im Jahre 1814 das Königreich Hannover „geboren", als man sich über den mangelhaften Zustand der Rechtspflege und der Polizei in den Patrimonialgerichten ernsthafte Gedanken zu machen begann: *Einige adlige Gerichte*, so heißt es in dem Bericht der Justizkommission vom 6. November 1815[139], *verfügen über die vollständige zivile Gerichtsbarkeit und üben darüber hinaus die niedere Strafgerichtsbarkeit aus. Andere sind von gewissen Bereichen der Gerichtsbarkeit ausgeschlossen. Und wiederum andere konkurrieren mit den Königlichen Gerichten. Die Gerichtsuntertanen einiger adliger Gerichte beschränken sich auf deren Häuser und Höfe. Andere adlige Gerichte üben ihre Zuständigkeit über die gesamte Feldmark aus.*

Bei Strafsachen stehen einigen adligen Gerichten die ersten Untersuchungen und Verhöre zu, andere dürfen sich gar nicht einmischen. Zuweilen werden die Königlichen Untergerichte angerufen. Häufig sind deren Zuständigkeiten so stark gestreut, dass sich in kleineren Dörfern mehrere Gerichtsherren nicht nur die verschiedenen Höfe teilen, sondern um diese auch noch konkurrieren. Die Folge ist, dass beinahe jeder einzelne Hof seinen eigenen Gerichtsherrn hat. Solche Verhältnisse sind auch bei den außerhalb der Dörfer liegenden Höfen und Mühlen anzutreffen. Verschiedentlich haben Gutsbesitzer, denen die Gerichtsbarkeit gar nicht zusteht, das Recht, ihre Gutsleute und Diener bei geringen Vergehen zu bestrafen und überfällige Zinsen und Dienste einzutreiben. Vor diesem Hintergrund wird wohl zu Recht von einer *halben Anarchie* gesprochen, die damals geherrscht habe[140]. Es gingen sechs Jahre intensiver Beratung ins Land, bis im Jahre 1821 das Gesetz über die verbesserte Verfassung der Patrimonialgerichte erlassen wurde. Mit ihm wurde die Kriminalgerichtsbarkeit von den Patrimonialgerichten getrennt und den landesherrlichen Behörden übertragen.

Das Gesetz traf auch die Gerichtsherren von Dankelshausen[141]. Am 30. November 1838 teilte ihnen die Königlich Hannoversche Landdrostei Hildesheim[142] mit, dass sie die ihnen bewilligte letzte Frist versäumt hätten, diejenigen Einrichtungen zu treffen, die die Königliche Verordnung vom 13. März 1821 als bedingend für das Fortbestehen des Patrimonialgerichts bezeichnet habe. Als Folge dessen habe das Königliche Ministerium des Innern das

Gericht Dankelshausen und Wellersen für aufgehoben erklärt und dessen Vereinigung mit dem Amt Münden verfügt. Und letzteres ließ sie wissen, dass der Bezirk des Gerichts Dankelshausen und Wellersen ab dem 1. Januar 1839 als ein Teil des Königlichen Amtes zu betrachten sei. Die von dem Gericht Imbsen bislang ausgeübte Wahrnahme der Hoheitssachen in dem Bezirk des aufgehobenen Gerichts solle bis auf weiteres unverändert bleiben.

Mochte auch die angesprochene Frist verstrichen und waren auch bereits Ende des Jahres die Dankelshäuser Gerichtsakten dem Amt Münden übergeben worden, Carl Wilhelm war nicht bereit, sich der Entscheidung der Landdrostei Hildesheim zu beugen. Und er hatte Erfolg. Am 4. März 1839 ließ ihn das Königliche Ministerium des Innern wissen, dass es seinem Gesuch zur Wiederherstellung des aufgehobenen Patrimonialgerichts Dankelshausen und Wellersen stattgegeben habe. Allerdings habe er innerhalb von sechs Wochen allen Erfordernissen und Bedingungen *vollkommen Genüge* zu *leisten,* die in der Königlichen Verordnung über die verbesserte Einrichtung der Patrimonialgerichte vom 13. März 1821 genannt werden. Sofort nach Ablauf dieser Frist und spätestens innerhalb von 14 Tagen habe er dem Königlichen Ministerium des Innern nachzuweisen, in welcher Form er die Auflagen erfüllt habe.

Sieben Monate nach seiner Aufhebung wurde das Patrimonialgericht zum 1. Juli 1839 wieder hergestellt. Die Kosten in Höhe von 3 Talern 14 Guthegroschen 6 Pfennigen hatte die Gerichtsherrschaft zu tragen.

Der Patrimonialgerichtsbarkeit Dankelshausen und Wellersen das endgültige Aus bescherte die Gerichtsverfassung vom 8. November 1850. Ende Dezember diesen Jahres traten Carl Wilhelm und sein Bruder Carl August *die Gerichtsbarkeit der Güter Dankelshausen und Wellersen über den gleichnamigen Gerichtsbezirk, bestehend in der bürgerlichen und der Polizeistraf-Gerichtsbarkeit, einschließlich der niedern Polizei und der Besorgung der Hoheitssachen, an die Königliche Regierung* ab[143]. Der Abtretungstermin lag im Zeitrahmen des Üblichen. Von den 116 Patrimonialgerichten, die seit dem Jahre 1821 noch im Königreich Hannover bestanden hatten, wurden zwei Drittel vor der festgelegten Frist, dem 1. Oktober 1852[144], an die landesherrlichen Behörden abgegeben und zwar fast alle, wie es heißt[145], aufgrund eines freiwilligen Verzichts.

Doch wie freiwillig war die Freiwilligkeit? Wurde die Gerichtsherrschaft wirklich, wie von U. Hindersmann (2001, S. 179) angenommen, zu diesem Zeitpunkt nur noch als Belastung empfunden, derer man sich nur zu bereitwillig entledigte? Die Bemühungen von Carl Wilhelm im Jahre 1839 um ihre Wiederherstellung sprechen dagegen. Gingen auch den ehemaligen Gerichtsherren mit der Abtretung der Gerichtsbarkeit alle Einkünfte aus derselben verloren, wie Strafgelder, Sporteln (Gebühren) und sonstige gerichtsherrliche Erträgnisse, so wurden sie zugleich auch von allen Kosten befreit, die mit der Verwaltung der Gerichtsbarkeit verbunden gewesen waren.

Ob der Saldo bisher positiv oder negativ gewesen war dürfte nur im Einzelfall zu beurteilen sein. Über die Einkommensverhältnisse des von den Dankelshäuser Gerichtsherren bestellten Gerichtshalters Dr. Günther heißt es[146], *dass derselbe durch die Aufhebung des Gerichts seine einzige gesicherte, wenn auch nicht bedeutende Einnahme verliert*. Die ihm *huldreich* bewilligte Entschädigung von 182 Talern 7 Guthegroschen solle *nur ein Mal stattfinden*. Sie gebe ihm keine Gewähr für den Unterhalt seiner Familie in der Zukunft. Zum Vergleich hatte im Jahre 1833 das Einkommen des Dankelshäuser Schullehrers rd. 83 Taler betragen.

Sprach das Gesetz vom Jahre 1850 auch von einer entschädigungslosen Aufhebung der Patrimonialgerichtsbarkeit, so hatte das Gesetz vom Jahre 1821 den Gerichtsherren doch das Zugeständnis gemacht, von den Gerichtsinsassen auch weiterhin Leistungen beziehen zu dürfen, bei denen es *zweifelhaft seyn möchte, ob sie zu den gutsherrlichen oder gerichtsherrlichen Vortheilen gehören, wenn sie sich nur bis zu dem Zeitpuncte der suspendierten Gerichtsbarkeit in deren unbestrittenem Besitz wirklich befunden haben*[147]. Mit einer solchen Vorgabe konnten die ehemaligen Gerichtsherren gut leben, war doch vorauszusehen, dass der Nachweis über den Ursprung und die Unterscheidung der ihnen als Gerichts- oder als Grundherren zustehenden Abgaben und Dienste nicht leicht zu führen sein würde[148].

Eine andere Frage ist, wie meine Vorfahren als ehemalige Gerichtsherren den Verlust ihrer Gerichtsbarkeit empfunden haben mögen. Hatten sie ehemals über die Mitglieder der Dorfgemeinde Recht gesprochen, so würden sie sich in Zukunft als ganz gewöhnliche Mitglieder in eben diese Gemeinde einfügen müssen. Wohnhafte Mitglieder der Gemeinde allerdings waren sie schon seit langem nicht mehr. Das Gut Wellersen - im Jahre 1736 an Stephan Engel verpachtet[149] - wurde seit Heinrich Ludwig und das Dankelshäuser Gut - bereits im Jahre 1675 wird von einem Pächter gesprochen - nach dem Tode von Adam Christoph im Jahre 1756 von seinen Besitzern nicht mehr bewirtschaftet.

Mußten die Brüder Carl Wilhelm und Carl August den Auflösungsprozess ihres Gerichts Ende des Jahres 1851 auch nicht persönlich vor Ort erleben - beide wohnten in Arolsen, bekleideten hohe Ämter im Fürstentum Waldeck-Pyrmont und ließen sich in allen Gemeindeangelegenheiten durch ihren Gerichtshalter Dr. Günther in Münden vertreten -, so hatten sie sich doch in dem Abtretungsrezess eine gewisse Unterscheidung von den Dankelshäusern zu wahren gewusst. So heißt es in Paragraph 3 des Rezesses: *Den abtretenden Gerichtsherren wird die Befugnis zugestanden, eine von der vorgesetzten Königlichen Landdrostei für tüchtig erkannte und vom vorgesetzten Amte zu beeidigende Person anzustellen, welche innerhalb des Gutshofes und dessen Zubehörungen auf Polizeivergehen zu achten und solche der zuständigen Behörde zur Untersuchung und Bestrafung anzuzeigen hat.*

Dieser Vereinbarung lag Artikel 16 des Gesetzes über die verbesserte Verfassung der Patrimonialgerichte in den alten Provinzen des Königreichs Hannover vom 13. März 1821 zugrunde: *Auch soll den bisherigen Gerichtsherren die Wahrnehmung der niedern Polizei in eben dem Maaße bleiben, wie sie dieselbe bisher ... auszuüben berechtigt gewesen, jedoch alles dieses nur in sofern und so lange, als die eintretenden Fälle nicht zu einem eigentlichen gerichtlichen Verfahren erwachsen.*

Doch damit nicht genug. Im Jahre 1851[150], dem Jahr der Auflösung ihres Gerichts, übertrug meinen Vorfahren ihr königlicher Lehnsherr König Georg V. (+1878) auf der Grundlage des Allodifikations-Gesetzes vom 13. April 1836[151] die beiden Lehnsgüter Dankelshausen und Wellersen zu vollem Eigentum[152]. Gleichsam als Vor- und Gegenleistung zu der sechs Jahre später erfolgten Ablösung der ihnen pflichtigen Dankelshäuser Bauern – ich werde auf sie später noch näher eingehen - wurde ihnen das ehemalige öffentliche Lehnsverhältnis in ein privatrechtliches Eigentumsverhältnis umgewandelt mit allen daraus folgenden rechtlichen und wirtschaftlichen Verfügungsfreiheiten und -vorteilen.

Mitglied des Nebenanlage-Verbandes des Amtes Münden

Mit der Aufhebung der adligen Gerichtsbarkeit wurde den Dankelshäusern der Anschluss an den Nebenanlage-Verband des Amtes Münden, eine Art von überdörflichem Solidaritätsverband, ermöglicht[153]. Die Nebenanlagen waren eine Art gemeindliche Armensteuer. Hatten vor der Reformation die Gemeinden nur wenig mit dem Armenwesen zu tun gehabt, war die Versorgung der Armen eine Pflicht der Schutz- und Dienstherren gewesen, so wurde nach der Reformation *die Armenpflege* zunächst *an die kirchliche Gemeinde geknüpft*[154], später der Dorfgemeinde übertragen.

Für die kirchliche Armenfürsorge in Dankelshausen liegen zwei Fälle aus dem Jahre 1756 vor. Da gab es eine Restschuld von 4 Talern 2 Groschen der verstorbenen Frau des Ziegenmeiers R., deren *Kinder bettelarm in der Irre umhergehen und folglich nicht bezahlen können*. Und es gab den Schuldbetrag von 5 Talern 34 Groschen 13,5 Pfennigen von Adam Christoph Neddermann, einem Manne, der zu denjenigen Leuten des Dorfes gehörte, die mit irdischen Gütern am wenigsten, mit Kindern dagegen am reichsten gesegnet waren[155]. Im Jahre 1793 gibt <u>Heinrich Ludwig</u> Auskunft darüber, aus welchen Quellen die kirchliche Armenhilfe gespeist wurde: aus den Zinsen des Kapitals, das eine vormalige Frau von Stockhausen der Kirche vermacht habe, sowie aus den Klingelbeutel-Sammlungen[156].

In der zweiten Hälfte des 18. Jahrhunderts verstärkte sich der Grundsatz, dass es zu den Aufgaben der Gemeinde gehöre, für ihre Armen zu sorgen. Sollte die herkömmliche Armenkasse nicht ausreichen, dann sollten die Gemeinden ihre Nebenanlagen so weit erhöhen, dass aus ihnen die Kosten der Armenhilfe bestritten werden könnten[157]. Im Februar 1792 gab die Dankelshäuser Gemeinde einer armen Frau zwei und im März einem armen Mann drei Guthegroschen.

Hundert Jahre später, im Jahre 1893, entschied der Kreisausschuss des Kreises Münden, dass *die Gutseigenthümer die Hälfte von den der Gemeinde erwachsenden Armenlasten zu tragen haben*[158]. Ein Jahr später wird davon gesprochen, dass die Gemeinde jahrelang unter den hohen Armenlasten zu leiden gehabt habe. Ein Hinweis dafür, wie lange die Armenhilfe noch eine Aufgabe der Gemeinde war oder zumindest als eine solche erachtet wurde, ist der einstimmige Beschluss des Gemeindeausschusses vom Jahre 1922, die Kosten für die Unterbringung von Heinrich Elias in der Klinik zu Göttingen zu übernehmen[159].

Im Jahre 1856 war es die Verwüstung von fünf Häusern, die den Dankelshäusern das Wesen der überdörflichen Solidaritätshilfe des Nebenanlage-Verbandes sichtbar vor Augen führte: *Am Mittwoch, den 16. April …, ist das kleine Dorf Dankelshausen von nur 29 Hausstellen von einer nachmittags um 1 Uhr plötzlich ausgebrochenen Feuersbrunst heimgesucht worden, welche bei dem heftig wehenden Winde schnell um sich griff und erst, nachdem 5 Wohnungen ein Raub der Flammen geworden und aus der Nachbarschaft Hilfe herbeigeholt war, bewältigt werden konnte*[160].

Das Feuer soll, so der Meenser Bauer Dietrich Franke[161], von einem sechsjährigen Knaben in der Scheune der Schmiede von Adolf Hartig gelegt worden sein. Der Junge habe von der Magd Streichhölzer gefordert, die sie ihm aber nicht habe geben wollen. Daraufhin habe er sich ein Bund Schwefelhölzer von den in der Nachbarschaft wohnenden Juden gekauft. Mit den Schwefelhölzern habe der Junge ein Feuer auf der Scheunendiele angezündet. Das Feuer habe sich so schnell ausgebreitet, dass die bei der kranken Mutter weilende Nachbarin nicht gleich nach ihrem Hause habe kommen können. Innerhalb von vier Stunden seien fünf Häuser abgebrannt. Die Feuerspritzen von Oberscheden, Bühren, Meensen, Lippoldshausen und Dransfeld seien da gewesen. So schlimm auch der Schaden gewesen sei, so würde dem Schmied und Ackermann Hartig doch nachgesagt, dass er die Gebäude und das Mobiliar bei der Landkasse mit 3.500 Mark gut versichert habe.

Mag sich auf diese Weise der Schaden für Adolf Hartig in Grenzen gehalten haben, so besagt dieses nicht zugleich, dass auch die anderen Häuser ausreichend versichert gewesen waren. In dem Sammelaufruf vom 22. April der Herren Amts-Assessor Lüder, Kammer-Commissär Meyer, Pastor Krohne, Bauermeister Hartig und der Vorsteher Rannenberg und Beuermann heißt es: Die Betroffenen, die zur Zeit des Unglücks auf dem Felde beschäftigt gewesen waren, hätten ihre ganze Habe, Kleidung, Wäsche, und was das Härteste ist, Saatfrüchte und Fourage, verloren und litten Mangel und Not an allem. *Vertrauensvoll richten sie ihre hilfesuchenden Blicke auf ihre Brüder hoffend, dass sie ihre schon so oft bewährte Mildtätigkeit auch an ihnen nicht unbezeugt lassen werden, wie auch sie stets bereit waren, ihren notleidenden Brüdern nach ihren Kräften sich anzunehmen. Die Unterzeichneten sind zu einem Hilfe-Committee zusammengetreten, welches zur Annahme milder Gaben bereit ist. Jede Gabe, sei sie noch so klein, ist willkommen.* Der Aufruf blieb nicht ungehört. Auch das Amt Münden griff ihn auf und beauftragte im Obergericht die Bürgermeister von Speele, Spiekershausen, Lutterberg, Benterode, Uschlag, Dahlheim, Escherode, Nienhagen und Sichelnstein, in ihren Gemeinden Sammlungen zu veranstalten und ihm die Erträge zu bringen.

Dankelshausens dominante Grundherrschaft

Merkmale der Grundherrschaft

In einem Dorfe die Gerichtsherrschaft und zugleich das Kirchenpatronat innezuhaben kann als die höchste Verdichtung der Macht eines Grundherrn angesehen werden. Mit einer solchen Verdichtung haben wir es in Dankelshausen zu tun. Der Prozess der Dankelshäuser Gemeindebildung wurde entscheidend durch die Grundherrschaft meiner Vorfahren geprägt.

Versuchen wir, uns für die Zeit der Oberschedener Hensemannsche Ende des 15. Jahrhunderts oder für die Zeit davor von dem Leben der Menschen in Dankelshausen ein konkretes Bild zu machen, so gibt es niemanden, der uns zumindest eine grobe Skizze überliefert hat. Die erste allgemeine Darstellung des Bauernstandes in Deutschland stammt von Johannes Boemus aus dem Jahre 1520[162]. Ihre grundsätzlichen Aussagen dürften auch für die Dankelshäuser Bauern zutreffen:

Ihre Lage ist ziemlich bedauernswert und hart. Sie wohnen abgesondert von einander, demütig mit ihren Angehörigen und ihrem Viehstand. Hütten aus Lehm und Holz, wenig über die Erde emporragend und mit Stroh gedeckt, sind ihre Häuser. Geringes Brot, Haferbrei oder gekochtes Gemüse ist ihre Speise, Wasser und Molken ihr Getränk. Ein leinerner Rock, ein paar Stiefel, ein brauner Hut ist ihre Kleidung. Das Volk ist jederzeit ohne Ruhe, arbeitsam, unsauber.

In die nahen Städte bringt es zum Verkaufe, was es vom Acker, vom Vieh gewinnt, und kauft sich wiederum hier ein, was es bedarf; denn Handwerker wohnen keine oder nur wenige unter ihnen. In der Kirche, von denen eine für die einzelnen Gehöfte gewöhnlich vorhanden ist, kommen sie an Festtagen vormittags alle zusammen und hören von ihrem Priester Gottes Wort und die Messe, nachmittags verhandeln sie unter der Linde oder an einem anderen öffentlichen Orte ihre Angelegenheiten, die Jüngeren tanzen darauf nach der Musik des Pfeifers, die Alten gehen in die Schenke und trinken Wein. Ohne Waffen geht kein Mann aus: sie sind für alle Fälle mit dem Schwerte umgürtet.

Die einzelnen Dörfer wählen aus sich zwei oder vier Männer, die sie Bauermeister nennen, das sind die Vermittler bei Streitigkeiten und Verträgen und die Rechnungsführer der Gemeinde. Die Verwaltung aber haben nicht sie, sondern die Herren oder die Schulzen, die von jenen bestellt werden.

Den Herren frohnen sie oftmals im Jahre, bauen das Feld, besäen es, ernten die Früchte, bringen sie in die Scheunen, hauen Holz, bauen Häuser, graben Gräben. Es gibt nichts, was dieses sklavische und elende Volk ihnen nicht schuldig sein soll, nichts, was es, sobald es befohlen wird, ohne Gefahr zu tun verweigert: der Schuldige wird streng bestraft. Aber am härtesten ist es für die Leute, dass der größte Teil der Güter, die sie besitzen, nicht ihnen, sondern den Herren gehört, und dass sie sich durch einen bestimmten Teil der Ernte jedes Jahr von ihnen loskaufen müssen.

Mit der Dankelshäuser Entwicklung, wenn auch in abgeschwächter Form, vergleichbar dürfte die Gemeindebildung von Ellershausen durch die Grundherrschaften der Herren von Bardeleben, von Weihe und später von Stockhausen und die von Mielenhausen durch die der Herren von Mengershausen[163] bestimmt worden sein. Bezeichnend für alle diese Grundherrschaften ist, dass sie durch ein vielschichtiges Geflecht von vertikalen Herrschaftsstrukturen geprägt wurden. Dagegen waren es bei den von uns als bäuerlich zu bezeichnenden landesherrlichen Bramwald-Dörfern Bühren, Varlosen, Ober- und Niederscheden eher die horizontale Organisation des gemeinsamen Siedelns und Arbeitens, das nachbarschaftliche Zusammenleben und die bäuerliche Zusammenarbeit sowie die Teilhabe an der Rechtsprechung, die ihre Gemeindestrukturen maßgeblich beeinflussten[164].

Kauf des Rittergerts Wellersen

Seit dem August 1495 wurde die Gestaltungswirkung der Gemeinden durch ihre adligen Grundherren noch indirekt durch den Wormser Reform-Reichstag verstärkt. Mit dem von ihm erlassenen Reichslandfrieden war, wenn auch nicht sofort, so doch auf längere Sicht, *für adlige Hasardeure, Inhaber kleiner Burgenländereien, die zuweilen ihre schmale Kasse mit Überfällen oder Kriegsdiensten ... zu füllen versuchten*[165], die Uhr abgelaufen. Meine Vorfahren hatten das Ende dieser Zeit schon im Jahre 1458 zu spüren bekommen, als Herzog Wilhelm von Sachsen ihrem wilden Treiben auf der Bramburg ein Ende gesetzt und die Burg zerstört hatte. Die Folge war ihr vorläufiger Rückzug auf die Eigenbewirtschaftung ihrer Güter Dankelshausen, Löwenhagen und Imbsen.

Ihr Rückzug fiel in eine Zeit, in der die Agrarkonjunktur einen starken Aufschwung zu nehmen begann. Hatte der grundherrliche Adel im Göttinger Land während der Agrarkrise des 15. Jahrhunderts erhebliche Ländereien insbesondere an die Bürger der umliegenden

Städte verpfändet, so sah er sich im Verlaufe des 16. Jahrhunderts in die Lage versetzt, einen großen Teil wieder auszulösen. Im Jahre 1591 kaufte Heinrich von den Brüdern Erich und Alexander von Bardeleben für dreizehntausend Taler den Adelshof Wellersen zusammen mit dem Wetenborn - heute eine Wüstung zwischen Wellersen und Scheden - mit Gericht, Rechten, Vogtei, Fischerei in der Schede, Jagd, Bau- und Brennholz und Mast im Bramwald. Im Jahre 1548 hatte Curdt von Bardeleben, der Vater der beiden Brüder, das Dorf – es wurde bereits im Folgejahr als eine Wüstung bezeichnet - und den Adelshof von Rudolf von Biedenfeld erworben. Bereits in den Jahren 1142 und 1152 urkundlich genannt, war Wellersen Mitte des 14. Jahrhunderts herzogliches Lehen der Brüder Bodo und Berthold von Adelebsen gewesen.

Die Bramwald-Dörfer im Vergleich

Erste Daten über die Gemeindestrukturen der grundherrschaftlichen und bäuerlichen Bramwald-Dörfer mit ihren jeweiligen Bauernklassen liefert uns die Calenbergische Musterungsrolle vom Jahre 1585 (vgl. Übersicht 2). In ihr wurde zwischen Ackerleuten, Halbspännern, Kötern und Häuslingen unterschieden. Diese Unterscheidung ist Ausfluss des mittelalterlichen Lehnsrechts, das eine klare Abgrenzung von Eigentum und Besitz an dem Grund und Boden nicht kannte. Unterschieden wurde zwischen dem Obereigentum (dominum directum) des Lehnsherrn und dem Untereigentum (dominum utile) des Lehensnehmers[166]. Die von den unterschiedlichen Bauernklassen als Lehensnehmer zu erbringenden Dienste und Abgaben waren eine Folge davon, dass seit dem 14. Jahrhundert der Gerichtsherr als Lehnsherr häufig auch Inhaber der Allmendegerechtsame (Obereigentümer der Gemeinheiten) war[167].

Die Bauernklassen unterschieden sich nicht nur durch die Art und Höhe der Abgaben und Dienste, sondern auch durch den Umfang ihrer Flächenausstattung. Im Jahre 1687 wurden für die einzelnen Bauernklassen die folgenden Flächen (1 hannoverscher Morgen entspricht 0,26 Hektar) angegeben[168]:

Vollmeier (Vollspänner)	71 – 100 Morgen
Halbmeier (Halbspänner)	36 – 70 Morgen
Großköter	21 – 35 Morgen
Mittelköter	14 - 20 Morgen
Kleinköter	5 – 13 Morgen .

Voll- und Halbmeier

Der Voll- und Halbmeierhof - seit dem 16. Jahrhundert auch Ackermann oder Vollspänner und Halbspänner genannt - wurde mit einem vollen Gespann von vier bzw. zwei Pferden beackert[169]. Nach dem Landtagsabschied vom Jahre 1597 mussten in dem Herzogtum Braunschweig-Wolfenbüttel die Vollmeier zwei Tage und die Halbmeier einen Tag je Woche Spanndienste leisten. Zu einem Dienstgespann gehörten zwei tüchtige, kräftige Personen sowie vier Pferde mit Wagen, Pflug und anderem Ackergerät. Die Köter - auch wenn sie als Großköter die Ackerfläche von Halbmeiern (Halbspännern) erreichten - und die zu der so bezeichneten unterbäuerlichen Schicht gehörenden Häuslinge hatten nur Handdienste zu leisten: die Großköter zwei Tage, die Kleinköter einen Tag und die Häuslinge einen halben Tag pro Woche. Für die angesagte Arbeit hatten sie die üblichen Ackergeräte mitzubringen. Die zu leistenden Dienste lasteten als Realverpflichtungen auf den Höfen.

Abgaben- und dienstpflichtige Köter

Einen Eindruck von der Vielzahl und Höhe der von den Kötern zu tragenden Lasten geben die Abgaben und Dienste, die die Mielenhäuser im 15./16. Jahrhundert ihren Grund- und Gerichtsherren, den Herren von Mengershausen, zu erbringen hatten[170]:
- von jedem Ackerstück den zehnten Teil der Ernte;
- von jedem zehntpflichtigen Morgen Land 3 Mariengroschen Dienstgeld;
- jeder Ackermann musste für sie einen Morgen Land im Winterfeld und einen Morgen im Sommerfeld ausstellen, einen Tag Mist fahren und je eine Holz-, Frucht- und Heufuhre erbringen; jeder Einwohner hatte drei Tage Handdienste zu leisten und einen Tag Klafterholz zu hacken;
- je nach Hofgröße einen Hofzins als Geldabgabe;
- von jedem Wohnhaus ein Huhn und von den Höfen Zins oder Zehnthennen und Eier als Küchenzins;
- Juden und Häuslinge ein Schutzgeld;
- bei dem Tode eines Hofbesitzers die *Kurmede* oder das *Besthaupt* (das beste Stück Vieh aus dem Nachlas des Verstorbenen);
- bei der Heirat eines jeden Hintersassen den Manntaler;

- wer sich im Dorf als Handwerker niederließ, musste 18 Mariengroschen Gildengeld bezahlen;
- die Krugberechtigung, gewöhnlich gemeinsam mit der Musikberechtigung wurde nur pachtweise zu einem Pachtzins von zwanzig und mehr Talern vergeben;
- von dem Erbzinsland ein Himbten (31,15 Liter) Naturalabgaben je Morgen;
- die Berechtigung zur Schäferei und zur Jagd in der Mielenhäuser Feldmark stand nur den Herren von Mengershausen zu.

Wenn ich dazu neige, zu jener Zeit die Köter in Mielenhausen und auch die in Dankelshausen als Kleinköter zu bezeichnen, so greife ich dabei mangels früherer Daten auf solche aus dem Jahre 1689 vor (vgl. Übersicht 3). In diesem Jahr verfügten in Dankelshausen 20 Prozent aller Bauern über eine Nutzfläche von weniger als 5 Morgen Land, 53 Prozent über eine solche von 5 bis 10 Morgen und 27 Prozent über 10 bis 15 Morgen. In Mielenhausen lauteten die entsprechenden Prozentsätze 53, 16 und 21. Es spricht einiges dafür, die Betriebsgrößen hundertfünfzig Jahre zuvor eher niedriger denn höher zu veranschlagen.

Häuslinge

Die Häuslinge wohnten gleichsam zur Untermiete in dem Haus eines Bauern. Zuweilen mieteten sie auch ein ganzes Haus. Als Mietentgelt leisteten sie ihren Vermietern Handdienste. Darüber hinaus standen sie ihren Vermietern, anderen Bauern oder dem Gutsherrn zur bezahlten Arbeit zur Verfügung. In der Regel verfügten sie weder über einen eigenen Bodenbesitz noch über eine Ackerwirtschaft.

Auffällig an den Häuslingen in Dankelshausen ist das Überwiegen von Frauen. Im Jahre 1689 ist für das Gericht Imbsen mit Dankelshausen als zugehörigem Gerichtsdorf ihr Anteil mit 75 Prozent ermittelt worden[171]. Im Durchschnitt der untersuchten Ämter und Gerichte in Südniedersachsen betrug er nur 60 Prozent.

Im Jahre 1725 wird in Dankelshausen von zwei Häuslingen gesprochen, die jeweils ein Haus gemietet hatten, von dreien, die Almosen empfingen, von einem Kriegsinvaliden und schließlich von einer Soldatenfrau[172]. Anderen Quellen zufolge gab es in dem Zeitraum von 1664 bis 1745 ein bis zwei Häuslinge[173]. Bis zum Jahre 1755 verdoppelte sich ihre Zahl[174].

Nach dem Ende des Siebenjährigen Krieges im Jahre 1762 wurde die Ansiedlung von entlassenen Soldaten als Häuslinge durch die hannoversche Regierung stark gefördert[175]. In Dankelshausen scheint diese Politik auf fruchtbaren Boden gefallen zu sein. Im Jahre 1766 hatten vier von den insgesamt dreißig Hauswirten Häuslinge als Untermieter: ein Hauswirt hatte einen Mann mit seiner Tochter und ein weiterer eine Frau mit ihrer Tochter bei sich wohnen. Benedikt Moritz, als Oberstleutnant im Dienste des Bischofs von Münster, hatte drei Ehepaare mit drei Söhnen und vier Töchtern in das Haus seines Schäfers und seinen Gutspächter Krüger ein Ehepaar mit seiner Tochter aufnehmen lassen[176]. Im Jahre 1797 werden neun Häuslinge angegeben. In den Jahren 1801 bis 1835 schwankte ihre Anzahl zwischen acht und elf. Im Jahre 1904 werden noch fünf genannt[177].

Brinksitzer

Ebenfalls zur unterbäuerlichen Schicht gehörten die Brinksitzer. Ihre Ansiedlung war Ausfluss einer bewussten grundherrlichen Ansiedlungspolitik. Ihren Lebensunterhalt verdienten sie sich als Tagelöhner auf dem Gutshof und den größeren Bauernhöfen, daneben als dörfliche Handwerker, Kleingewerbetreibende, Hirten oder Schäfer. In der Regel bestand ihr Besitz aus einem kleinen Haus, einem Hof und etwas Gartenland. Für ihre Ansiedlung typisch war, dass sie nicht innerhalb des Dorfes erfolgte. Ihre Häuser lagen außerhalb des Dorfkerns auf dem Bauernbrink, auf der Gemeinheit, in Dankelshausen am Hange des „Hopfenbergs" entlang der „Schedewiesen".

Im Jahre 1755 werden 25 Brinksitzer mit acht dienstbaren Personen genannt[178]. Die hohe Anzahl von Brinksitzern und Häuslingen Ende des 18. und in den ersten Jahrzehnten des 19. Jahrhunderts findet u. a. ihre Erklärung in dem damaligen hohen Arbeitskräftebedarf, um die steigende Inkulturnahme von neuem Grund und Boden zu bewältigen.

F. A. Meese (1861, S.94) spricht davon, dass es den Brinksitzern und Häuslingen häufig gestattet war, gegen ein sehr mäßiges Entgelt ihr Vieh auf die Gemeindeweide zu treiben, Fallholz in den Gemeindeforsten zu sammeln, die Flachsrotten zu benutzen und an den Kirchen-, Schul- und öffentlichen Sicherheitsanstalten sowie an der kommunalen Armenversorgung teilzunehmen. Ähnlich scheinen die Dinge in Dankelshausen geregelt gewesen zu sein. Für diese Einschätzung spricht, dass bei der Aufteilung der Gemeinheit im Jahre 1875 drei Anbauern[179] und zwei Häuslinge eine Entschädigung verlangten. Sie begründeten sie damit, dass sie in der Vergangenheit das Recht in Anspruch genommen hätten, ihre Schweine und Gänse in die Herde der Weideberechtigten einzutreiben.

Im Laufe der Zeit gelang es nicht wenigen, Ackerland zu erwerben und in die Klasse der Köter und damit in die gemeindeberechtigte „Reiheklasse" aufzusteigen. In Dankelshausen wurden von den im Jahre 1689 genannten fünfzehn Kötern drei Jahre zuvor noch einer als Brinksitzer und einer als Häusling bezeichnet.

Ihr „Aufstieg" war nicht zuletzt eine Folge davon, dass sie, die Brinksitzer und Häuslinge, sowie die Meier und Köter aufeinander angewiesen waren. Es war ihre gegenseitige wirtschaftliche Abhängigkeit, das gegenseitige Aufeinanderangewiesensein, das zumindest teilweise die wenn auch anfangs widerwillige Aufnahme der Brinksitzer und Häuslinge in die Gemeindegenossenschaft und deren Teilnahme an der Nutzung der Gemeinheit erklärt. So benötigten einerseits die Meier und Köter die Brinksitzer und Häuslinge als Arbeitkräfte insbesondere zur Erntezeit. Andererseits waren die letzteren nach ihrem „Aufstieg" zu Kleinstbauern insbesondere bei der Bestellung ihrer eigenen oder gepachteten Äcker auf die Spannkräfte der ersteren angewiesen. *Die kleinen Köter, welche kein eigenes Zugvieh halten können, bearbeiten das nötigste Land mit der Hand, schließen sich mit den übrigen an irgendeinen tätigen Meyer oder Köter an, der dasselbe meist gegen einen Teil der Ernte zugleich mit den Seinigen bearbeitet. Beide gewinnen hierbei, der Köter, indem er eine Rente, einen Notpfennig hat, neben seiner Tagelohnarbeit, der Meyer, indem er für ein ihn gar an seinen übrigen Geschäften nicht abhaltendes Plus von Arbeit, einen reinen Verdienst hat*[180].

So stark sich beide Gruppen gegenseitig benötigten, so war zugleich ihre Zusammenarbeit durch eine recht eingeschränkte Ausgewogenheit von Leistung und Gegenleistung, durch eine *starke Hierarchisierung bei wechselseitiger Abhängigkeit geprägt*[181]: Der Kleinköter *Feldarbeit geschieht zur Unzeit, sie geschieht zu spät, sie geschieht schlecht; sie kann daher nur unter sehr günstigen Zufällen gute Früchte hervorbringen. Zur Zeit der Ernte treffen dieselben Beschwernisse wieder ein. Des Kleinköters Früchte sind die letzten, die zum Einfahren kommen. Verzögert sich die Ernte ... durch irgendein widriges Ereignis – drängt sich dabei die Bestellung des Winterfeldes -, dann stehen die Früchte des Kleinbauern nicht selten noch allein im fernen Felde, werden durch das weidende Vieh zerstört, oder verderben bei anhaltendem Regen.* In vergleichbarer Form haben ältere Dankelshäuser noch zu ihrer Zeit die Zusammenarbeit in ihrem Dorf erlebt.

Zur Abfederung des hierarchischen Machtmissbrauchs bildete die bäuerliche Gemeinde die verschiedensten Mechanismen der Konfliktregelung heraus. Sie waren darauf ausgerichtet, immer wieder neue wesentliche Gemeinsamkeiten herzustellen[182]. Mit ihnen unterschied sie sich deutlich von dem auf Ge- und Verboten beruhenden System der Grundherrschaften. Doch so hierarchisch dieses System auch strukturiert war, unterhalb von ihm gab es zusätzlich Mechanismen der Konfliktvermeidung und Gemeinschaftsförderung, die denen in den bäuerlichen Dörfern vergleichbar waren. So war in Dankelshausen bei gemeinsamen Gemeindearbeiten, wie bei der Reinigung der Gemeindebrunnen, bei Wegeverbesserungen, Arbeiten an der Schule, der Kirche und der Pfarrgebäude das gemeinsame Trinken von *Brantewein* auf Kosten der Gemeindekasse ein beliebtes Mittel, um das Miteinander der Beteiligten, das Wir-Gefühl, innerhalb der Gemeinde zu stärken.

Betrachten wir in Übersicht 2 die für das Jahr 1585 angegebene Zahl der Betriebe und die Struktur der Bauernklassen, so fallen die Unterschiede zwischen den als grundherrschaftlich und als bäuerlich bezeichneten Bramwald-Dörfern unmittelbar ins Auge. Gemessen an der Zahl der Betriebe waren die bäuerlichen Dörfer Bühren, Varlosen und Oberscheden bedeutend größer als die beiden grundherrschaftlichen Dörfer Dankelshausen und Mielenhausen. Bildeten in letzteren die den Grundherren *zuständigen* Köter die nahezu einzige Bauernklasse, so ist in den als bäuerlich bezeichneten Dörfern Bühren, Varlosen, Ober- und Niederscheden eine völlig andere Betriebsgrößenstruktur. Mit ihrem ausgewogenen Verhältnis von Ackerleuten, Halbspännern und Kötern, von Groß- und Kleinbetrieben, war es möglich, die angesprochenen gegenseitigen Abhängigkeiten in einem stabilen Gleichgewicht zu halten[183].

Grundherrliche Einflussnahme auf die bäuerliche Betriebsstruktur

Beruhte das System der bäuerlichen Gemeinde im wesentlichen auf dem Prinzip der von der Dorfgemeinschaft kontrollierten Wechselseitigkeit der Beziehungen, so war es in den grundherrschaftlichen Dörfern insbesondere die Patrimonialgerichtsbarkeit, die die Grundherren in die Lage versetzte, das Zusammenleben in dem Dorf nach ihrem Gutdünken zu lenken. Dabei profitierten sie nicht zuletzt von dem Umstand, dass es bis zur Mitte des 19. Jahrhunderts, bis zu dem Erlass des Gesetzes über die Gerichtsverfassung vom 8. November 1850 in dem Gebiet des Königreichs Hannover, keine Trennung zwischen Rechtspflege und Verwaltung gab. Beide befanden sich in den Händen der jeweiligen adligen Gerichtsherren.

Die Patrimonialgerichtsbarkeit ist als ein Vermögensobjekt bezeichnet worden, dessen Wert, abgeleitet aus den kapitalisierten jährlichen Entgelten[184], auf ein- bis dreitausend Taler veranschlagt worden ist[185]. Einen Hinweis über die Art und Höhe der verschiedenen Entgelte liefert uns der Gebots- und Strafenkatalog der „Mielenhäusischen Ordnung", die die Herren von Mengershausen im Jahre 1573 erlassen hatten[186]. *Nachdem in dem Dorf Mielenhausen große Unordnung und viele Verbrechen Eingang gefunden haben und da den von Mengershausen als Oberherren des Dorfes von amts- und obrigkeitswegen es gebührt, alle Unordnung zu beseitigen, so befehlen sie den Einwohnern des Dorfes Mielenhausen mit allem Ernst und bei folgenden Strafen die nachstehende Gebote zu beachten:*

1. Allen Alten und Jungen wird das Fluchen, Meineiden und die Gotteslästerung verboten. Zuwiderhandeln wird beim ersten Male mit 5 fl. , beim zweiten Male mit 10 fl. und beim dritten Male mit 20 fl. bestraft. Falls die Geldstrafe nicht weiterhilft, soll der Verbrecher mit Gefängnis und notfalls mit Leibesstrafe gezüchtigt werden. Bei seinem Eide ist ein jeder verpflichtet, solche Flucher und Gotteslästerer anzuzeigen. Wer solche verschweigt und vertuscht, soll gleich dem Verbrecher bestraft werden.
2. Jeder Hader, Zank, alle Schimpfworte und jede Schmähung sind bei Strafe, im Falle eines Mannes mit 1 Mark, im Falle einer Frau mit einem Sack Hafer verboten.
3. Ein jeder soll seinen Zehnten bei Strafe von 1 Mark richtig abliefern. Ackerland als Wiese unbebaut liegen zu lassen oder in der Feldmark Land in Gartenland umzuwandeln ist bei Strafe von 1 Mark verboten. Flächen, die zuvor als Wiesen, Hofflächen oder Gartenland genutzt worden sind, sind von einem jeden anzuzeigen, um sie zu registrieren. Unbeschadet ihrer Nutzung soll von ihnen der Zehntsammler unseren Zehnten nehmen.
4. Wer den Mengershausen auf ihren Höfen Schaden zufügt soll 5 Mark, wer anderen Leuten einen Schaden zufügt soll 1 Mark Strafe bezahlen.
5. Um dem Zehnten sowie der Saat und Ernte der Bauern keinen Schaden zuzufügen, soll der Bauermeister *das feld zuschlagen*, und soll bei Strafe von 1 Mark vor und während der Ernte kein Vieh aufgetrieben werden. Wer anderen über die Saat geht oder ihnen sonstigen Schaden zufügt soll 1 Mark zahlen.
6. Wer anderen auf dem Felde Schaden zufügt soll diesen nach unparteiischem Urteil erstatten und 1 Mark Strafe zahlen. Ein jeder ist verpflichtet, den ihm bekannt gewordenen Feldschaden anzuzeigen, anderenfalls hat er 1 Mark Strafe zu zahlen.
7. Verkäufe von Hühnern, Eiern, Kälbern etc. in Mielenhausen sind zuvor den Mengershausen anzuzeigen. Zuwiderhandlungen werden mit 1 Mark bestraft.
8. Anordnungen der Bauermeister und Zehntsammler im Namen der Mengershausen ist bei Strafe von 1 Mark Folge zu leisten.
9. Alle Gemeinlasten sollen nicht auf die Häuser, sondern auf die Flächen verteilt werden. Wer sich dagegen wendet ist mit 3 Mark zu bestrafen, und ein jeder, der einen solchen Aufrührer kennt, soll denselben bei seinem Eide anzeigen.
10. Um Schäden zu vermeiden, soll ein jeder sein Vieh entweder von dem Gemeindehirten hüten lassen oder es in seinem Stall belassen. Zuwiderhandlungen werden mit 1 Mark bestraft.
11. Alle Wiesen sollen bis Walpurgis (30. April) gehütet werden. Danach sollen sie *gehegt oder zugeschlagen* werden. Zuwiderhandeln wird mit 1 Mark bestraft.
12. Bei Strafe von 1 Mark soll der Schäfer mit seinen Schafen niemandem einen Schaden zufügen.
13. Blutrecht, Schlagen und Selbstjustiz sollen wie an anderen Orten geahndet werden.

14. Wer anderen über deren Wiesen fährt soll gepfändet werden. Das Pfand soll zur Hälfte den Mengershausen, zur Hälfte dem Pfänder gehören.
15. Sonstige Schäden und Beleidigungen sollen pflichtgemäß durch den Bauermeister und die Geschworenen vor das Gericht gebracht werden, welches zwei Mal im Jahr abgehalten werden soll. Wer dieser seiner Pflicht nicht nachkommt, dergleichen Vergehen verhehlt oder verschweigt soll wegen Verletzung seines Eides 2 Mark Strafe zahlen.

Wenn es unter Punkt 8 heißt, den Anordnungen der Bauermeister und Zehntsammler sei unbedingt Folge zu leisten, so lässt dieses Gebot den Bauermeister als „Steuereintreiber" des Grundherrn fungieren[187]. Indem er einerseits „Diener" der Grundherrschaft, andererseits Vertreter der Dorfgemeinde, er also sowohl Vertrauensmann der Herrschaft als auch Repräsentant der Dorfgemeinde war, personifizierte er den Schnittpunkt zwischen Dorfgenossenschaft und Herrschaft[188]. In seiner Person spiegelten sich die Durchsetzungsfähigkeit der markgenossenschaftlichen Kräfte auf der einen und die Stärke der Grundherrschaft auf der anderen Seite wider.

Unterstellen wir für Dankelshausen eine ähnliche Gerichtsordnung wie für Mielenhausen, so kann es nicht überraschen, dass der im Jahre 1664 genannte Bauermeister Hans Meise zuvor Dankelshäuser Schullehrer gewesen war[189]. Um seinen als Bauermeister übertragenen Aufgaben ordnungsgemäß nachkommen zu können, benötigte der Grundherr eine Person, die zumindest über Grundkenntnisse im Schreiben und Rechnen verfügte. Entsprechend heißt es in der Hessischen Grebenordnung (der Landordnung für die Vorsteher der Gemeinden) vom Jahre 1739, dass die Dorfvorsteher *angesessene und in gutem Gerücht stehende, auch des Lesens, Schreibens und nohtdurfftigen Rechnens erfahrne Unterthanen* sein müssen[190].

Eine Zwitterstellung nahm der Bauermeister auch in den bäuerlichen Dörfern ein, auch wenn die landesherrlichen Bauern und Gemeinden von ihrer Obrigkeit unabhängiger waren als die der adligen Grundherren[191]. Der Grund war, dass die landesherrliche Verwaltung nicht allein nach grundherrlichen Prinzipien verfahren konnte. Immer hatte sie auch das öffentliche Interesse zu beachten. Beschwerden gegen die den Landesherrn zur Rechenschaft verpflichteten Amtleute waren eher möglich und durchsetzungsfähig als in den grundherrlichen Dörfern.

Im Jahre 1636 spricht der Oberschedener Bauermeister davon[192], dass der Mündener Amtmann ihm sein Amt anbefohlen habe. Er habe sich dagegen nicht wehren können. Der Befehl stelle für ihn ein besonderes Problem dar, da er eineinhalb Jahre zuvor von den Kirchenvisitatoren mit dem Amt eines Kirchenvorstehers betraut worden sei. Falls diese ihn nicht von seiner Pflicht entbänden, da er von Gott nicht so begabt worden sei, beide Ämter zur gleichen Zeit wahrzunehmen, bitte er im voraus um Entschuldigung, falls er seine Amtsgeschäfte nicht so verrichte, wie es sich gehöre. Der Grund sei, dass die beiden Ämter *gegenüber früher in diesen bösen lastbaren Zeithen sehr schwer zu verwalten seien* und besondere Fähigkeiten und Geschicklichkeit erforderten.

Dass die Mielenhäuser Bauern den Anordnungen des Zehntsammlers auch unbedingt Folge leisteten, war die eine Sorge ihrer Grundherren von Mengershausen als Besitzer des Zehnten. Die andere dürfte gewesen sein, ob sie ihm, dem bestellten Zehntsammler, auch wirklich vertrauen konnten, dass er den Zehnten ordnungsgemäß eintrieb. Unter Bezugnahme auf die Zehntordnung vom 1. Juli 1709 hatte im Jahre 1824 der von dem Pächter des Gutes Dankelshausen eingesetzte Zehntsammler Christoph Schmidt den folgenden Eid zuleisten[193]: *Ich gelobe, dass ich dem mir übertragenem Amte eines Zehntsammlers für* den *Stockhausischen Hof in Dankelshausen treulich nachkommen, die mir vorgelesene Zehntordnung gewissenhaft befolgen und mich* nicht ... *durch Freundschaft, Feindschaft, Geschwetz als sonstige Urtheile abbringen lassen will.*

Mit der eingangs erwähnten Verknüpfung von Rechtsprechung und Verwaltung war es den Grundherren als gleichzeitigen Gerichtsherren möglich, in ihrem Gerichtsbezirk nicht nur Einfluss auf die Flurordnung zu nehmen, sondern auch den gesamten Grundstücks- und Immobilienverkehr zu kontrollieren. Sämtliche Kontrakte der Bauern, wie Kauf-, Hofübergabe-, Erbauseinandersetzungsverträge sowie Ehestiftungen, mussten bei den Gerichtsherren angemeldet und durch eine Eintragung in das Gerichtsbuch bestätigt werden. In dem Eid, den die Mielenhäuser Bauern ihrem Gerichtsherrn zu leisten hatten, heißt es: Niemand solle von seinem Land, seinen Wiesen, seinem Haus und Hof etwas versetzen oder verkaufen, ohne dieses zuvor den von Mengershausen angezeigt und deren Zustimmung und Bestätigung erhalten zu haben[194].

Damit waren die Bauern der Gunst ihres Grundherrn, *die er einem Bauern zuwandte oder vorenthielt*[195], auf Gedeih und Verderb ausgeliefert. Seine Ermessensfreiheit als gleichzeitiger Gerichtsherr über die Einstufung eines Hofes in eine Bauernklasse konnte für die Betroffenen *nahezu schicksalhaft werden*. Dabei dürften auch Interessen eine Rolle gespielt haben, die darauf ausgerichtet waren, die von seinen Bauern zu fordernden Dienste seinen persönlichen Bedürfnissen als Grundherrn möglichst gut anzupassen.

Im Jahre 1593 und nochmals elf Jahre später verbot Herzog Heinrich Julius (+1613) den Erbzinsleuten, ohne Zustimmung ihrer Erbzinsherren ihre Erbzinsgüter zu verkaufen, zu verpfänden oder zu belasten[196]. Diese Verbotserlasse scheinen die herzoglichen Ämter als eine Gelegenheit betrachtet zu haben, sich auch in den Bodenmarkt der grundherrschaftlichen Dörfer einzumischen[197], um die dort ausgeübte Macht der adligen Gerichtsherrn im Sinne ihrer Interessen einzuschränken. Im Jahre 1613 beschwerte sich Heinrich bei dem Amt Münden über dessen Versuch, die seit altem Herkommen übliche Huldigung des Gerichtsherrn durch die Insassen seines Gerichtsbezirks zu unterlaufen[198].

Für die Köter umfänglich am bedeutsamsten war das Erbzinsland. Verfügte der erbzinsrechtliche Köter über die Hofstelle als freies Eigentum, so besaß er an dem ihm verliehenen Grund und Boden nur Nutzungsbefugnisse, mögen diese auch noch so weitgehend gewesen sein. Er konnte dessen Substanz verändern, er konnte das Land verpachten, doch eines durfte er nicht, er durfte es nicht verschlechtern[199].

Unter Vorgriff auf die Betriebsgrößenstruktur vom Jahre 1689 haben wir bereits die Dankelshäuser Bauern im 16. Jahrhundert als Kleinst- und Kleinköter angesprochen, als Bauern, die auf einen Nebenerwerb dringend angewiesen waren. Noch im Jahre 1664 bezeichnete Hermann Moritz die Mehrzahl der Dankelshäuser als Tagelöhner[200]. Für das auslaufende 18. Jahrhundert veranschlagt W. Achilles (1982, S. 20) dreizehn Morgen Land als die Grenze zwischen einem Vollerwerbs- und einem Gemischtbetrieb, einem Betrieb, von dem die ihn bewirtschaftende bäuerliche Familie allein nicht habe leben können. In Dankelshausen hatten im Jahre 1689 elf von den insgesamt fünfzehn Höfen eine Bewirtschaftungsfläche von weniger als zehn Morgen Land (vgl. Übersicht 3).

Im 17. Jahrhundert hatte der englische Statistiker Gregory King gezeigt, dass im Falle von Agrarkrisen die Getreidepreise überproportional zu dem Ergebnis der Getreideernte schwankten. Als Regel formulierte er, dass eine Ernte, die um 10 Prozent unter dem Durchschnitt blieb, zu einem Preisanstieg um 30 Prozent, ein Fehlbetrag von 20 Prozent zu einer Preissteigerung um 80 Prozent und schließlich ein Ernteausfall von 50 Prozent zu einem Preissprung von 450 Prozent führt. Bei dem Zahlenbeispiel in Übersicht 4 spiegelt A einen Kleinköter und B einen grundherrlichen Betrieb wider. Bei einer Normalernte ist der Kleinköter in der Lage, 50 Einheiten Getreide zu verkaufen. Doch was passiert, wenn die Erntemenge um 20 Prozent sinkt und der Getreidepreis um 80 Prozent steigt? In diesem Fall verfügt der Kleinköter – sein Eigenverbrauch als eine feste Größe unterstellt – über kein Getreide, das er verkaufen kann. Mit anderen Worten, eine Missernte bedroht ihn in existenzvernichtender Weise. Anders dagegen der Grundherr. Er verkauft zwar eine geringere Menge, erzielt dafür aber einen bedeutend höheren Preis. Und dieser beschert ihm einen Gelderlös, der beträchtlich über dem eines Normaljahres liegt. Im Falle einer guten Ernte dagegen ist es der Kleinköter, der von ihr besonders stark profitiert, während der Gutsbetrieb relative Erlöseinbußen hinnehmen muss.

In dem Modell, wenn auch nicht explizit eingebaut, nehmen die von den Kleinkötern für ihr Erbzinsland zu leistenden Abgaben einen besonderen Stellenwert ein. Je niedriger der Grundherr sie ansetzte, desto umfangreichere Tagelohnleistungen konnte er von seinen Kleinkötern in Anspruch nehmen, ohne deren Existenz zu gefährden. Um ihre Arbeitsfähigkeit auch in Krisenzeiten zu erhalten, sie vor Hunger zu bewahren, brauchte er ihre Entlohnung nur vergleichsweise geringfügig anzuheben. In Jahren guter Ernten mit einem entsprechend höheren Arbeitsbedarf, insbesondere während der Erntezeit, konnte er ihre Entlohnung auf dem Niveau eines Normaljahres belassen.

Die von meinen Vorfahren geforderten Abgaben waren vergleichsweise niedrig. Im Jahre 1857 heißt es: Das an die Herren von Stockhausen jährlich *seit undenklichen Zeiten geleistete Erbzinskorn* betrug einen Himbten Roggen und einem Himbten Hafer je drei Morgen Land, resp. 0,5 Taler je Morgen. Dagegen zahlten zweihundert Jahre zuvor die Pächter von Kirchenland der Dankelshäuser Kirche zwei Himbten Hafer, resp. zwei Himbten Roggen je Morgen Land. Eine vergleichsweise niedrig angesetzte Abgabenpflichtigkeit der Erbzinsbauern, wie sie in Dankelshausen der Fall war, versetzte den Grundherrn in die Lage, eine von dem Ernteergebnis weitgehend unabhängige Entlohnungsstrategie seiner Kleinköter-Tagelöhner zu verfolgen. Auf diese Weise konnte er sein Verhältnis zu ihnen weitgehend spannungsfrei halten. Zugleich waren die Kleinköter-Tagelöhner gegen schwere Hungersnöte geschützt. In dem Beziehungsverhältnis zwischen Grundherrn und Kleinköter können wir dem Erbzinsland das Wesen eines konfliktmindernden, existenzsichernden dauerhaften Deputatlandes zusprechen.

In eine solche grundherrliche Strategie der existenzerhaltenden Konfliktminderung dürfte auch das so genannte freie Erbland einzuordnen sein. Bei ihm handelte es sich um Land, das ohne Verbindung mit einer bestimmten Hofstelle selbständig für sich bestand. Als bäuerliches Eigentum war es frei teilbar und frei veräußerlich[201]. A. Seidensticker (1896a, S. 15) zeigt verschiedene Möglichkeiten auf, wie es entstanden sein kann: pflichtige Leistungen sind in Vergessenheit geraten; Bauern haben sich ihrer Verpflichtung zu entziehen gewusst; manche Arten von Diensten sind durch Nichtgebrauch eingeschlafen; als Belohnung für Landsknechtdienste sind die Abgaben erlassen worden.

Im Jahre 1725 betrug in Dankelshausen das freie Erbland 53,5 Morgen oder 25 Prozent der damaligen gesamten Ackerfläche. Hundert Jahre später wird seine Fläche in den dreizehn adligen Gerichtsbezirken des Fürstentums Göttingen (etwa des Gebiets der heutigen Landkreise Göttingen und Northeim) mit 32,1 Prozent der Gesamtfläche, in dem Amtsgerichtsbezirk Münden dagegen mit 77,5 Prozent angegeben[202]. Sein geringerer Umfang in den adligen Gerichtsbezirken wird dahingehend gedeutet, dass die adligen Gerichtsherren einen stärkeren Einfluss auf die Geschlossenheit der Höfe ausgeübt haben als die Amtsstellen der Landesherren[203]. Das bedeutet, dass sie sich stärker gegen die auch in Dankelshausen übliche Erbsitte der Realteilung gewandt haben[204]. Als Grundherren waren sie daran interessiert, die Wirtschaftsfläche ihrer Kleinköter-Tagelöhner nicht zu klein werden zu lassen. Auf diese Weise waren sie in der Lage, deren von dem Ernteausfall abhängige Entlohnung nicht zu hoch ansteigen zu lassen und zugleich deren nachhaltige Dienstpflichtigkeit bei Missernten nicht zu gefährden.

Während der General-Kirchenvisitation im Jahre 1588 wurden die Herren von Mengershausen gerügt, zwei Morgen Kirchenland an sich genommen und trotz wiederholter Ersuchen nicht zurückgegeben zu haben[205]. Keinen großen Respekt scheinen auch die Dankelshäuser der Kirche als Landverpächterin gezollt zu haben. Im Jahre 1675 betrug das von der Dankelshäuser Kirche verpachtete Ackerland insgesamt 16 Morgen: Acht Morgen lagen auf der „Kleebreite". Von ihnen waren je zwei Morgen an <u>Heinrich Moritz</u>, Jost Thies und Hase sen. sowie vier Morgen an Jost Stolte zu jeweils zwei Himbten Roggen (ein Himbten entspricht 31,5 Liter) je Morgen vergeben. Von den acht Morgen im „Schedefeld" bewirtschafteten viereinhalb Morgen <u>Heinrich Moritz</u> bzw. sein Pächter Jörg Hentze und dreieinhalb Morgen Jost Stolte mit einem Pachtentgelt von je zwei Himbten Hafer je Morgen. Darüber hinaus verfügte die Kirche noch über etliches Wiesenland, das sie den Kötern Bernd und Friedrich Schucht, Stoffel und Ricus Hase sowie der Gemeinde verpachtet hatte.

Auch wenn das Land nach Meierrecht vergeben worden war, so hatten dessen Pächter im Laufe der Zeit doch gemeint, es als Erbzinsland nutzen zu können. Die Folge war, dass sie einen geringeren als ursprünglich vereinbarten Zins, nur einen Himbten je *besamter* Morgen, bezahlt hatten. Um dieses *Unrecht* abzustellen, hatte bereits im Jahre 1653 das fürstliche Konsistorium darauf bestanden, die Kirchenländereien nur noch für jeweils drei Jahre zu vergeben und den Pachtpreis nach Meierrecht auf zwei Himbten anzuheben[206]. Zugleich sollten die Ländereien in den Kirchenland-Registern als Meierland deutlich von dem Erbzinsland unterschieden werden[207].

Im Jahre 1756 musste Johann Justus Köster - von 1751 bis 1761 Pfarrer in Dankelshausen - dem Königlichen Konsistorium berichten, dass sich nichts geändert habe. Die dreijährige Terminierung der Nutzungsvergabe sei nicht eingehalten worden. Das Kirchenland würde bis auf den heutigen Tag von den Nachfolgern der damaligen Nutzer bewirtschaftet. Auch sei der Zins seit jener Zeit nicht erhöht worden. Seit dreißig Jahren zahle die Gemeinde Dankelshausen für die Nutzung der drei „Heiligen Wiesen" immer den gleichen Zins, obwohl ihr Wert das Sechsfache und mehr betrage. Das Land sei niemals als Erbzinsland eingetragen worden[208].

Sonderrechte des grundherrlichen Adels

Am 22. Januar 1831 machte Herzog Adolph Friedrich von Cambridge, der Bruder des regierenden Königs Wilhelm IV. (+1837), nach seinem Besuch in Göttingen einen kurzen Abstecher nach Münden, um sich über die Beschwerden und Wünsche der Bürgerschaft informieren zu lassen. Zu sich bestellen ließ er auch sämtliche Bauermeister des Amtes Münden, so wohl auch Johann Christoph Heinrich Hartig aus Dankelshausen. *Mit der lebhaftesten Theilnahme bemerkte man unter den Beschwerdeführern einen ... Bauern am Weserstrom,* der *die drückende Lage des Landmanns besonders seit 1815 mit einer Beredsamkeit und Wahrheit* schilderte, *die alle Umstehenden und selbst den Herzog bis zu Thränen rührten*[209].

Die wesentlichsten Punkte seines Vortrages entsprachen denen, die etwas später der Hildesheimer Bauer Julius Mertens (1831, S. 5) veröffentlichte: *Tragen auch die vielen Handelsbeschränkungen und die oft völligen Verboten gleich zu achtenden Zölle ein Großes dazu bei, den Wohlstand des hiesigen Landmannes zu verhindern, so liegen seiner Verarmung noch andere*

Ursachen zu Grunde, und diese sind, der Hauptsache nach, zu suchen *in der hohen Besteuerung des Grundeigenthums und vorzugsweise in der höchst ungleichen Vertheilung der Grundsteuer, nicht minder in den vielfachen Exemptionen bevorzugter Stände, die den größten Theil der Staatslasten dem Bauernstand allein überlassen.*

Julius Mertens machte für die Verarmung des Bauernstandes nicht nur die durch das Gesetz vom 9. August 1822 eingeführte Grundsteuer[210] verantwortlich. Hinzu käme noch die einseitige, *die Reit- und Kutschpferde ausnehmende* Belastung mit dem Chaussee-Dienst. Seine Hoffnung setzte er darauf, dass die Dienste und Zehnten abgelöst und die Fesseln des Gutsverbandes gelichtet würden[211].

Eine solche Sonderrolle war *den Reit- und Kutschpferden des grundherrlichen Adels* auch in dem Gebiet des Amtes Münden zugebilligt worden[212]. Bereits im Jahre 1597, sechzehn Jahre nach <u>Heinrichs</u> Kauf des Rittergutes Wellersen, entschied die Fürstlich Braunschweigische Kanzlei, dass die Dörfer des Untergerichts Münden die ruinierte Wegestrecke bei Wellersen zu reparieren hätten, *neben denen von Stockhausen und anderen, denen es von alters oblieget*. So untergewichtig der Zusatz der stockhausenschen Eigenverpflichtung auf den ersten Blick erscheint, auf so geringes Verständnis stieß er bei den Angesprochenen. Hatten die Brüder Erich und Alexander von Bardeleben als Vorbesitzer des Gutes Wellersen und zunächst auch <u>Heinrich</u> – er hatte Wellersen im Jahre 1581 gekauft - ihren Anteil an den Ausbesserungsarbeiten der Straße freiwillig übernommen, so war letzterer nach einer Straßenbesichtigung im Jahre 1606 zu einer weiteren Beteiligung an den Ausbesserungsarbeiten nicht mehr bereit. Und auch sein Enkel <u>Hermann Moritz</u> lehnte am 13. Mai 1653 gegenüber der Fürstlichen Kanzlei weitere Arbeiten an der durch den Krieg völlig ruinierten Straße mit der Begründung ab, dass solche Arbeiten ihm zu schwer fallen würden. Acht Jahre später wurde er *unter Zwang* zur Mitarbeit angehalten.

Knapp neunzig Jahre später, im Jahre 1753, berichtete das Amt Münden der Königlichen Regierung in Hannover, dass sich die Herren auf Wellersen stets geweigert hätten, sich an den Straßenbauarbeiten zu beteiligen. Allerdings hätten sie einige Untertanen des Gerichts Dankelshausen dazu bewogen, verschiedene Fuder Steine anzufahren, auch wenn sie niemand zwingen könne, in einer fremden Feldmark Wege zu reparieren. Elf Jahre später, am 6. Februar 1764, wurde <u>Heinrich Ludwig</u> aufgefordert, sich an den Wegebaumaßnahmen zu beteiligen. Zwölf Jahre später gewann der Streit eine neue Dimension.

Nach der Wegebauordnung vom Jahre 1738 waren nicht nur die Dörfer des stockhausenschen Gerichts zu Straßenbaumaßnahmen verpflichtet. Gefordert waren auch die Mündener Amtsdörfer, weil es zum Ruin der ersteren *hätte gereichen können, wenn solche allein bei Anlegung der neu gemachten Chaussee die erforderlichen Fuhren und Dienste leisten sollen.* Doch von einer solchen Verpflichtung wollten im Jahre 1778 die Amtsdörfer nichts wissen mit der schlichten Begründung, dass ihre Feldmark nicht berührt werde. Und auch die Dankelshäuser wehrten sich. Da sie nur Untertanen des Gerichts Dankelshausen seien, hätten sie in keiner Weise dem Gut Wellersen zu dienen. Mochte auch die Landesregierung am 30. September 1780 die Amtsdörfer sowie die drei adligen Gerichtsdörfer Dankelshausen, Löwenhagen und Imbsen zum Straßenbau verpflichten, die Dörfer blieben trotz der Androhung von Zwangsmaßnahmen bei ihrer ablehnenden Haltung.

Drei Jahre später, am 23. Februar 1783 klagten die 17 betroffenen Amtsdörfer gegen die adligen Gerichtsdörfer, um sie zur Mitarbeit an den Straßenbaumaßnahmen zu verpflichten. Bemerkenswert ist, dass sie in ihre Klage die Besitzer des Guts Wellersen nicht einbezogen. Gegenstand der Klage waren die Arbeiten an dem Wellersener Straßenabschnitt mit einer Länge von 533 Ruthen und 4 Fuß (2,5 Kilometer), der ausschließlich in *dem geschlossenen von Stockhausenschen Gericht und nicht in dem geschlossenen Amt Münden* liegt.

Gut zwei Monate später wiesen die drei beklagten Dörfer die gegen sie erhobene Verpflichtung zurück: *Der Einwurff der Kläger, dass der streitige tractus von 533 Ruthen 4 Fuß die Feldmarcken des von Stockhausischen Gerichts allein berühre, ist grundfalsch. Was die von Stockhausischen Gerichte Dankelshausen, Imbsen, Löwenhagen betrifft, so ist ja mehr wie zu bekannt, dass selbige geschlossene Gerichte sind, und mit dem Guthe Wellersen in nicht der geringsten Verbindung stehen. Was also der streitige Tracturs der Chaussee die Feldmarck diese Hofes berühret, was gehet das denen geschlossenen Gerichten an? Dass dieser Hoff auch einen Herrn von Stockhausen gehöret? Dieses schadet uns nichts. Das Guth Wellersen macht für sich ein Gantzes aus, und wird sich dessen Besitzer, wenn er, wie noch nicht geschehen, in Anspruch genommen werden sollte, ... dasjenige gefallen lassen müssen, was die Observanz, oder die Wegebauordnung des Jahres 1738 bestimmen wird. Nur uns, deren Feldmarcken der Weg nicht berühret und die wir mit dem Wellerschen Hofe in keiner Verbindung stehen, kann man nicht anmuthen seyn zu der Ausbesserung des Weges zu concurriren ... zu mahl Kläger selbst anführen müssen, dass sie schon im Jahre 1597 von Fürstl. Braunschw. Cantzeley angehalten wurden, an dem ruinirten Wege bey Wellersen zu arbeiten.*

So geschickt die drei Gemeinden die undurchsichtige Rechtslage des Gutes Wellersen auszunutzen wussten, am 15. November 1784 entschied das Geicht in Hannover, dass die 17 klagenden und die drei beklagten Gemeinden nach ihrem anteiligen Steueraufkommen zur Straßenausbesserung verpflichtet seien. Zugleich allerdings wurde ihnen das Recht zugesprochen, gegen die Besitzer des Gutes Wellersen Schadensersatzansprüche geltend zu machen.

Zwei Monate später, am 17. Januar 1785, legten die 17 Amtsdörfer gegen das Urteil Berufung ein. Als sich ihnen drei Monate später auch Dankelshausen anschloss und sich damit die Möglichkeit auftat, dass auch das adlige Gerichtsdorf Dankelshausen gegen die Herren von Stockhausen auf Wellersen klagen könnten, lehnte das Gericht die Berufung ab.

Nach dem seit dem Dezember 1791 vorhandenen Rechnungsbuch der Gemeinde Dankelshausen haben die Dankelshäuser seit dem Jahre 1795 bis zum Jahre 1801 in einem etwa zweijährigen Abstand, sodann bis 1803 jährlich und dann wiederum im Jahre 1808 – das letzte Jahr des noch verfügbaren Teils des Rechnungsbuches - an den Arbeiten zur Ausbesserung der Straße bei Wellersen teilgenommen. Wurden in den ersten beiden Jahren die Mitarbeitenden noch von der Gemeinde für ihre Arbeiten bezahlt, so werden in den sodann folgenden Jahren nur noch Ausgaben für das gemeinsame Trinken von „Brantewein" vermerkt. Einnahmen sind der Gemeinde aus den Bauarbeiten nicht zugeflossen.

Ob die Dankelshäuser auch zu den in den Jahren 1835 bis 1838 angeordneten Chaussee-Reparaturen herangezogen wurden, vermag ich mit letzter Sicherheit nicht zu sagen. Wenn es der Fall war, so dürften sie mit denen von Mielenhausen[213] zu vergleichen sein – 51 Spann- und 98 Handdiensttage (vgl. Übersicht 5). Im Jahre 1821 hatten beide Dörfer jeweils 240 Bewohner (vgl. Übersicht 6).

Im April 1836 führte das Königliche Amt Münden eine Ortsbesichtigung des Wegenetzes in dem Bezirk des Gerichts Imbsen und Dankelshausen durch[214]. Bereits im Jahre 1806 hatte den Dankelshäusern mit der kommunalen Wege-Verordnung vom 17. Mai[215] eine neue Wegebaubelastung gedroht: *Da die Land-Straßen und Wege, außerhalb den Chausseen, in dem Fürstenthume Göttingen an mehreren Orten in einem sehr schlechten Zustande sich befinden sollen, so werden sämtliche Obrigkeiten in gedachtem Fürstenthume hierdurch angewiesen, pflichtmäßig dafür zu sorgen, dass solche in ihrem Gerichts-Bezirke befindlichen Straßen und Wege auf das fordersamste in möglichst guten Stand gesetzt werden.*

Bei der Ortsbesichtigung moniert wurden die schlechten Stellen auf dem Weg nach Oberscheden. Mochte auch Bauermeister Johann Christoph Heinrich Hartig darauf hinweisen, dass sie nach einem vorliegenden Gemeindebeschluss im Sommer ausgebessert werden sollten und dass damit der Gemeinde keine Nachlässigkeit vorgeworfen werden könne, so wurde ihm doch eröffnet, dass ihm eine schriftliche Anweisung über die Instandsetzung zugestellt werde, die dann sofort umzusetzen sei.

In einem *ziemlich fahrbaren Zustande* wurde der Weg von Dankelshausen nach Niederscheden ab der Abzweigung nach Oberscheden befunden. Und auch die Kommunalwege nach Bühren und Varlosen wurden in einem solch befahrbaren Zustande erachtet, *dass selbige im gegenwärtigen Jahre keiner Hauptreparatur bedürften. Gerichtsseitig wurde deshalb zu erkennen gegeben, dass die Gemeinde Dankelshausen, da sie zumal klein und unbemittelt sey, von einer solchen Hauptreparatur dieser beiden Wege ... dispensiert werden könne.*

Der Fahrweg nach Mielenhausen schließlich weise zwar mehrere schlechte Stellen auf. Da er aber in seiner Fortsetzung durch die Niederschedener Feldmark verlaufe, sei dieser Kommunalweg nur dann sicher zu passieren, wenn die letztgenannten und schlechtesten Stellen durch das Königliche Amt Münden repariert würden.

Ablösung der grundherrlichen Rechte

Mögen auch die Dankelshäuser bei der Besichtigung ihres Wegenetzes vergleichsweise glimpflich davongekommen sein, so war doch auch für sie die Zeit reif, sich für die Aufhebung der Sonderrechte der *Kutsch- und Reitpferde des Adels einzusetzen*. Hatte man regierungsseitig gehofft, durch das Ruhenlassen der Gemeinheitsteilungsordnung vom 20. April 1824 und durch die Domizilordnung vom 6. Juli 1827 das Armutsproblem in den Dörfern politisch in den Griff zu bekommen, so war diese Hoffnung doch auf Sand gebaut. So schwer es der konservativen Regierung in Hannover auch fallen mochte, sie sah sich gezwungen, in die Lösung des Armutsproblems der Dörfer auch eine Reform der ländlichen Feudalverhältnisse einzubeziehen.

Herr Ernst, glauben Sie mir, heute geben wir Etwas auf, bekommen den Werth bezahlt, und ernten Dank dafür! Es kömmt aber mal eine Zeit, da würde man es uns ohne alle Entschädigung genommen haben![216] Worauf sich der herzoglich-braun-schweigische Kammerherr Thedel Friedrich

Christoph von Wallmoden in seinem Gespräch mit dem Verwalter seines Gutes bezog, waren die bei der Ablösung der grund- und gutsherrlichen Lasten und der Regulierung der bäuerlichen Verhältnisse zu befolgenden Grundsätze der landesherrlichen Verordnung vom 30. November 1831. Mit ihnen wurden die Anliegen verfolgt, die adlige Grundherrschaft aufzuheben, den Bauern ihre volle persönliche Freiheit zu geben, ihre Höfe durch ein erbliches Besitzrecht von jeglichen Bindungen an die Grundherren zu befreien und sie nach Ablösung aller auf ihnen ruhenden Lasten in ihr Eigentum umzuwandeln[217]. Zwar wurden mit diesen rechtlichen Maßnahmen die feudalen Strukturen aufgelöst. Doch was für die Mehrzahl der Dankelshäuser Kleinbauern-Tagelöhner unverändert bestehen blieb war ihre wirtschaftliche Abhängigkeit von ihren ehemaligen Grund- und nunmehrigen Gutsherren.

Abgelöst wurden die Natural-, Hand- und Spanndienste, die Jagd- und Weiderechte sowie die Häuslingsdienst- und Schutzgelder. Bei letzteren handelte es sich um jene Gelder, die die Häuslinge als ehemalige Nicht-Gemeindemitglieder den adligen Gerichtsherren bzw. den landesherrlichen Ämtern für den ihnen gewährten obrigkeitlichen Schutz zu zahlen hatten[218]. Von der Ablösung ausgespart blieben die Reallasten, die zugunsten der Pfarre, Kirche und Küsterei auf den Grundstücken der verschiedenen Hofstellen und der Güter Dankelshausen und Wellersen ruhten. Sie wurden erst im Jahre 1913 abgelöst[219].

Die Abstellung der Lasten erfolgte nicht kostenlos. Die zu Befreienden hatten die Berechtigten in Höhe des reinen Ertrages, den sie bisher aus ihrem Recht bezogen hatten, zu entschädigen. Die Höhe des Ablösungskapitals konnten die an dem Verfahren Beteiligten unter sich grundsätzlich frei vereinbaren. War eine solche Übereinkunft nicht möglich, fand eine amtliche Auseinandersetzung nach den Vorschriften des Ablösungsgesetzes statt[220]. Dabei wurde der Wert des Jahresertrages der jeweiligen Berechtigung auf der Basis des Preisdurchschnitts der vor dem Zeitpunkt des Ablösungsantrages liegenden vierundzwanzig Jahre errechnet und mit dem Faktor 25 multipliziert.

Herren des Verfahrens waren die abgaben- und dienstpflichtigen Bauern. Die berechtigten Grundherren konnten nur in Ausnahmefällen einen Ablösungsantrag stellen. Hintergrund dieser Regelung war die Zwiespältigkeit des Ablöseanliegens. Ging es Johann Carl Bertram Stüve, dem politischen Initiator des Verfahrens, darum, *aus fiskalischen Gründen die Bauern in ihrer Wirtschaftskraft und Funktion als Steuerzahler zu stärken und gleichzeitig aus sozialpolitischen Gründen auf dem Lande eine Schicht mittlerer Grundeigentümer zu sichern*[221], so standen seinem Anliegen die finanziellen Belastungen gegenüber, die den Bauern durch das Ablösungsgesetz aufgebürdet wurden. Sie waren dazu angetan, insbesondere die kleineren Bauern nicht gerade zu Jubelstürmen hinreißen zu lassen.

Auch wenn die Einrichtung der Landeskreditanstalt in Hannover im Jahre 1842 mit ihrer sehr langfristigen, 41jährigen Kreditierung der Ablösungsbeträge den Durchbruch für eine intensivere Ablösungstätigkeit brachte, so ging sie doch nur sehr zögerlich vonstatten. Anfang der 1850er Jahre waren erst etwa vierzig, im Jahre 1865 fünfundsiebzig Prozent der Abgaben und Dienste abgelöst worden.

In Dankelshausen erfolgte im Jahre 1839 zunächst die Zehntablösung[222]. Nach einer Quittung des Ackermannes Heinrich Christoph Beuermann betrug sie 12,6 Taler je Morgen Land[223]. Überschlägige Berechnungen führen zu einer als Zehntland zu bezeichnenden Fläche von insgesamt 29,5 Hektar. Sie entspricht der im Jahre 1689 bewirtschafteten Ackerfläche von 28 Hektar (vgl. Übersicht 3), wohl die am frühesten als Ackerland bewirtschaftete Dankelshäuser Gemarkungsfläche. Die gesamte Zehntablösung betrug 1356 Taler.

Fünf Jahre später begann die Ablösung des Erbzinses. Im Jahre 1844 lösten die Brüder <u>Carl Wilhelm</u> und <u>Carl August</u> und die Bauern Heinrich Fette, Ludwig Stolte und Georg Pagel den auf 16 Morgen Kirchenland zu zahlenden Erbzins mit 330 Talern ab[224]. Dreizehn Jahre später zahlten <u>Carl Wilhelm</u> und <u>Carl August</u> der Gemeinde für eine Fruchtabgabe eines halben Malters (330 Liter) Korn eine Ablösung von 80 Talern 23 Groschen 9 Pfennigen[225]. In dem gleichen Jahr erfolgte die Ablösung der ihnen zu Martini 1857 zu zahlenden Kornabgaben, die auf dem Erbzinsland ruhten. Dieses jährlich *seit undenklichen Zeiten geleistete Erbzinskorn* betrug einen Himbten Roggen und einem Himbten Hafer je drei Morgen Land, resp. 0,5 Taler je Morgen. Für die insgesamt 165,5 Morgen umfassenden Ländereien betrug die Ablösung 12 Taler je Morgen Ackerland, insgesamt rd. 1973 Taler.

Im Vergleich zu dem jährlichen Erbzinskorn von nur 0,5 Talern je Morgen Land forderte im Jahre 1860 die Dankelshäuser Kirche einen jährlichen Pachtpreis von 6,12 Talern[226]. Denken wir an den im Jahre 1676 angesprochenen, noch im Jahre 1756 andauernden Streit um den Pachtpreis für das Kirchenland, so scheint es der Kirche in den darauf folgenden hundert Jahren gelungen zu sein, den von ihr als angemessen erachteten Preis durchzusetzen. Ob sie dabei allerdings etwas über das Ziel hinausgeschossen war, wenn in den 1850er Jahren in dem Gebiet des Amtes Münden der durchschnittliche Pachtpreis je Morgen

Ackerland mittlerer Güte nur zwei Taler[227] betrug, ist eine Frage, die ich wohl stellen, nicht aber abschließend beantworten kann.

Das an <u>Carl Wilhelm</u> und <u>Carl August</u> insgesamt gezahlte Ablösungskapital wird mit 3550 Talern angegeben[228]. Von diesem Betrag haben wir bisher insgesamt 3329 Taler erklärt: 1356 Taler als Zehntablösungen im Jahre 1839 sowie 1973 Taler als Ablösung des Erbzinskorns in den Jahren 1856/57. Der restliche, vergleichsweise geringe Betrag von 221 Talern umfasste die Ablösung der auf den Hofstellen ruhenden gemischten Pflichtigkeiten, der Hand- und Spanndienstleistungen[229], der Hähnchen und Hühner[230].

In dem Ablösungsrezess der Herren von Adelebsen vom Jahre 1834 wurde die zu entrichtende Geldrente eines handdienstpflichtigen Köters auf 4 Taler 20 Groschen festgelegt[231]. In Anlehnung an diesen Wert dürfte es sich in Dankelshausen um etwa 40 pflichtige Hofstellen gehandelt haben. Die relativ späte Ablösung der Hand- und Spanndienste in dem Gebiet des Amtes Münden – in Dankelshausen wurde sie erst in den 1870er Jahren geleistet - wird einerseits mit Unkenntnis und einem gewissen Schlendrian erklärt, andererseits aber auch mit Geldmangel und der Furcht, sich das benötigte Ablösungskapital nicht beschaffen zu können[232].

Die wichtigste Verdienstquelle der Dankelshäuser Bauern zur Ablösung ihrer Pflichtigkeiten dürfte der Dankelshäuser Gutshof gewesen sein. Als Tagelöhner dürften sie in Anlehnung an die Verdienste auf der Domäne Steimke bei Uslar zwischen 1,5 und 3 Groschen je Tag[233] (seit dem Jahre 1858 entsprachen 24 Groschen einem Taler) erhalten haben. Die Möglichkeit, ihre von den abgelösten Hand- und Spanndiensten befreite Arbeitskraft nunmehr vermehrt in den eigenen Betrieben einsetzen zu können, dürfte nur sehr bedingt dazu beigetragen haben, die erforderlichen Geldmittel zu erwirtschaften.

Nach W. Achilles (1978, S. 14 ff) treffen für Niedersachsen der von dem Agrarökonomen Albrecht Thaer propagierte Fruchtwechsel und die Ablösungsgesetzgebung als vielfach genannte Ursachen für die Zunahme der pflanzlichen Produktion in der ersten Hälfte des 19. Jahrhunderts nur sehr bedingt zu. Bereits nach dem Dreißigjährigen Krieg habe man im südlichen Niedersachsen damit begonnen, die Brache teilweise einzusäen, sie mit nicht überwinternden Pflanzen, besonders mit Leguminosen, zu bestellen. Um das Jahr 1770 betrug bei den kleineren Höfen in den Fürstentümern Calenberg, Göttingen und Grubenhagen der Bracheanteil nur noch 14 Prozent[234]. Hundert Jahre später heißt es über das Dreifeldersystem in dem Gebiet des Amtes Münden: *Es gibt hier Feldmarken, wo das eine Extrem, das ganze oder doch fast ganze Brachfeld zu besömmern, stattfindet, während in anderen (namentlich auf den hochgelegenen Kalksteinflächen bei Dransfeld) die reine Brache vorwiegt*[235].

Um das Ablösungskapital, teilweise auch die Kosten der im Jahre 1874 beschlossenen Verkoppelung der Dankelshäuser Feldmark bezahlen zu können, scheinen in Dankelshausen einige Kleinbauern ihre Reiheberechtigung verkauft zu haben[236]. Wurden im Jahre 1856 noch 17 ganze und 12 halbe Reihestellen genannt[237], so wurde im Jahre 1883 von 27 ganzen, aber nur noch von 3 halben Reihestellen gesprochen[238].

Das Hannoversche Höferecht

Mag auch die Ablösung der Pflichtigkeiten die Dankelshäuser Bauern stark belastet haben, so war es diese Belastung nicht allein, mit der sie fertig zu werden hatten. Hinzu kam noch das Eigentumsrecht an ihrem Grund und Boden, das sie mit der Ablösung erworben hatten. Für den Hoferben hatte es zur Folge, dass nunmehr auch der Grund und Boden in die Berechnung der Ablösungszahlungen an die Geschwister einbezogen wurde. Um welche Belastungen und Kapitalabflüsse es sich dabei handelte, verdeutlicht der Übergabevertrag des Dankelshäuser Ackermanns Heinrich Beuermann und seiner Ehefrau Karoline mit ihrem Sohn August Wilhelm vom Jahre 1870[239]. Der bäuerliche Betrieb, den die Eheleute ihrem Sohn überließen, umfasste:

- ein Wohn- und Reihehaus, einen Stall, eine Scheune, ein Back- und ein Leibzuchthaus, einen Garten sowie eine auf etwa 0,6 Morgen Ackerland und auf etwa 0,75 Morgen Wiesenland ruhende Gemeindeberechtigung;
- 15,7 Morgen Acker- und Wiesenland in der Gemarkung Dankelshausen, das als ehemaliges Erbzins- und Zehntland bereits an die von Stockhausen „frei" gemacht worden war, sowie 1,3 Morgen Land in der Bührener Feldmark; insgesamt 17 Morgen Land;
- als totes und lebendes Inventar Wagen, Pflüge, Eggen, Schlitten, Ketten und dergleichen, vier Ochsen sowie mehrere steinerne Krippen.

Die Abfindungszahlungen an die vier Schwestern des Hoferben betrugen insgesamt 5.760 Taler. Auf die Erbfläche umgelegt, ergeben sie eine Belastung von 340 Talern je Morgen Land.

War es einerseits das ausdrückliche Anliegen von Heinrich und Karoline Beuermann, alle ihre Kinder gleichzustellen, so waren es andererseits seine Rückwirkungen auf den Hoferben, die die hannoversche Regierung als eine große Gefahr für den nachhaltigen Bestand einer Vielzahl von bäuerlichen Betrieben erachtete. Um dieser Gefahr vorzubeugen, schuf sie mit dem *Gesetz betreffend das Höferecht in der Provinz Hannover* vom 2. Juni 1874[240] den Erblassern die rechtliche Möglichkeit, die Erbfolge in einer Weise zu regeln, die den Hoferben in die Lage versetzen sollte, den Hof nachhaltig zu bewirtschaften. An die Stelle des Wertes des Hofes trat dessen geschätzter Reinertrag, den der Hof nebst Zubehör *durch Benutzung als Ganzes im gegenwärtigen Kulturzustande und bei ordnungsgemäßer Bewirtschaftung gewährt.* Von diesem so genannten Hofwert erhielt der Anerbe ein Drittel als Voraus. Des weiteren erbte er gemeinsam mit den anderen Erben nach den allgemeinen Bestimmungen des Bürgerlichen Rechts. So vorteilhaft diese Regelung für den Anerben war, so erschien sie doch noch nicht vorteilhaft genug, wenn es sich um eine größere Anzahl von Erben handelte. Und so wurde die Bestimmung hinzugefügt, dass dem Anerben von dem Hofwert die Hälfte als Voraus und Erbanteil zusteht, falls er zu einem geringeren Bruchteil als einem Viertel als Erbe berufen ist.

Das Höfegesetz vom Jahre 1874 galt allerdings nur für diejenigen Landesteile, in denen das Anerbenrecht üblich war, nicht aber in den Gebieten mit üblicher Realteilung wie in dem ehemaligen Fürstentum Göttingen[241]. Hier wurde den Hofeigentümern lediglich die Möglichkeit eingeräumt, durch die Eintragung ihrer Höfe in die Höferolle das Anerbenrecht einzuführen[242]. In welchem Umfange die Dankelshäuser von dieser Möglichkeit Gebrauch gemacht haben, weiß ich nicht. Noch im Jahre 1911 rief mein Großvater, Miteigentümer des Dankelshäuser Gutes, als Landrat des Kreises Münden dazu auf, *dass recht viele ländliche Besitzer… im südlichen Teile der Provinz Hannover, wo das Gesetz noch wenig Anwendung gefunden hat, von dem Gesetz Gebrauch* machen sollten[243]. Mit seiner konkreten Dankelshäuser Ortskenntnis lässt diese Mahnung darauf schließen, dass er bei seinem Aufruf wohl auch an etliche Dankelshäuser gedacht hat.

Kriege, Not und Strukturwandel im 17. und 18. Jahrhundert

Plünderungen und Sittenverfall

Wie schwer auch immer das Leben der Dankelshäuser Kleinköter-Tagelöhner und das der Bauern in den umliegenden Dörfern während des 16. Jahrhunderts einzuschätzen ist, für alle wurde es noch unerträglicher, als im Jahre 1618 nach dem „Prager Fenstersturz" der bis dahin regionale böhmische Religionskonflikt sich bis in ihr Gebiet hinein ausweitete. Im Jahre 1625 bekamen sie die ganze Schwere der damaligen Kriegsführung zu spüren, als der kaiserliche Heerführer Johann Tserchaes Graf von Tilly am 18. Juli bei Holzminden über die Weser setzte und plündernd in den Solling eindrang. Wenn W. Havemann (1855, S. 635) davon spricht, dass Tilly Moringen und Uslar geplündert habe, so muss dieses nicht heißen, dass Teile seiner Truppen nicht auch die Bramwald-Dörfer heimgesucht haben. Bereits im Jahre 1623 hatten Bauern aus Bühren, Varlosen und Ellershausen, durch vorangegangene Plünderungen angestachelt, einen Tillyschen Convoy aus dreizehn Schiffen auf der Weser überfallen und ausgeplündert[244].

Und auch nach der Zerstörung Mündens zu Pfingsten 1626[245] mussten die umliegenden Dörfer noch so manche Plünderung über sich ergehen lassen. Noch im gleichen Jahr wurden in Dankelshausen das Pfarrhaus, der Pfarrhof und die Kirche verwüstet[246]. In der Oberschedener Kirchenrechnung aus dem Jahre 1627 findet sich die Notiz, dass in dem Jahre zuvor durch *den Tillyschen Krieg das gantze Land verheeret, hat nichts berechnet werden können*[247]. Nach Tillys Abzug im Oktober 1631 waren es zunächst die Besatzungstruppen von Landgraf Wilhelm V. von Hessen-Kassel, sodann die von Herzog Georg (+1641) und die mit ihnen verbündeten schwedischen Truppen, die die Dörfer in Angst und Schrecken versetzten. *Mehrere Kavalleristen erkühnten sich, in Bühren, Varlosen, Wellersen und Dransfeld Schafe, Pferde, Kühe und auch Geld zu rauben*[248].

Im Jahre 1636 verbrannten schwedische Truppen die Dankelshäuser Kirchstühle. Vier Jahre später, *da der Altarist, der Dankelshäuser Heinrich Stolte, ... bey anfallenden räuberischen Reutern die Altarleuchter vergraben hatte, ward er flugß darauf erschossen und die Leuchter verlohren*[249].

Die mit den zügellosen Plünderungen einhergehende allgemeine Not und Sittenverwilderung brachten einige Dankelshäuser Frauen dazu, sich „den Verführungen des Teufels" hinzugeben. Im Dezember 1634 schrieb Pastor Lorenz Rackebrand[250], dass ihm abermals *ein betruebtes Weib* in seiner Gemeinde zugeführt worden sei, dem im vergangenen Jahr der Teufel eine Sache versprochen, gleichwohl nicht gehalten habe. Es sei darüber nunmehr voller herzlicher Leid. Vom Teufel besessen zu sein, kam damals häufig vor. *Dann hätten die Geistlichen*, so heißt es[251], *die Krankheit zu heilen versucht, die evangelischen durch das Gebet, die katholischen durch Exorzismus*. Die Dankelshäuser Frauen durften wohl von Glück im Unglück sprechen, dass Herzog Julius († 1589) in dem Gebiet seines Fürstentums Calenberg-Göttingen bereits im Jahre 1601 mit dem Landtagsabschied vom 10. Oktober den evangelischen Glauben eingeführt hatte[252].

Von der Not des *betruebten Weibes* überfordert, wandte sich Lorenz Rackebrand an den Generalsuperintendenten des Landes Göttingen mit einer Durchschrift an den Dankelshäuser Kirchenpatron Hermann Moritz mit der Bitte um Rat, wie der Frau zu helfen sei. Die Frau habe sich viele beschwerliche Gedanken gemacht, die ihr Herz sehr ängstigten. Sie sei dabei ganz von Kräften gekommen. Die Anfechtung habe ihr immer stärker zugesetzt. Sie glaube, sie fresse ihr am Herzen und blähe ihr den Leib und die Brust stark auf. Was sie esse, wolle nicht hinunter, so dass sie sich übergeben müsse. Sie trüge sich mit dem Gedanken, Böses zu tun, sich zu ertränken und umzubringen. Auch wenn sie fleißig bete, kämen ihr widrige Gedanken, als ob das Beten nicht hülfe.

Er habe sie an Gottes Wort erinnert. Doch die Frau habe geantwortet, sie höre und verstehe den Trost gar wohl. Sie bete auch fleißig bei den höchsten Anfechtungen, welche sie bisweilen schwer ankämen. Sie liege lange, bis sie sich besinne, ehe sie das Gebet anfangen könne. Doch es gehe ihr nicht zu Herzen. Es wolle nicht in ihrem Herzen haften wegen der bösen widrigen Gedanken, die in ihrem Herzen seien. Sie habe ein herzliches Sehnen nach dem Herrn Doktor, um ihm ihre Not zu klagen und von ihm guten Rat einzuholen. Doch wegen ihrer Mattigkeit traue sie sich den Weg nicht zu. Sie habe ihn gebeten, ihm zu schreiben und ihn hunderttausend Mal um Gottes Willen zu bitten, ihr mit so viel wie möglich gutem Rat zu Hilfe zu kommen.

So sehr sich Pastor Lorenz Rackebrand um die vom Teufel besessene Frau bemühte, so wenig Mitleid hatte im Jahre 1608 Georg gehabt, als er eine Dankelshäuser Hirtin und ihren

Mann der Zauberei beschuldigte und erstere, um ihr den Prozess machen zu lassen, als Hexe festnehmen ließ[253]. Hexenprozesse wurden zu jener Zeit als durchaus rechtsgültig anerkannt. Die Regierung, die Gerichtsbarkeit und sogar die Universitäten – im Falle der Hirtin die Universität Helmstedt als Gutachterin – fanden an ihnen nichts Verwerfliches[254]. Herzog Heinrich Julius (+1613) ließ alle Personen, die als Hexen und Zauberer bezichtigt wurden, verbrennen, oft mehr als zwölf an einem Tag[255]. Ein solches Schicksal blieb der Dankelshäuserin erspart. Ihr konnte nichts bewiesen werden, so dass Georgs Anklage abschlägig beschieden wurde.

Im Jahre 1641 glaubte Pastor Johann Hesse - seit dem Jahre 1639 bekleidete er als Nachfolger von Lorenz Rackebrand die Pfarrstelle in Dankelshausen - allen Grund zu haben, sich bei dem Superintendenten in Münden über seinen Kirchenpatron Hermann Moritz beschweren zu müssen[256]. Seine vielfachen Vermahnungen wegen dessen nachlässigen Kirchganges habe dieser alle in den Wind geschlagen. In den vergangenen drei Jahren habe er nicht zwanzig Mal das göttliche Wort gehört. Die Betstunden und Wochenpredigten hätten weder er noch sein Gesinde jemals besucht. Weihnachten 1640 habe er ihn von der Kanzel herab mit den folgenden Worten ermahnt: Ihr edlen und anderen von Wellersen, ich kann nicht umhin, euch zu sagen, dass es unrecht ist, so unfleißig in die Kirche zu gehen und wider Christi Wort und Befehl so selten an dem Heiligen Abendmahl teilzunehmen, und dass ihr den Glauben, dessen ihr euch sonst so groß rühmen könnt, mit den Werken des Fleisches tötet. Wollt ihr mich ob dieser Ermahnungen zürnen - wie große und hohe Leute gemeiniglich lieber diejenigen hören, die ihnen Heucheleien predigen als die Wahrheit -, so leide ich nicht daran.

Als Antwort habe er ihm durch zwei Winterknechte, die mit Rohr und Büchsen bewaffnet gewesen seien, einen Brief auf seinem Pfarrhof zugestellt. In ihm habe er seine Sünden, die in der Pfarrei allgemein bekannt seien, *frein höfflich repensiret,* seiner gelästert, zum Teil seine Lehre angegriffen, zum Teil auch seinen Leib und sein Leben, wie er es nicht anders verstehen könne, bedroht: Er werde sich hinfort nicht verhalten, wie es einem *rechtschaffenen Pfarschäfflein gegen seinen Sehlenhirtte gebührt.* Im Gegenteil e*r frage nicht allein gar nichtens nach mir .... Es hatt mich auch negst Gott keiner zu commandiren als hohe landesfürstliche Obrigkeit.*

In seiner früheren Pfarre in Höxter habe er, so fährt Pastor Johann Hesse im folgenden Jahr mit seiner Klage fort, schwer unter den Papisten leiden müssen. Doch wenn er gehofft habe, bei dem wohledlen, gestrengen und festen Hermann Moritz und seinen Untertanen zu Dankelshausen etwas ruhiger zu sitzen als bei seinen eigenen Landsleuten, *so habe er sich sehr geirrt*. Der Grund sei, dass Hermann Moritz *alle zeit ein gantz wüstes Leben geführet*. So habe er ein christliches Soldatenweib zu Wellersen gehabt *und mit selbigem so lange Unzucht getrieben, bis es von ihm mit einer Tochter schwanger geworden*. *Als nun solche Bestie der geburth gar nahe gekommen, da hat sie der von Stockhausen ins dorf geschicket, dass sie darinnen ihre leibesfrucht ablegen, und die 6 wochen halten müssen*.

Und wie der Herr so träten auch seine Untertanen, besonders die in Dankelshausen, in seine Fußstapfen. Sie gingen gar unlustig in die Kirche, wenn in ihrem Dorfe gepredigt werde. Sie hielten ihre Kinder schlecht zur Frömmigkeit an. Für die Ableistung der junkerlichen Frondienste wählten sie die Zeiten des Gottesdienstes: Was fragen wir nach dem Pfaffen, unser Junker ist uns viel lieber als er. Wir wollen in die Kirche gehen, wann es uns passt.

Wenn Kriegsgefahr drohe, sei es bei Tage oder bei Nacht, trieben die groben Leute ihr Vieh aus dem Dorf. Ihn dagegen ließen sie in der Pfarre ungewarnt zurück. Im vergangenen Frühling hätten sie dem Kuhhirten verboten, sein geringes *milches Vieh*, nur zwei Ziegen, mit auf die Weide zu treiben, so dass er sie habe verkaufen müssen. Als danach der Schweinehirt seine *gantz geringen und wenige schweinichen* für zwei Tage mit ausgetrieben habe, da habe ihn das ungehobelte Volk am heiligen Sonntag, als er gerade darüber nachdachte, wie er ihre Seelen öffnen könne, in sein Haus geschickt, damit er ihm zu essen gebe. Als er dieses verweigert habe, hätten sie ihm sein Schweinevieh zurückgetrieben. Er habe es in seine Filial-Dörfer schicken müssen.

Die Leute hätten sich auch gegen ihn verbündet, damit ihm niemand seine Hand böte. Wer in der einen oder anderen Sache ihm behilflich sei, der solle aus der Gemeinde ausgestoßen werden. Schon vor Jahren sei ein Pastor – vermutlich meinte er Lorenz Rackebrand - an diesem Ort nachts von *bösen Buben* überfallen, geschlagen, getrieben und fast zu Tode gebracht worden. Seine Nachbarn hätten dieses für gut gehalten. Es sei ihm nur einer zu Hilfe gekommen.

Da ihm ein Gespräch mit dem von Stockhausen zur Abstellung der ihm ganz unerträglichen Last nicht dienlich erscheine und da dessen und seiner Untertanen *Bitterterhaeß woll nicht geringer* werde, bäte er dringend um die Versetzung auf eine andere Pfarrstelle. Lange sollte er auf die Erfüllung seines gut verständlichen Wunsches nicht warten müssen. Bereits im nächsten Jahr wurde er auf die Pfarrstelle in Dransfeld versetzt.

Nachhaltiger Strukturwandel seit dem Ende des 17. Jahrhunderts

Benutzen wir als Indiz für die Unversehrtheit eines Dorfes die Zahl seiner Bauernstellen vor und nach dem Dreißigjährigen Kriege, so scheinen mit Ausnahme von Mielenhausen alle Bramwald-Dörfer von dem Kriegsgeschehen stark betroffen gewesen zu sein. Bis zum Jahre 1689 ist es den Bramwald-Dörflern, abgesehen von den Ellershäusern, gelungen, ihren während der Kriegszeit zerstörten Höfebestand wieder aufzubauen. Die Bewohner des wenig zerstörten Mielenhausen konnten ihn sogar noch weit übertreffen (vgl. Übersicht 7).

Ende des 17. Jahrhunderts hat in Dankelshausen ein grundlegender wirtschaftlicher und sozialer Entwicklungsprozess eingesetzt, der erst 150 Jahre später seinen Abschluss fand. In dem Zeitraum von 1689 bis 1725 stieg die Zahl der Köterstellen von 15 auf 19 (vgl. Übersicht 8). Die von ihnen bewirtschaftete Ackerfläche verdoppelte sich von 108 (28 Hektar) auf 224 Morgen (56 Hektar). Mit dieser Flächenerweiterung ging eine beträchtliche Aufstockung der einzelbetrieblichen Ackerfläche einher. Verfügten im Jahre 1689 vier Betriebe bzw. 27 Prozent aller Betriebe über eine Bodenfläche von mehr als zehn Morgen je Betrieb, so hatten sich ihre Zahl im Jahre 1725 auf 14 und ihr Anteil auf 74 Prozent verdreifacht.

Die entscheidenden Impulsgeber für die Ausdehnung des Ackerbaues dürften gewesen sein: (1) die starke Zunahme der Bevölkerung - in dem Gebiet des Fürstentums Göttingen stieg sie in dem Zeitraum von 1689 bis 1758 von 26.743 auf 39.280 Personen, also um 47 Prozent[257]; in Dankelshausen von 111 im Jahre 1689 auf 200 im Jahre 1790 und auf 271 Personen im Jahre 1848 (vgl. Übersicht 9); (2) Dankelshausens hohe Bewohnerdichte (vgl. Übersichten 3 und 10[258]); (3) die Unterstützung der Dankelshäuser Grundherren, von Heinrich Moritz und seines Sohnes Adam Christoph, bei der Ansiedlung von Häuslingen und Brinksitzern sowie ihrem Aufstieg zu Kleinkötern und schließlich (4) die günstige, von nur kurzzeitigen Preiseinbrüchen unterbrochene Entwicklung der Getreide- und Gemüsepreise.

Wenn im frühen Mittelalter nach W. Rösener (1991, S. 114) die Anbaufläche je Hof im Durchschnitt etwa drei Hektar oder 11,5 Morgen betrug, von der die bäuerliche Familie etwa zwei Drittel ihres Kalorienbedarfs bestritt, so lag im Jahre 1689 die Flächenausstattung der Mehrzahl der Dankelshäuser Kleinköter um mehr als die Hälfte darunter (vgl. Übersicht 3). Für sie bildete der Bramwald - als Teil des im Mittelalter üblichen landwirtschaftlichen Nutzungssystems von Körnerbau und Waldpflege[259] - eine besonders starke überlebenswichtige Ergänzung der Ackerfläche. Mit durchschnittlich fünf großen, so genannten Speck- und nahezu dreizehn kleinen, so genannten Vaselschweinen je Hof im Jahre 1598 (vgl. Übersicht 4) waren es die Dankelshäuser, die den Bramwald von allen Bramwald-Dörflern am intensivsten zur Schweinemast nutzten.

Wenn in den Mastlisten vom Jahre 1598 das Gut Wellersen noch angegeben wird, später aber nicht mehr, so scheinen dessen Nutzungsrechte auf die Zeit vor dem Jahre 1549 zurückzugehen, als Wellersen noch ein Dorf war. Diese Nutzungsrechte dürften auch noch uneingeschränkt bestanden haben, als die Herren von Bardeleben Besitzer von Wellersen waren. Nach ihrem Verkauf des Gutes mit den explizit genannten Mastrechten im Bramwald im Jahre 1591 dürfte ein Prozess eingesetzt haben, der die Beziehungen des Gutes zum Bramwald als einziges Überbleibsel des ehemaligen Dorfes immer lockerer werden ließ[260]. Dabei scheint es sich um einen Lösungsprozess gehandelt zu haben, der in keiner Weise von <u>Heinrich</u> gewollt war, gegen den er sich sogar mit aller Kraft entgegenzustemmen versuchte, der ihm aber von der Landesherrschaft gleichsam abgenötigt wurde[261].

War auch in den Jahren von 1598 bis 1739 der Schweineeintrieb der Dankelshäuser Bauern in den „Gemeinen Bramwald" um 85 Prozent, zurückgegangen (vgl. Übersichten 11 und 12), so maßen die Dankelshäuser Köter trotz ihrer Flächenaufstockung dem Vieheintrieb nach wie vor eine sehr hohe Bedeutung zu. Im Jahre 1739 umfasste er 70 Stück Rindvieh, 50 Schweine und 300 Schafe[262]. Das waren bei 19 Hofstellen im Jahre 1725 (vgl. Übersicht 8) durchschnittlich 3,7 Stück Rindvieh, 2,6 Schweine und 15,8 Schafe je Hofstelle. Im Durchschnitt aller Bramwald-Dörfer (vgl. Übersicht 12) betrug er 3,2 Stück Rindvieh, 3,0 Schweine und 11,7 Schafe je Hofstelle.

Für die Mitte des 18. Jahrhunderts ist ein Überbesatz der Weidefläche des „Gemeinen Bramwaldes" - insgesamt 1.132 Hektar - durch die nutzungsberechtigten Bramwald-Dörfer in Höhe von 32 Prozent errechnet worden[263]. In den Folgejahren führte der Überbesatz dazu, die Zahl der nutzungsberechtigten Hausstellen (Reihestellen) zu begrenzen. Auffällig sind die Unterschiede zwischen den grundherrschaftlichen und den bäuerlichen Dörfern. Bei ersteren wurde die Reihe noch offen gehalten. Mit anderen Worten, die Zahl der nutzungsberechtigten Hausstellen überstieg die für das Jahr 1785 angegebene Häuserzahl (Übersicht 10). Bei den bäuerlichen Dörfern dagegen hatte die Begrenzung der nutzungsberechtigten Hausstellen eine bis dahin unbekannte Unterscheidung zwischen solchen Reihestellen zur Folge, die zur Bramwaldnutzung berechtigt, und solchen, die hierzu nicht berechtigt waren.

Auch wenn es keine Hinweise darüber gibt, mit Hilfe welcher Kriterien die Zahl der zur Bramwaldnutzung berechtigten Reihestellen begrenzt wurde, so ist nicht auszuschließen, dass neben der Zahl der Hausstellen ein weiteres Kriterium der Umfang der damals noch un- bzw. als Wiesen extensiv genutzten Gemarkungsfläche als potentielle Kulturfläche für neue Bauernstellen gewesen ist. Dieses würde bedeuten, dass in den grundherrschaftlichen Dörfern, wie in Dankelshausen, in der zweiten Hälfte des 18. Jahrhunderts noch ein vergleichsweise großer Teil der Gemarkungsfläche ackerbaulich nicht genutzt wurde. Die im Jahre 1725 bewirtschaftete Ackerfläche betrug 37 Prozent der für das Jahr 1871 angegebenen Ackerfläche der Dankelshäuser Dorfgemarkung[264].

Gewerbliche Nebenerwerbsquellen

Haben wir bisher bei den Gemischtbetrieben - den Betrieben mit weniger als dreizehn Morgen Land - unser Augenmerk ausschließlich auf deren Nebentätigkeit als Tagelöhner bei den Grundherren und den größeren bäuerlichen Betrieben gerichtet, so wollen wir diesen Blickwinkel nunmehr erweitern und auch deren nichtlandwirtschaftliche Erwerbstätigkeiten in unsere Betrachtung einbeziehen.

Die Leineweber, so heißt es in einem Bericht des Amtmannes von Katlenburg aus dem Jahre 1749[265], sind Bauern, die während des Sommers ihrem Ackerbau obliegen und während des Winters, *damit sie nicht müßig seyn mögen, Leinewand machen.* Mit ihrer Verordnung vom 14. Mai 1729 versuchte die Landesregierung ihrer häufigen Bewertung durch die dörfliche Gemeinschaft als *unehrliche* Leute mit aller Kraft entgegenzuwirken: *Die Leineweber sollen für ehrliche Leute gehalten werden, und soll dieselben niemand wegen ihres Handwerks zu schmähen, zu schimpfen und ihnen dergleichen Injuriöses ... vorzureden, bei 50 Thaler fiskalischer Strafe, sich unterfangen*[266].

Für das Jahre 1719 werden in Bühren 58, in Oberscheden 38, in Varlosen 28, in Mielenhausen 20, in Niederscheden 18 und in Ellershausen 9 Leineweber genannt[267]. Bei diesen Angaben fällt auf, dass Dankelshausen unerwähnt bleibt. Auch wenn im Jahre 1664 von den neunzehn Dankelshäuser Familien zwei als Leineweber bezeichnet worden waren [268], so gibt es keinerlei Hinweise dafür, dass es auch in den Folgejahren noch welche gegeben hat.

Als Erklärung fällt mir vor allem der erwähnte Prozess der umfangreichen Inkulturnahme von neuem Land, resp. der ackerbaulichen Nutzung von bisher nur extensiv genutztem Wiesenland ein. Möglich ist, dass die Dankelshäuser mit diesen Arbeiten neben ihren Verpflichtungen als dienstpflichtige Kleinköter und Tagelöhner auch während der Winterzeit völlig ausgelastet waren, so dass sie nicht die Zeit und Kraft hatten, auch noch das sehr arbeitsintensive Leineweben auf sich zu nehmen. Um einen Morgen Flachs zu verarbeiten, wurden insgesamt 266 Arbeitstage benötigt, allein für das Spinnen 225[269].

Im Jahre 1766 wies das Amt Münden darauf hin[270], dass in seinem Amtsbezirk ein jeder nur so viel Flachs anbaue, wie er zur Winterzeit zu Nahrungszwecken und als selbst benötigtes Leinen verarbeiten könne. Eine weitere Beschränkung des Flachsanbaues sei dadurch gegeben, dass er eine stärkere Düngung als die Brache erfordere. Die Folge sei, dass die folgende Winterfrucht nicht ausreichend gedüngt werde, *mithin ein jeder dahin sehen muß, dass er nicht zu viel Düngung zum Flachsanbau verwende und die übrige Länderey nicht ohngedüngt lassen dürfte, welches ihn an früchten mehr schadet, als er durch die Flachsarbeit gewinnen kann.*

Bereits seit den 1820er Jahren hatten sich das Maschinengarn, ausländische Erzeugnisse und vor allem die Baumwolle immer stärker durchgesetzt[271]. Im Jahre 1875 sah sich die preußische Regierung veranlasst, die Schließung von Linnen-Leggen, jene vor hundert Jahren zur Förderung des Linnenexports geschaffene Schauanstalten (Messen), anzuordnen, *sobald ihr Fortbestehen nicht mehr einem Bedürfnis des Verkehrs entspricht*[272]. Ein Jahr später wurde die Mündener Legge mit der in Göttingen vereinigt. Letztere wurde zehn Jahre später aufgelöst[273].

Trotz ihrer gesunkenen Wettbewerbsfähigkeit scheint die Leineweberei für einige Dankelshäuser auch weiterhin eine wichtige Einkommensquelle gewesen zu sein. Die von ihnen angelegten, heute nicht mehr sichtbaren Flachsrotten befanden sich linksseitig der Dankelshäuser Mühle entlang der „Freiflut", des von dem „Mühlengraben" abzweigenden kanalisierten Schedearms. Um das benötigte Schede-Wasser nicht zu verunreinigen, war es ihnen strengstens untersagt, das „Rotten" direkt in der Schede vorzunehmen. Während Zeit des Flachsrottens oblag es dem Besitzer der Dankelshäuser Mühle, Adolf Müller, jeden Sonntag, notfalls auch jeden Mittwoch das benötigte Wasser aus der Schede abzuleiten. In die Flachsrotten, etwa einen halben Meter tiefe, mit Wasser gefüllte Erdgruben, legten sie ihren ausgerauften Flachs, die so genannten Wasserbunde. Durch den Rotteprozess wurde die Bastfaser aus ihrem natürlichen Verbund gelöst und die Gespinstfaser gewonnen. Je nach Wassertemperatur dauerte die Wasserrotte etwa eine Woche oder länger[274]. Die Flachsrotten waren bis zum 1. Juli eines jeden Jahres zu reinigen und für die Wasseraufnahme instand zu setzen[275].

Wenn noch während des Zweiten Weltkrieges selbstgewebtes Leinen in einigen Dankelshäuser Haushalten benutzt wurde, so stammte dieses nicht aus dem „traditionellen", sondern aus dem von der Nazi-Regierung im Jahre 1936 angeordneten Flachsanbau. Dieser Anordnung stand man allgemein sehr ablehnend gegenüber, da *die Rüben- und Flachsbearbeitung in ein und dieselbe Zeit falle. Es sei nicht möglich, die erforderlichen Maßnahmen durchzuführen, solange die Arbeitskräfte fehlten. Es müsse in diesem Falle zwangsläufig der Rüben- und Flachsanbau   darunter leiden*[276].

Eine in den Dörfern übliche Nebenerwerbstätigkeit war das Landhandwerk. In dem bereits erwähnten Bericht des Amtmannes von Katlenburg aus dem Jahre 1749 heißt es, dass für die Landhandwerker die Marktproduktion eher die Ausnahme denn die Regel war. Waren die Grobschmiede nur für die Dorfbewohner tätig, so stellten die Rademacher schon eher eine Reihe von Holzgegenständen her, die für den Verkauf bestimmt waren. Böttcher und Schuhflicker waren fast ausschließlich mit Reparaturarbeiten beschäftigt. Neue Schuhe konnte die Dorfbevölkerung auf den Märkten billiger kaufen. *Unter den Schneidern ist nur einer, der rechtliche Kleidung macht, die andern sind alle Bauren Schneider, die auswerts nicht anbieten, und gleichwol zu thun haben.*

Im Jahre 1689 übten in Bühren von den 55 Gemischtbetrieben knapp die Hälfte eine gewerbliche Nebentätigkeit aus: vierzehn als Leineweber, einer als Rademacher, zwei als Schneider und vier als Müller. Gänzlich anders sah die gewerbliche Nebentätigkeit in Oberscheden aus. Von den elf nebenerwerbstätigen Bauern gehörten nur vier - zwei Müller, ein Schneider und ein Schmied - den Gemischtbetrieben, die übrigen sieben den siebenundzwanzig bäuerlichen Vollerwerbsbetrieben an[277]. Sie boten ganz offensichtlich den übrigen

Gemischtbetrieben ausreichende Tagelohn-Möglichkeiten, um dort das von ihnen benötigte Zubrot zu verdienen.

In den grundherrschaftlichen Bramwald-Dörfern spielte das Landhandwerk eine vergleichsweise untergeordnete Rolle. In Mielenhausen waren im Jahre 1689 von den siebzehn Gemischtbetrieben nur einer als Schreiner und einer als Rademacher, in Ellershausen war lediglich einer als Krüger (Gastwirt) tätig. Hatte in Dankelshausen noch im Jahre 1664[278] von den insgesamt neunzehn Familien einer als Schneider gearbeitet, so übte im Jahre 1689 keine einzige Familie eine gewerbliche Nebentätigkeit mehr aus[279]. In den grundherrschaftlichen Dörfern scheint die Hauptnebenerwerbstätigkeit die eines Tagelöhners auf den jeweiligen Gutshöfen, resp. den größeren bäuerlichen Betrieben gewesen zu sein. Noch im Jahre 1858 bezeichnete Pastor Friedrich Konrad Krohne den größten Teil der Dankelshäuser Gemeindemitglieder als arme Tagelöhner, die nur ein höchst dürftiges Auskommen haben[280].

Für den Umstand, dass sich in Dankelshausen keine mit den bäuerlichen Bramwald-Dörfern vergleichbare Handwerkerkultur herausgebildet hat, dürfte neben der bis zum Ende des 19. Jahrhunderts fortwährenden Kleinköter-Tagelöhner-Gutshof-Beziehung das Handwerker-Privileg des grundherrlichen Adels bestimmend gewesen sein.

Die rechtliche Grundlage des ländlichen Handwerks bis in das 19. Jahrhundert hinein bildete der Paragraph 51 des Gandersheimer Landtagsabschiedes vom 10. Oktober 1601[281], auch wenn er bereits in dem Jahrhundert seiner Verabschiedung kaum eingehalten wurde. Ihm zufolge waren in den Dörfern nur jeweils ein Schmied, ein Rademacher, ein Schuhflicker und ein Bauernschneider erlaubt. In den Dörfern, die im Umkreis von einer halben bis dreiviertel Meile von den Städten entfernt lagen, war überhaupt kein Handwerker gestattet. Mit der althannoverschen Meile wurden unterschiedliche Entfernungen verbunden: 7,4 Kilometern im Jahre 1693 und etwa 9,4 Kilometern oder zwei „Stunden Weges" im Jahre 1765. Welche Entfernung auch immer zugrunde gelegt wurde, die Bramwald-Dörfer lagen innerhalb der „Meilendistanz" der beiden Städte Dransfeld und Münden. Bedeutete die Vorschrift auch kein gänzliches Verbot der ländlichen Handwerker, so ermöglichtete sie es doch den Dransfelder und Mündener Gilden, gegen die von ihnen unerwünschte Konkurrenz in den Dörfern vorzugehen.

Von dem Gandersheimer Landtagsabschied unangetastet blieb das Recht des Adels, Handwerker für den eigenen Bedarf – und wohl auch für den der Bewohner seiner Dörfer -

anzustellen. Mit diesem Privileg wurde den Möglichkeiten der grundherrschaftlichen Dörfler, ihre Existenzgrundlage über die Aufnahme eines nichtlandwirtschaftlichen Nebenerwerbs zu verbreitern, ein nicht ganz unbedeutender Riegel vorgeschoben. Es wurde ihnen eine Schranke gesetzt, die wohl auch für die Nichtentwicklung einer Handwerkerkultur in Dankelshausen verantwortlich zu machen ist.

Die solchermaßen aufgebauten Schranken zwischen den Städten und Dörfern fielen erst mit der Reichsgewerbeordnung vom Jahre 1869. Mit ihr räumte der Gesetzgeber den Dörfern das gleiche Recht wie den Städten zur Ansiedlung von Gewerbebetrieben ein. Das Gesetz scheint Dankelshausen nicht erreicht zu haben. Noch im Jahre 1897 gab es neben dem traditionellen Müller nur zwei Gastwirte und drei Händler[282].

Die ehemalige Dankelshäuser Gutsmühle geht auf die Mitte des 16. Jahrhunderts zurück[283]. Angetrieben wurde sie durch das Wasser der Schede über ein oberschächtiges Wasserschöpfrad. Hatte sich die Schede ehemals in einem verästelten System durch die Wiesen am Rande des „Hainholzes" geschlängelt, so wurde ihr Verlauf im Rahmen der Verkoppelung der Dankelshäuser Feldmark im Jahre 1875 begradigt und unmittelbar an das „Hainholz" verlegt. Mit dieser Maßnahme gelang es, die bis dahin sumpfigen „Schedewiesen" als Weiden und Wiesen intensiver zu nutzen. Dem gleichen Zweck diente der Bau des „Kesselteichgrabens". Dessen laufende Unterhaltung oblag dem Mühlenbesitzer August Müller. Dem Besitzer der an ihn grenzenden Wiesen, dem Pächter des Dankelshäuser Gutshofes, war ausdrücklich auferlegt worden, sein Vieh von den Grabendämmen fernzuhalten.

Am 22. Mai 1910 berichtete Karl Hartig in seiner Funktion als Gemeindevorsteher dem Königlichen Landratsamt[284], dass sich Adolf Müller schon des Öfteren darüber beklagt habe, dass sich der Schedebach längs der stockhausenschen Wiesen in einem sehr schlechten Zustande befände. Der Bach sei mit Weiden bewachsen und stellenweise verschlämmt. Schon bei dem geringsten Hochwasser träte die Schede über ihre Ufer und überschwemme die Wiesen. Insbesondere zerstöre das Wasser *seinen im Damm fließenden Kesselteichgraben, wodurch ihm jedesmahl große Kosten entstünden.* Seine berechtigte Klage aufgreifend, habe er, Karl Hartig, den Pächter Franz Kohl aufgefordert, die Schede bis zum 1. Mai zu räumen und instand zu setzen. Da dieser seiner Aufforderung nicht entsprochen habe, ersuche er das Königliche Landratsamt, den Gutspächter amtlich an seine Pflichten zu gemahnen.

Meinem Großvater, Landrat und Mit- bzw. Eigentümer der Güter Dankelshausen und Wellersen, muß Karl Hartigs Beschwerde sehr unangenehm gewesen sein. In einem Eilbrief ließ er seinen Pächter auffordern, für die beschleunigte Räumung der betroffenen Stellen der Schede Sorge zu tragen. Am 26. Mai ließ dieser ihn wissen, dass die Schede einen Tag zuvor geräumt worden sei. Schien damit der Streit beendet zu sein, so nicht für Adolf Müller. Am 23. Juni teilte Karl Hartig meinem Großvater mit, dass dieser *mit der Räumung des Schedeflusses nicht zufrieden ist. Die Räumung sei zu mangelhaft ausgeführt und an einigen Stellen gar nicht. Er sei gezwungen, eine ordentliche Räumung zu verlangen, da ohnsonst großer Schaden dadurch entstehen könne.* Nun schaltete sich mein Großvater persönlich ein und forderte zwei Tage später seinen Pächter auf, *für die ordnungsgemäße Räumung der betr. Schedebachstrecke zu sorgen.* Fünf Tage später spielte dieser den Beleidigten. Wohl räumte er ein, dass vielleicht ein Zwanzigstel der Strecke nicht geräumt sei, was in den nächsten Tagen nachgeholt werde. Es könne aber von ihm nicht verlangt werden, *dass ich nach des Müllers Pfeife tanze, dessen Ansicht für mich ganz unmaßgeblich ist und der nur darauf ausgeht zu chikaniren.* Doch mein Großvater kannte wohl seinen Gutspächter zu gut, als dass er sich von dessen aufmüpfigen Ton beeindrucken ließ. Bereits am nächsten Tag bestand er persönlich erneut auf die vollständige Räumung der Schede. Vier Tage später wurde ihm der Vollzug gemeldet.

Ob nun die Forderungen des Dankelshäuser Müllers berechtigt waren oder nicht, mit dem Müller eines Dorfes im Streit zu liegen, wenn auch aus völlig anderen Gründen, war nichts Außergewöhnliches. Häufig wurde er als ein Außenseiter der bäuerlichen Gesellschaft angesehen, dem magische Fähigkeiten zugeschrieben wurden. Als *Ausbeuter*, der die Bauern beim Ausmahlen ihres Getreides betrog, war er häufig der Dorfgemeinschaft geradezu verhaßt[285]. In Heinrich Sohnreys Roman *Friedesinchens Lebenslauf* wollen Friedesinchen und ihr Bruder Hanfrieder ihren Weizen zum Backen des Pfingstkuchens noch spät abends mahlen lassen. War auch der Müller bereits *in die Butze gegangen*, so war doch der Mühlbursche Ludwig Hagenfried bereit, ihnen das Korn noch zu mahlen.

Als er ihnen dann das Mehl brachte, hob Hanfrieder den Sack auf und spürte, dass das Mehl noch ebenso schwer war wie vorhin der Weizen. „Ludwig", rief er, „hast du nicht geköpft?" [286]

„Wahrhaftig, das habe ich ganz vergessen!" erwiderte der Mühlbursche in seiner leichtherzigen Art und lachte; „aber", so suchte er Hanfrieder dann zu beruhigen, „der Meister wird seinem Schaden schon wieder nachkommen. Wenn bei ihm zwei Scheffel drei Köpfe geben, kann der dritte Scheffel wohl ganz gut einmal frei sein".

Friedesinchen verursachte der Mühlenkopf keine Gewissensbisse. Ich dachte, glaube ich, genauso wie der Mühlbursche; ich fand in meinem natürlichen Gefühl nichts Böses darin, dass der reiche Müller, der schon so viele Leute betrogen hatte, `mal einen „Kopf" nicht kriegte. Er müsse es ja doch einmal wieder hergeben, wenn er in der Ewigkeit Ruhe haben wolle.

Ähnlich wie Friedesinchen scheint bereits im Jahre 1690 der Dankelshäuser Pastor Heinrich Konrad Schramm gedacht zu haben, als er aus eben ihren Gründen sich gegen den grundherrlichen Mahlzwang auflehnte und sein Korn in Niederscheden mahlen lassen wollte. Doch sein Vorhaben stieß auf den erbitterten Widerstand des damaligen Guts- und Mühlenbesitzers <u>Heinrich Moritz</u>. Am 3. April, so klagte der Pastor bei dem Amt Münden, habe der Junker den Niederschedener Bauermann Jobst Christophel nach Dankelshausen kommen und ihn wissen lassen, dass der Müller in Niederscheden bei fünf Talern Strafe mit seinen Eseln nicht mehr zu ihm, dem Pastor, nach Dankelshausen kommen solle, um sein Malz und Korn abzuholen[287].

Französische Besatzung

Eingeläutet wurde die Besatzung von Georg II. (+1760) in seiner Eigenschaft als König von England durch seine Kriegserklärung an Frankreich am 17. Mai 1756. Hintergrund waren die von den Franzosen unter Druck gesetzten englischen Siedler in Nordamerika. Sein indirekter Verbündeter war der Preußenkönig Friedrich der Große. Als dessen Truppen am 26. August 1756 die sächsische Grenze überschritten, gab es in Hannover keinen Zweifel, dass in Bälde - Georg II. war zugleich Kurfürst von Hannover - mit einem Einmarsch von französischen Truppen zu rechnen sei. Und richtig, am 16. Juni 1757 setzte der französische Marschall d' Estrees bei Höxter über die Weser. Am 9. August besetzte er Hannover, in den folgenden Wochen Hildesheim, Bremen, Verden und Harburg.

Am 10. Juli 1757 zogen französische Truppen, von Hemeln kommend, in Münden ein[288]. Sechs Tage später besetzten sie Göttingen. Bereits kurze Zeit später kam es zwischen ihnen und der Dransfelder Bevölkerung zu einer heftigen Auseinandersetzung[289]. Nach dem Durchzug einer französischen Patrouille hatte der Dransfelder Bürgermeister Johannes Friedrich Mielenhausen die besten Dransfelder Schützen überredet, gemeinsam mit den in die Stadt eingerittenen hannoverschen Husaren die nach Münden abziehenden Franzosen zu verfolgen. Im Gegenzug schickte das französische Kommando einen Trupp Soldaten nach Dransfeld mit dem Auftrag, die Stadt zu plündern und in Brand zu stecken. Doch sie hatten kein Glück. Durch einen geschickten Schuss wurde ihr Anführer tödlich verwundet. Ihr Versuch, die Stadtmauer zu übersteigen, scheiterte. Unverrichteter Dinge zogen sie wieder nach Münden ab.

In dieses Geschehen dürfte die Sage von dem Majorsbrunnen in dem Forst des Gutes Wellersen einzuordnen sein. Ihr zufolge war im Siebenjährigen Krieg eine französische Abteilung auf dem Gutshof einquartiert. Als die Offiziere abends in dem Gutshaus mit dem Gutsherrn, vermutlich mit dem Major <u>Heinrich Ludwig</u>, zusammensaßen, sei es zu einem schweren Streit zwischen ihm und einem französischen Offizier gekommen. Die Auseinandersetzung habe am nächsten Morgen ein Pistolenduell zur Folge gehabt, das zugunsten des Majors ausging. Die Rache der Franzosen fürchtend, soll er sich in der Nähe einer Quelle des Gutswaldes versteckt haben. Hier versorgte ihn sein treuer Diener mit Kleidung und Essen.

Haben wir den Dransfelder Vorfall als eine offensichtliche Provokation des dortigen Bürgermeisters zu bewerten, so sind die uns überlieferten Geschehnisse aus Ober- und Niederscheden die nahezu zwangsläufigen Begleiterscheinungen feindlicher Besatzungstruppen. Im Jahre 1757 *fouragierte man den Einwohnern nicht allein die Früchte im Felde ab, sondern raubte ihnen auch mit Gewalt Schweine, Hühner, Eier, Würste, Schinken, Speck, Leinwand, ja sogar Kleidungsstücke und Barschaften*[290]. In dem Tumult erschlugen die Oberschedener zwei französische Soldaten. Um den Vorfall *scharf* zu untersuchen, ließ der kommandierende französische General die Bauermeister aus Ober- und Niederscheden zu sich in sein Göttinger Quartier kommen. Bei ihrem Ausbleiben drohte er ihnen mit sofortiger militärischer Exekution.

Da die erste Untersuchung kein Ergebnis brachte, wurden einige der Tat verdächtige Oberschedener in Göttingen festgehalten. *Jedoch scheinen etlicher Wein, welcher aus Münden nach Göttingen gesandt wurde, den General umgestimmt und die Freilassung der Gefangenen aus Scheden bewirkt zu haben, denn die Bestechungen verfehlten in damaliger Zeit ihre Wirkung nicht.* Ein bestechlicher General? Oder sollte der General in den Augen des Oberschedener Chronisten aus Gründen seiner Diffamierung bestechlich erscheinen? Für eine solche Verleumdung, wenn sie denn eine gewesen ist, könnte man hohes Verständnis aufbringen. Durch Plünderungen und Erpressungen hatten die Oberschedener bis zum 29. Oktober 1757 einen Schaden in Höhe von insgesamt 1.020 Taler zu beklagen.

Übliche Kriegsbelastungen - keine Plünderungen und Erpressungen - bürdeten die Besatzungstruppen auch schon bald den Dankelshäusern auf. Der ihnen durch die französische Einquartierung zum Stichtag 29. Mai 1758 entstandene Schaden wurde auf 40 und der für Wellersen auf 30 Taler veranschlagt[291]. Von den in Dankelshausen und Wellersen vorhandenen sechs bzw. acht Pferden waren eines bzw. zwei krepiert *und unbrauchbar gemacht worden.* Zwei Monate später hatte das Gericht Imbsen den Franzosen 150 Rationen Heu und 200 Rationen Hafer (6.000 Liter) zu liefern. Auf Dankelshausen entfielen 37,5 Rationen Heu und 50 Rationen Hafer[292].

Gleich nach seinem Einzug in Münden und Göttingen hatte der Marquise de Perreuse der Zivilbevölkerung versichert, dass niemand in seinen Rechten und Geschäften beeinträchtigt werde und seine Truppen die beste Manneszucht halten würden. Hatten auch insbesondere die Oberschedener sein Versprechen als wenig glaubwürdig erfahren müssen, so zeigt doch die aus Niederscheden überlieferte Begebenheit aus dem Jahre 1758, dass es sich bei seinen Zusicherungen nicht nur um leere Versprechungen handelte[293]:

In dem jetzigen Schuchtschen Hause in Niederscheden befand sich eine Schmiede. Der Schmied selbst war durch seine Kraft weit und breit bekannt. Man sagte von ihm, dass er zentnerschwere Ambosse mit Leichtigkeit von einer Stelle zur anderen trug. Bei diesem Schmied hielten sich viele der Rothosen auf, um ihre Pferde beschlagen zu lassen. Der Schmiedemeister selbst war ihnen durch seine gute Arbeit wohl bekannt. Noch besser als diese gefiel den Franzosen die hübsche Meisterin. Jedes Mal, wenn sich Welsche der Schmiede näherten, versteckte der Schmied seine Frau vor ihnen. Die Meisterin konnte sich dieser fremden Ungetüme nicht erwehren.

Der Zufall wollte es nun, dass eines Tages 3 - 4 berittene Franzosen sich unbemerkt dem Hause des Schmiedes näherten. Sie steigen von den Pferden und gehen in die Schmiede, um ihre Pferde neu beschlagen zu lassen. Dann schnüffeln sie, wie es so Franzosenart ist, in dem Wohnhause umher und treffen die Meisterin in der Wohnstube an. Ein großes Gekreisch und Geschrei hebt an, so dass der Schmied eiligst seine Werkstatt verlassen muß, um seiner Frau zu Hilfe zu eilen.

Da er nun gerade eine Eisenstange im Schmiedefeuer liegen hat, reißt er diese hervor und eilt damit zur Wohnstube. Die Franzosen sind ganz verdutzt, anscheinend sind ihnen die Kräfte des Meisters noch nicht bekannt. Indem dieser nun ruft: ‚Ihr verfluchten Mussijohs, schert euch zum Teufel und laßt mir die Madame zufrieden', holt er mit der glühenden Stange aus und schlägt so derb auf den

Tisch, dass das Eisen tief einbrennt. Die Franzosen aber, die da meinten, es ginge ihnen zu Leibe, suchten schleunigst das Weite.

Am Tage darauf kam der französische Kommandant, um sich nach dem Vorfall zu erkundigen. Als er den genauen Sachverhalt erfahren hatte, wurde an Haus und Schmiede eine französische Anordnung befestigt, die jedem französischen Soldaten den Eintritt streng untersagte. So hatte der Schmiedemeister nun endlich Ruhe vor den fremden Eindringlingen.

Anfang des Jahres 1759 befahl Herzog Ferdinand von Braunschweig - Oberbefehlshaber der alliierten Truppen der Fürstentümer Hannover, Hessen, Braunschweig und Schaumburg-Lippe - <u>Heinrich Ludwig</u>, das so bezeichnete Stockhausen-Corps aufzustellen. Es umfasste eine Grenadier- und zwei Schützenkompanien mit einer Gesamtstärke von 402 Mann. Auch wenn Einzelheiten über die rekrutierten Landleute nicht bekannt sind - überwiegend soll es sich um besonders gute Schützen aus den Gegenden des Sollings und des oberen Weserberglandes gehandelt haben -, so kann wohl nicht ausgeschlossen werden, dass auch Dankelshäuser unter ihnen waren. Als jemand, der *selbst unter der Leitung von Generalleutnant von Freytag und Generalmajor von Stockhausen im Jägercorps gedient hatte*, beschreibt G. von Wissel (1784, S. xiv f.) die Aufgabe der leichten Jägercorps als das Salz in der militärischen Suppe. Ihre Aufgabe habe darin bestanden, zur Sicherheit der Armee auf den äußersten Vorposten, den gefährlichsten Orten, zu attackieren und zu patrouillieren und dies mit Mannschaften, die überwiegend aus ungedienten Jägern, Bürgern und Bauern bestanden hätten.

Nach der Schlacht bei Minden am 26. Juli 1759 war es einem Teil der von Herzog Ferdinand geschlagenen französischen Armee gelungen, bei Hess. Oldendorf und Hameln über die Weser zu setzen und sich, von Erbprinz Karl Wilhelm Ferdinand, dem ältesten Sohn von Herzog Karl I. von Braunschweig-Wolfenbüttel, verfolgt, über Einbeck und Moringen bis nach Dransfeld durchzuschlagen. Am 5. August, so Oberstleutnant von Freytag in seinem Bericht an Herzog Ferdinand von Braunschweig[294], hätten er und Oberstleutnant <u>Heinrich Ludwig</u> von Stockhausen bei Polle die Weser überquert. Tags darauf seien sie in die Gegend von Uslar marschiert. Am 7. August seien sie (vermutlich über Bühren und Dankelshausen) in das *Holz bei Scheeden* gezogen. Hier habe er den Befehl erhalten, den Feind aufzuhalten und alle Zufuhr abzuschneiden. Zu diesem Zweck habe er die Wege nach Scheden *verhacken* und die Straße von Göttingen observieren lassen.

Zur damaligen Zeit verlief die Straße von Münden nach Dransfeld noch nicht durch die „Schedener Kurven". Von Münden kommend, führte sie geradewegs vor der ersten Linkskurve – aktuell von dem Kreisverkehr - den „Mittelberg" hinauf. Zu jener Zeit vermutlich noch mit Wald und Hecken bedeckt, dürfte es dieser Hecken-Wald gewesen sein, den von Freytag als *Holz bei Scheeden* bezeichnete und deren von ihm direkt nach Oberscheden führende Wege er *verhacken*, versperren ließ.

In der Nacht vom 8. zum 9. August rückten die Franzosen mit 1.000 Mann in Varlosen und Dransfeld ein. Und am nächsten Morgen gegen 9.00 Uhr begannen sie, von Dransfeld über Oberscheden nach Münden aufzubrechen. Um sie aufzuhalten und dem von Barterode vorrückenden Erbprinzen eine bessere Möglichkeit zum Angriff zu geben, zog sich von Freytag auf die Höhe von Mielenhausen zurück und begann, sie zu *kanonieren*. Zur weiteren Verzögerung befahl er dem Bataillon von Stockhausen, die feindliche Armee mittags um 14.00 Uhr in der Mitte zwischen Wellersen und Dransfeld anzugreifen. Die Attacke zwischen Wellersen und Dransfeld wurde, wie von Freytag in seinem Bericht ausführte, *durch den Obristlieutnant von Stockhausen nebst den Jägern bestmöglichst ausgeführt.*

Am 10.August setzte die französische Armee ihren Abmarsch fort. Über die folgenden Kampfmaßnahmen des Erbprinzen heißt es[295]: Als er die letzten Abteilungen der Franzosen zwischen Wellersen und Oberscheden einholte und sofort angriff, habe General Graf St. Germain die ihm drohende Gefahr rechtzeitig erkannt und in einem nahen Gehölz - vermutlich im Hainholz zwischen Wellersen und Dankelshausen - eine vorteilhafte Stellung eingenommen. *Er ließ sogleich mehrere Batterien, die ... vielleicht auf der nordwestlich von Oberscheden an der Göttingen-Casseler Landstraße gelegenen Höhen ihre Stellung gehabt haben mögen, gegen die anstürmenden Hannoveraner in Tätigkeit treten und sandte ihnen auch seine verfügbaren Brigaden entgegen, die sich mit Entschlossenheit auf den Gegner warfen. Dadurch gelang es dem französischen Heerführer, den Angriff der Hannoveraner, der mehrfach wiederholt wurde, abzuschlagen.*

Auf beiden Seiten wurde so erbittert gekämpft, dass die Oberschedener glaubten, *uns würden alle Häuser abgebrand werden*. Es war sodann die hereinbrechende Dunkelheit, die dem für beide Teile verlustreichen Feuergefecht ein Ende bereitete und den Franzosen den Abzug über Münden nach Witzenhausen ermöglichte. *Das Glück ist uns nicht günstig gewesen*, meldete etwas verlegen der Erbprinz am 12. August seinem Bruder Herzog Ferdinand.

Wenn er die in ihn gesetzten Erwartungen nicht erfüllt habe, so lägen die Gründe in dem Gelände, den guten Maßnahmen und besonders in der *unbegreiflichen Eile (digence inconcevable)* des Gegners. Von den Franzosen in guter Ordnung verlassen, war Münden am Nachmittag des 11. Augusts in der Hand der hannoverschen Truppen.

Mochte auch von Freytag alle Sorgfalt darauf verwandt haben, die Wege von dem „Mittelberg" *zu verhacken,* so war es in den beiden Tagen vor dem Kampfgeschehen doch etlichen Franzosen gelungen, Oberscheden zu plündern. *Weit schlimmer als durch das Gefecht selbst sind die Bewohner Oberschedens aber durch Plünderungen, Verwüstungen, Einquartierungen und sonstige Kriegslasten geschädigt worden. So wurde bei dieser Gelegenheit auch Henricus Schierholz Frau hierselbst über den Kopf gehauen, weil sie den Franzosen kein Geld geben konnte.* Der in Oberscheden von den Franzosen angerichtete Schaden betrug im ganzen 2386,5 Taler[296].

Zwei Jahre, so berichtete im Jahre 1760 der Dransfelder Pastor Baumeister, *sind die Felder verwüstet, demnach habe er keine Pacht gehabt, dazu aber größeste und kostbare Einquartierungen. Eine einzige Exekution, da er dem Obrist Vison habe Wein schaffen sollen, der aber nicht zu kriegen war, habe ihm 50 Taler gekostet. Er habe dem Konsistorium seinen Schaden schon auf 656 Taler angegeben, er gehe aber wohl noch höher*[297]. Zahlreiche Truppenverschiebungen und Kämpfe zwischen dem Bramwald und der Leine um die von den Franzosen besetzten Städte Göttingen und Münden prägten die folgende Zeit[298]. Als die Franzosen am 17. August 1762 endgültig abzogen, ließen sie eine völlig verarmte Bevölkerung zurück.

Belastungen in der Nachkriegszeit

Der Krieg hat viel Leid über die Menschen gebracht. Bei einer Stärke der hannoverschen Truppen von 28.900 Mann im Jahre 1757 ansteigend auf 37.162 Mann im Jahre 1762[299] haben 21.000 Soldaten ihr Leben verloren. Viele der rekrutierten Soldaten, durch Werber in Gasthäusern oder auf den Straßen überredet, oft betrunken *über den Tisch gezogen* - in Oberscheden in den Jahren 1756 bis 1759 insgesamt 76 *junge Burschen*[300] -, wussten nicht, für was und für wen sie eigentlich kämpfen und sterben sollten. Für einen König, der sich vor dem englischen Parlament gebrüstet hatte, in England geboren zu sein und den Namen eines Briten zu führen, und der während des gesamten Krieges in seinem Kurfürstentum Hannover durch Abwesenheit glänzte?

Und aus ihrem Unverständnis zogen sie die Konsequenz und desertierten. Im ersten Kriegsjahr waren es nur wenige – 278 Männer. Doch bereits im Folgejahr stieg ihre Zahl sprunghaft an. Im Jahre 1761 waren es 2.929, etwa acht Prozent der Truppenstärke. Viele von ihnen waren außer Landes geflüchtet. Hatte man sie während des Krieges als kampfwillige Männer stark vermisst, so benötigte man sie nach dem Ende des Krieges als willige Arbeitskräfte fast noch dringender. Und so gewährte ihnen König Georg III. (+1820) aus „huldvoller" Gnade Straffreiheit, um sie auf diese Weise zu bewegen, - u. a. als Brinksitzer - in ihre Heimatdörfer zurückzukehren.

Im Jahre 1781 wurde Heinrich Ludwig im Range eines General-Majors zum Kommandeur des 1. Infanterie-Regiments ernannt. Sein Stab und das 1. Bataillon lagen in Münden, die Quartiere des 2. Bataillons waren auf Dransfeld, Hedemünden, Uslar und Hardegsen verteilt. Auch wenn die Truppenstärke drastisch reduziert worden war, so benötigte man dennoch laufend Ersatz für die aus dem Dienst Ausscheidenden. Mochten die schrecklichen Kriegserinnerungen in vielen Köpfen noch recht frisch sein, oder mochten viele junge Leute, trotz der geschilderten Armut in ihren Dörfern, das Soldatenleben schlichtweg als wenig attraktiv ansehen, in jedem Fall war es nicht einfach, den benötigten Ersatz zu rekrutieren. Und so griff man auf Werbungsmethoden zurück, die denen in den vergangenen Kriegsjahren um keinen Deut nachstanden.

An die Öffentlichkeit drangen sie im Jahre 1785, als die beiden Dankelshäuser Ludwig Teune und Ernst Frohne ihrer Anwerbung nicht hatten Folge leisten wollen. Heinrich Ludwigs Regiment hatte daraufhin bei der „Königlich-Großbritannisch Churfürstlich Braunschweig-Lüneburgischen Kriegskanzlei" Beschwerde eingelegt. Und diese hatte am 13. August das Amt Münden gebeten, die strittige Anwerbung zu untersuchen[301]. Vor das Gericht zu Münden geladen, berichteten die beiden Beschuldigten, dass der Musketier[302] Steinkütte sie auf dem Schüttenhoff in Niederscheden hätte anwerben wollen, sie aber seinen Versuch abgelehnt hätten. Auf dem abendlichen Heimweg seien dann Steinkütte und drei weitere Musketiere aufgetaucht und hätten ihnen Gewalt angetan. Sie *hätten sie ins Holtz auf den sogenannten krausen Buschland im Felde herumgeschleppt, auf die Beine herumgetreten, die Knöpfe von den Röcken abgerissen und endlich gar die Kleider ausgezogen und ihnen ihre Mondinung (Montur, Uniform) angezogen und mit Gewalt zu Soldaten machen wollen, ohngeachtet sie immer erwidert, dass sie nicht Soldaten werden wollten. So sei es einige Stunden gegangen, bis* die Musketiere sie zum Tannenkrug bei Oberscheden gebracht hätten. Dort hätten sie mit ihnen Branntwein trinken müssen. Als Frohnes Vater seinen Sohn nach Hause habe mitnehmen wollen, sei dieser von den Musketieren tätlich angegriffen und in den Bramwald geschleppt worden. Erst gegen Beginn des nächsten Morgen hätten sie von ihm abgelassen.

Die sodann vernommenen Musketiere wollten - gut verständlich - von den gegen sie erhobenen Beschuldigungen nichts wissen. Nach ihrer Darstellung hätten Teune und Frohne nach einiger Bedenkzeit eingewilligt und das Handgeld genommen. Als sie dann zur *Begießung* ihrer Anwerbung im Tannenkrug noch zu einer anderen Wirtschaft hätten gehen wollen, sei ihnen Frohnes Vater begegnet, *welcher zu seinem Sohne gesaget, Junge, Du sollst kein Soldat werden.* Frohne habe dem Wunsch seines Vaters Folge geleistet, seine Montur ausgezogen und sei wieder zu dem Schüttenhoff gegangen. Die Anwerbung habe sich damit erledigt gehabt.

In den 1760er Jahren hatten die starke Bevölkerungszunahme und die stagnierende landwirtschaftliche Arbeitsproduktivität eine riesige Ernährungskrise zur Folge[303]. Im Februar 1766 berichtete das Amt Münden an die Königliche Kanzlei in Hannover[304]: obwohl es nach der allgemeinen Verordnung einer jeden Gemeinde obliege, die *wüst liegende Landerey* unter den Pflug zu nehmen, gebe es unter den vielen guten Ackerleuten auch *ohnverständige faule.* Diese Leute sollten durch die Wegnahme ihrer *Landerey* oder durch ähnliche Maßnahmen auf bessere Gedanken gebracht werden. Auch wenn das Amt solche Maßnahmen in das hohe Ermessen der Kanzlei stelle, so glaube es doch, dass auf diese Weise nicht wenig zu einem guten Landbau beigetragen werden könne. Sechs Jahre später, im Jahre 1772, beschloss die Dankelshäuser Gemeinde mit Zustimmung des Grund- und Gerichtsherren <u>Benedikt Moritz</u>, aus den Flächen *oben auf dem Angerberge* – zwischen dem „Bramwaldsfeld" und dem „Entenpfühle" - *Grabeland zu machen,* sie zur individuellen Ackernutzung aufzuteilen. Die Entscheidung ist vor dem Hintergrund zu bewerten, dass seit der Mitte des 18. Jahrhunderts bis zum Jahre 1871 die Zahl der Hausstellen von 18 auf 43 stiegen und von letzteren 14 oder 33 Prozent über keine Reiheberechtigung verfügten[305].

Insbesondere in den bäuerlichen, aber auch in den grundherrschaftlichen Dörfern dürfte denjenigen Familien, denen mit der Reihestellenbegrenzung die herkömmliche Eichelmast im „Gemeinen Bramwald" untersagt worden war, der Siegeszug der Kartoffel eine große Hilfe gewesen sein. Zunächst im Garten angepflanzt, wurde sie ab den 1760er/1770er Jahren auch auf den Brachfeldern angebaut. *Während bis dahin die besitzlose und landärmste Bevölkerungsschicht der Dörfer im Arbeitsbedarf der bäuerlichen Höfe ihren sicheren Rückhalt suchen mußte,* bot *der Kartoffelanbau die Möglichkeit, schon auf kleinster Fläche, bei geringem absoluten Arbeitsaufwand die anspruchslosesten Nahrungsbedürfnisse zu befriedigen*[306].

Vielen bäuerlichen Familien in den Bramwald-Dörfern war es nicht möglich, allein von der Landwirtschaft zu leben. Sie waren gezwungen, ein Nebengewerbe, eine Nebentätigkeit aufzunehmen, durch die aber, wie das Amt Münden im Jahre 1766 zu berichten wusste, dem Landbau nicht geschadet werde[307]. Nach seiner Aufstellung waren die häufigsten Nebengewerbe in Bühren die Leineweberei und die Tagelohnarbeit. Gleiches traf für Varlosen zu. Vor dem Krieg, so im Jahre 1765 der Varlosener Bürgermeister, habe ein großer Teil der Einwohner von der Leineweberei gelebt. Doch der Krieg habe alle Leute ruiniert. Sie hätten kein Geld, *eine anlage darzu zu machen und ein jeder hat zu thun, dass er sich seiner Noth entwehren kann*[308]. Darüber hinaus verdienten sich solche Bauern, die über ein Pferdegespann verfügten, ein Zubrot durch das Fahren von Frachtwaren von Bursfelde nach Göttingen.

Die wichtigsten Nebentätigkeiten in Ellershausen waren die Tagelohnarbeit, in Mielenhausen und Niederscheden die Leineweberei, die Tagelohnarbeit sowie das Fahren von Frachtwaren von Münden nach Göttingen. Gleiches traf für Oberscheden zu, wobei als Zielorte neben Göttingen noch Northeim, Osterode und Duderstadt genannt wurden. So beschwerlich die Frachtfuhren wegen der zahlreichen, nicht gerade geringen Steigungen der Straße von Münden nach Göttingen schon bei normalem Wetter waren, so sehr bedeutete schlechtes Wetter eine zusätzliche Erschwernis. *Wann der Schedebach bey starken PlatzRegen anläuft, welcher alsdann von Oberscheden bis Münden nicht zu passiren ist, so wird von bemaltem Dorfe der HoltzWeg über den Hermanshagen bis Münden genommen*[309].

Die für die Mehrzahl der Bramwald-Dörfer genannte Tagelohnarbeit findet ihre Erklärung in der von dem Amt Münden im Jahre 1766 beschriebenen Struktur der Landwirtschaft. In allen Dörfern sei man vornehmlich auf den Ackerbau bedacht. Sie trage dazu bei, den Bauern mit weniger Land und weniger Vieh Tagelohnmöglichkeiten insbesondere zur Erntezeit zu verschaffen. Die gute Bodenfruchtbarkeit sei eine Folge der intensiven Viehhaltung[310].

Nicht zuletzt wegen der anhaltenden Dürre, so schrieben im Jahre 1784 die Oberschedener und Mielenhäuser Bauermeister Kleinhans und Flachsbarth im Namen der siebzehn zu dem

Amt Münden gehörigen *Amtsdörfer-Gemeinden*[311], seien das Getreide und der Flachs sehr missraten, hätten sie keine Sommerfrüchte geerntet. Sobald der Klee und das Gras auf den Wiesen nur einigermaßen brauchbar gewesen seien, hätten sie es verfüttern müssen. *Durch die große anhaltende dürre Witterung sind diese zarten Gras-Abschnitte aber fast völlig verdorret und vertrocknet; wir haben also zur Erhaltung unseres Zug-Viehes uns genöthiget gefunden, schon unzeitige Sommer-Früchte von besamten Feldern abzufüttern, die zur Erhaltung unsers Viehes auf den Winter bestimmt war.* Der Mangel an Sommerfrüchten, die größtenteils zur Viehfütterung gebraucht würden, habe die Bauern dazu gezwungen, auch Winterfrüchte zu verfüttern. Und dies umso mehr, weil *das ohnehin schon abgemattete Zug-Vieh durch die fast täglich zu leistenden Chausseedienste - zur Reparatur der Chausseestrecke von Göttingen nach Münden - noch stärker beansprucht werde.*

Die Folge sei gewesen, dass sie kein Getreide zur Bestreitung ihrer nötigen Ausgaben hätten verkaufen können, *zumahl auch der Flachs als ein Produkt, wofür der Landmann Geld noch lösen konnte, auch in dem vorigen Jahre nicht gewachsen ist; mithin so müssen die Menschen, die zum Handdienst verpflichtet sind, durch Tagelohn hier und dort sich durchzuhelfen suchen.* Würden sie nun an denjenigen Tagen zum Chausseedienst verpflichtet werden, die sie als Tagelöhner nutzen könnten, *so würden sie des Tagelohns verlustig werden, welches ihnen bei ihrer drückenden Not unentbehrlich ist.*

Auch hätten sie kein Brotgetreide zum eigenen Verzehr behalten können. *Zu Hause bei den häuslichen Geschäften behilft sich ein jeder von der Milchspeise so sparsam, wie es der eingetretene Nothstand erfordert; hingegen soll der Mensch entfernt arbeiten, so kann er sich mit diesen Nahrungsmitteln nicht behelfen.*

Der größte Teil der Amtseingesessenen habe schon sehr lange Brot einkaufen müssen. Dadurch sei in der hiesigen Gegend ein solcher Mangel an Brotgetreide entstanden, dass der Himbten Roggen auf einen Preis von 1 Taler 9 Mariengroschen gestiegen sei. Der größte Teil der Untertanen habe diesen Preis nicht zahlen können, zumal die Einnahmen aus dem Flachsanbau seit drei Jahren weggefallen seien. Es bestehe also ein allgemeiner Notstand. In der Gegend wäre eine verderbliche Hungersnot eingetreten, wenn die Königlich Churfürstliche Regierung nicht gnädigst erlaubt hätte, seit wenigen Tagen verschiedene hundert Malter Brotkorn gegen einen gewissen Preis aus dem Magazin zu Münden zu verkaufen.

Sollten sie auch bei der anstehenden Ernte zu Fuhrdiensten verpflichtet werden, seien viele Menschen dem Verderben ausgesetzt. *Denn außer der Anfuhr der Steine sollen wir auch zugleich eine beträchtliche Mannschaft stellen; diese können also nicht die Feldarbeit mit Schneiden und Binden verrichten. Und wenn diese verabsäumtet wird, so sind die Unterthanen noch mehr als durch den eingerissenen Brotmangel ruiniert.*

„Also lautet der Beschluss, dass der Mensch was lernen muss"

Einführung der allgemeinen Schulpflicht im Jahre 1650

Das Verdienst der Reformation ist es, die Volksschule ins Leben gerufen zu haben[312]. Doch dann kam der Dreißigjährige Krieg. Nach seinem Ende konnte von einem geordneten Schulwesen nicht mehr die Rede sein. *Wenn es hoch kam, so war im zahlreichsten Dorfe etwa hie und da noch ein Pastor, das Schulhaus war zerfallen, der Schulmeister schon vor zehn Jahren unersetzt geblieben*[313]. Sein Wiederaufbau ist auf das engste mit dem Namen Justus Gesenius verbunden - seit dem Jahre 1642 Generalissimus der hannoverschen Kirche.

Mit Herzog Georgs (+1641) Verordnung vom Jahre 1639 stand die Katechismuslehre im Mittelpunkt der schulischen Ausbildung. Sieben Jahre später ordnete Herzog Christian Ludwig (+1665) an, dass die Eltern *ihre Kinder solang in die Schule gehen und daselbst unterweisen lassen, biß sie ihren Katechismus ziemblich haben verstehen und gedruckte Schrift recht lesen lernen.* Im Sommer, wenn sie wegen der von ihnen zu erledigenden Feldarbeit die Schule nicht besuchen konnten, wurde ihren Eltern auferlegt, ihre Kinder soweit wie irgend möglich sonnabends nachmittags, in jedem Fall aber sonntags vor oder nach dem mittäglichen Gottesdienst eine Stunde zur Wiederholung des im Winter Gelernten in die Schule zu schicken. Vier Jahre später erklärte Herzog Christian Ludwig den Schulbesuch vom 6. bis zum 12. Lebensjahr für obligatorisch.

Auch wenn Schulschwänzer bestraft wurden, so war der Schulbesuch doch nur mäßig. Die von Gerhard Walter Molanus im Jahre 1675 durchgeführte Generalvisitation brachte deren Missachtung ganz ungeschminkt an den Tag. In Varlosen fehlten sechzehn von siebenundvierzig Schulpflichtigen, in Ellershausen sechs von dreizehn. In Dankelshausen, so heißt es in der Beschwerde von Pastor Johann Friedrich Schenk, nimmt *das Versäumnis der heil. Catechismuslehre sehr zu*[314]. Bereits im Jahre 1646 hatte er darüber geklagt, dass es in Dankelshausen um das Wissen der Katechismuslehre nicht zum Besten stehe. Die Schule und die Katechismuslehre würden nicht besucht. Es fehlten ein Schulmeister und ein Küster[315].

Besondere Probleme bescherten ihm die Dankelshäuser Grundherren. Das Versäumnis der Katechismuslehre begründeten deren Hirten und Schäfer mit dem Verstoß ihrer Herrschaften gegen die Verordnung vom 9. Oktober 1650. Nach ihr sollten für diejenigen, *so bei andern Viehe auf der Weide Aufsicht haben müssen, ... die Hausväter eine solche Aufstellung und Wechsel machen, dass zum wenigsten ein um den andern Sonntag angedeutete Viehehüter ... zu der Catechismuslehre sich einstellen* können[316].

Doch es waren nicht nur die Grundherren und die Eltern der schulpflichtigen Kinder, die der Schule keine besondere Aufmerksamkeit schenkten. Auch etliche der zur Schulaufsicht bestellten Pastoren betrachteten die Schule als eine eher lästige Pflicht. Fielen Beerdigungen auf den Sonntagnachmittag, ließen sie die Katechismuslehre einfach ausfallen oder hielten sie nur kurz und schlecht. Dieser Unsitte versuchte im Jahre 1706 Gerard Wolter Molanus, durch sein Gebot einen Riegel vorzuschieben, Leichen grundsätzlich nur an Werktagen zu beerdigen. Als auch diese Anweisung keine Besserung brachte, hielt er es vier Jahre später für erforderlich, durch Strafandrohungen die Pastoren an ihre Pflicht zu gemahnen[317]:

Bereits fünfzig Jahre zuvor hatte Justus Gesenius das tief stehende sittliche Leben der Geistlichen infolge der allgemeinen Verwilderung der Sitten aufs höchste empört: *Gewiß*, so der Generalissimus der hannoverschen Kirche in einem fiktiven Gespräch mit seinem Begleiter Magister Specht, Superintendent in Uslar, während seiner Visitationsreise im Sommer 1646, *viele wollen das Beste, geben Gott die Ehre und ihren Gemeinden ein gutes Vorbild in Leben und Wandel. Aber wie viele Mietlinge sind sie in den Nöten und Wirren dieses endlosen Krieges ins Amt gekommen. So und so viele haben keine Schule besucht, andere sind nicht ordnungsgemäß eingeführt, andere haben sich durch Pfarrschacher ins Amt geschlichen oder sind durch den Patron ohne Prüfung ins Amt gesetzt ... Was Wunder auch, wenn diese keine ordentliche Predigt halten, nicht einmal meine kleine Katechismusschule richtig abhören können! Gott sei's geklagt, der Saufteufel hat sie in Krallen und macht sie zu Wölfen in der Herde*[318].

Ein abschreckendes Beispiel für die damalige Sittenverwilderung ist Anton Buchmeyer[319]. Vor seiner Präsentation im Jahre 1636 auf die Martinpfarre in Dransfeld hatte er sich in seiner Pfarre in Uslar mit den Ratsherren geschlagen. Er war nur im nüchternen Zustande fromm gewesen. Wohl kam er mit Rücksicht auf den Abt von Corvey, der seine Versetzung befürwortete, in das neue Amt. Doch bereits sechs Jahre später wurde er wegen Trunkenheit seines Amtes enthoben[320]. Sein Nachfolger wurde Johann Hesse, der von <u>Hermann Moritz</u> aus Dankelshausen „Davongequälte".

Es waren nicht nur die Pastoren, es war auch und insbesondere der allgemeine Mangel an geeigneten Lehrern, unter dem das dörfliche Schulwesen zu leiden hatte. Durch die Not gezwungen, habe man in der ersten Hälfte des 18. Jahrhunderts, so heißt es[321], auf jeden zurückgreifen müssen, den man habe bekommen, den man nur für einigermaßen fähig habe halten können. *Da sie aber mehrentheils von diesen geringen Diensten nicht leben konnten, so mußte man nicht selten auf Handwerker sein Absehen richten … Am gewöhnlichsten erwählte man … dazu Schneider, deren Lebensart am verträglichsten damit schien.*

In Analogie zu ihrem Präsentationsrecht des Pfarrers nahmen meine Vorfahren auch das Recht in Anspruch, den Lehrer zu bestimmen, ein Recht, das ihnen aber Pastor Apel entschieden absprach. Nach seiner Meinung war die Bestellung des Lehrers eine ausschließliche Angelegenheit des kirchlichen Konsistoriums. Im Jahre 1762, so ließ er den Superintendenten wissen, habe <u>Heinrich Ludwig</u> in dem Streit um den von dem Lehrerseminar Hannover präsentierten 18jährigen Johann Justus Opperman[322] *allerhand unvernünftige Antworten* gegeben: die Kirche wäre sein, das Dorf gehöre ihm, er wolle einen Schulmeister hineinsetzen oder die Kinder sollten nach Oberscheden gehen etc. Wenn dieser glaube, das *ius presentende* zu haben, so habe er ihn wissen lassen, möchte er es nicht mit ihm, sondern mit dem kirchlichen Konsistorium ausmachen. Er, Friedrich Andreas Apel, jedenfalls erkenne keinen anderen Schulmeister an als denjenigen, der von dem hohen Kollegium bestätigt worden sei. Und dieser stünde dann unter ihm, und er wäre es, der ihm seine Pflichten anwiese. Im Übrigen stünde er unter der geistlichen Obrigkeit, und Heinrich Ludwig habe ihm gar nichts zu befehlen.

So heftig der Streit zwischen beiden auch war, die Dankelshäuser Gemeinde betrachtete die Bestellung ihres Lehrers nicht als eine ausschließliche Angelegenheit ihrer „dorfinternen Obrigkeit". Dass auch sie gehört werden wollte, macht das gemeinsame Schreiben von Bauermeister Philipp Christoph Kämmerer sowie der Gemeindevorsteher Johann Stolte und Johann Ludwig Rannenberg an die Inspektion des Königlichen und Kurfürstlichen Konsistoriums im Amt Münden aus dem Jahre 1797[323] deutlich:

Nachdem ihr Schulmeister in Dankelshausen gestorben sei, hätten sie erfahren, dass der Wachtmeister Copsünder aus Mielenhausen sich bei dem Herrn Superintendenten in Münden um die vakante Stelle beworben habe. Die Gemeinde könne nicht umhin, dem Konsistorium zu berichten, dass der Wachtmeister Copsünder ein *Weltmensch* sei, den man selten in der Kirche sieht. Er liebe den Branntwein, habe viele Prozesse und Streitigkeiten mit der Gemeinde gehabt und prügele oft auch seine Frau. Wie könne solch ein Mann den Kindern die guten Tugenden lehren, zumal es in der Heiligen Schrift heißt, die Kinder sollten in der Zucht und Ehrfurcht des Herrn erzogen werden? Der Schulmeister zu Dankelshausen müsse in der Kirche vor vier Gemeinden singen können. Im Krankheitsfalle des Pastors müsse er morgens und nachmittags den Gottesdienst vor vier Gemeinden versehen können.

Wie könne ein solcher Mann Strafen androhen, der selber Gott nicht recht kenne? Der Schulmeister müsse auch im Orgelspiel erfahren sein, da sie in Kürze eine Orgel anzuschaffen gedenken. Copsünder habe weder von dem einen noch von dem andern eine Ahnung. Mit Johann Friedrich Wilhelm Seits, zurzeit Schulmeister in Wahnhausen, der sich ebenfalls um die Schulstelle beworben habe, sei die Gemeinde zufrieden. Sie sähen Hochwürdens Entscheidung entgegen, ihnen einen geschickten Mann zu senden, der singen und die Orgel spielen kann, wenn er ansonsten ein ordentlicher Mann ist, der der Jugend zum Besten ist.

Wie schwer es in dieser Zeit war, einen guten Lehrer zu finden, unterstreicht auch ihr Schreiben vom 16. Februar 1807[324]: In einer Zeit, da die Not die Gemeinde drücke, habe sie das Leid getroffen, dass zu Beginn des vergangenen Jahres der Schullehrer abgegangen sei. Am 14. Februar 1806 habe sie das große Glück eines jungen Schullehrers getroffen. Dieser Lehrer habe lange keinen Tisch kriegen können, bis sich schließlich ein Mann fand, der ihn für vier Wochen in Kost nehmen wollte. Die Gemeinde habe großes Glück gehabt, da ihr Lehrer ein ruhiger, stiller und friedsamer Mann sei. Er unterrichtete Jung und Alt in der Religions-Lehre, besonders gut im Schreiben und Rechnen, dass sich der Herr Pastor mit der ganzen Gemeinde freue. Doch die Freude habe nicht lange gewährt. Es fehlten noch vier Wochen an einem Jahr, da wurde er in die Inspektion Hardegsen versetzt.

Als nunmehr die Schule wieder stille stand, unsere Kinder nichts lernten, rührte der liebe Gott das Herz des Herrn Superintendenten. Er schrieb unserem lieben Pastor Weber, und dieser ließ den Bauermeister holen, um ihm zu sagen, dass er ein Schreiben von dem Herrn Superintendenten bekommen habe. Es gebe einen jungen Menschen namens Friedrich Pflüger, Sohn des Schullehrers aus Ellershausen, der vorübergehend die Kinder unterrichten wolle, bis ein neuer Schullehrer bestimmt sei. Da wurde die Gemeinde zusammengerufen und gefragt, ob sie diesem Schullehrer etwas zu essen geben wolle. Wie sie so manchen

Preußen und Franzosen hätten durchfüttern müssen, so wollten sie ihm das Essen wohl geben. Da der junge Pflüger ein so friedsamer Mensch sei und die Kinder gut unterrichte, möchte die Gemeinde ihn gern behalten. Was ihm an Wissen noch fehle, wolle er im Sommerseminar diesen Jahres noch lernen. Sein Vater habe zugesagt, für seinen Unterhalt zu sorgen, denn er *ist nur eine kleine Stunde von Dankelshausen zu Hause, der kann ihn unterstützen in allem, was das Leben anbetrift, denn es sein schlegte Zeiten vor einen Jungen anfänger.*

Die Diskussion um die Dankelshäuser Schulmeister fiel in die Zeit, als das Kurfürstentum Hannover und damit auch Dankelshausen von wechselvollen Besatzungen betroffen wurden. Am 22. März 1792 hatten Preußen und Österreich Napoleon den Krieg erklärt. Noch in dem gleichen Monat wurden in Dankelshausen drei Landsoldaten einquartiert. Für die Zeit von Juni 1792 bis Juli 1801 berichtet das Gemeinde- Rechnungsbuch[325] von wiederholten monatlichen Einquartierungen eines Dragoners, für den die Gemeinde ein „Grasgeld" im Werte von jeweils 3 bis 5 Taler zu bezahlen hatte.

Als Anfang des Jahres 1803 die Besatzung des Kurfürstentums Hannover durch Napoleon drohte, erließen am 21. Mai die Geheimen Räte in Hannover die Anweisung an das Amt Münden[326], 320 Mann *sofort zum würklichen Dienst* einzuberufen. Von den Bramwald-Dörfern hatten Ellershausen und Mielenhausen je 7, Bühren und Oberscheden je 18, Varlosen 14, und Niederscheden 11 Männer zu stellen. In der Aufstellung nicht enthalten ist Dankelshausen. Dem geschlossenen Untergericht Imbsen zugehörig, fiel es nicht in die Zuständigkeit des Amtes Münden.

Am 9. November 1806 rückten die Truppen Napoleons in das Kurfürstentum Hannover ein. Knapp ein Jahr später, am 16. Oktober, wurde dem Untergericht Imbsen und dem ihm zugehörigen Gerichtsdorf Dankelshausen aufgegeben, zehn vierspännige Wagen mit Pferden und zehn aufgeschirrte Vorspannpferde zu stellen. Bei Vermeidung strenger Strafen sollten sich deren Fuhrmänner mit dreitägiger Verpflegung um 6 Uhr in Münden auf dem Kasernen-Platz einstellen[327]. Vier Tage später hatte das Gericht nochmals sechs vierspännige Wagen mit Pferden und sechzehn aufgeschirrte Vorspannpferde zu stellen. Und 14 Tage später erhielt es die Aufforderung, zwölf vierspännige Wagen für die aus Münden abmarschierenden französischen Truppen bereitzuhalten. Sie wurden von einer in Dankelshausen stationierten Kommission zusammengestellt. Es scheint, dass die erneute Aufforderung mit den verfügbaren Pferden nicht mehr bewältigt werden konnte. Denn statt Pferde, so hieß es, könnten auch Ochsen gestellt werden, wobei zwei Ochsen einem Pferd gleichgesetzt wurden. Vier Bauern stellten je zwei und einer vier Ochsen. Alle drei Anforderungen zusammengerechnet, hatte das Untergericht Imbsen einschließlich Dankelshausen 30 Wagen, 114 Vorspannpferde und 32 Ochsen zu stellen.

So detailliert in dem Rechnungsbuch die Kosten der Besatzung für Einquartierungen und „Kriegerfuhren" aufgelistet wurden, so wenig lesen wir darüber, dass sie der Gemeinde von den Preußen und Franzosen entgolten wurden. Zwar werden wiederholt Ausgaben in Anschlag gebracht, die dem Bauermeister für seine Fahrten nach Adelebsen und Dransfeld erstattet wurden, um Geld zu holen. Doch über Geldbeträge, die er tatsächlich nach Hause gebracht hat, schweigt sich das Rechnungsbuch aus.

Gut möglich, dass es den Dankelshäusern ähnlich erging wie den Gemeinden Barterode, Güntersen und Eberhausen. Noch im Jahre 1831 beklagten sich deren Bauermeister, dass ihre Gemeinden für die im Jahre 1805 bei dem Abmarsch der Franzosen erlittenen Pferdeverluste noch bedeutende Entschädigungen zu fordern hätten. In den Kriegsjahren von 1803 bis 1815 hätten sie durch die vielen Durchmärsche und Einquartierungen so stark gelitten, dass so mancher Hof in Schulden geraten sei und habe verkauft werden müssen[328].

Mit ihrem liebevollen Bemühen um ihren Lehrer Friedrich Pflüger bildeten die Dankelshäuser eine rühmliche Ausnahme. Häufig mussten sich die Lehrer ihren Unterhalt oder zumindest einen Teil durch Feldarbeit verdienen. Verfügten sie über kein eigenes oder gepachtetes Land, so hatten sie sich im Sommer als Tagelöhner zu verdingen. *Wenn dann die Winterschule wieder anfing, waren Lehrer sowohl als Kinder gewöhnlich in ihren Kenntnissen gleich weit zurückgekommen*[329]. Um den Rückstand möglichst schnell aufzuholen, hatte die Kirchenordnung von Herzog Julius (+1589) den Lehrern eine von ihnen anzuwendende spezielle Pädagogik mit auf den Weg gegeben[330]: d*a glimpfliche Worte nicht verfänglich und ersprießlich, mögen sie mit den Ruthen strafen, diese in gebührliche Weise gebrauchen.* Dabei sollten sie aber *alle ungebührlichen Streiche, als zu dem Haupt, auf die Nasen, oder Backen schlagen, in die Ohren fetzen, oder dieselben umdrehen, bei den Haaren ziehen oder rauffen, Tholle geben, oder anders dergleichen gänzlich vermeiden.*

So überholt diese Pädagogik heute erscheint, sie hat sich erstaunlich lange gehalten. Heinrich Sohnrey, Jahrgang 1859, schreibt in seiner Autobiographie *Zwischen Dorn und Korn* über seine Schulzeit in Jühnde:

Mein Heimatort zählte an 700 Einwohner und hatte nur eine einklassige Schule mit einem Lehrer. Da begreift man schon, dass es dem „Schulmeister" nicht wohl sein konnte, wenn er sich in der Schule befand. Er ließ es gehen, wie es gehen wollte, und war zeitweise mehr draußen als drinnen, zumal da er eine ziemlich ausgedehnte Landwirtschaft betrieb und zwei Kühe hatte, für die er das Futter gewöhnlich auf Kopf und Rücken aus dem Felde holte. Derweil saß die aus vornehmem Hause stammende Frau hochmütig und lieblos, vielleicht mit einer Handarbeit beschäftigt, am Fenster und kniff die Lippen ein. War der Tumult in der Schule aufs höchste gestiegen, so erfolgte von Zeit zu Zeit ein drohender Schlag gegen die Tür, ob von ihm oder von ihr, das war nie festzustellen. Befand sich aber der arme Mann in der Schule, so stand er gern am Fenster, in dessen Ecke eine Anzahl schlanker Haselruten lehnte, und sah sehnsüchtig nach der Turmuhr hinauf. In regelmäßigen Zwischenräumen schrie er gewöhnlich sein „Ruhe!" zwischen die Unmasse lärmender Kinder. Für einen Augenblick war es dann still, aber eben nur für einen Augenblick, denn bald fing da und dort ein Geflüster, ein Gekicher, ein Gequake an, das sich im Umsehen wieder zu einem allgemeinen Lärm entwickelte...

Und doch - einen Schatz danke ich meiner Heimatschule, über dessen Kostbarkeit ich nicht genug reden kann: meine Heimatschule lehrte mich lesen, wenn auch auf dem holprigen Wege des Buchstabierens und mit Zuhilfenahme der langen Haselpeitschen. Wir standen mit unsrer Fibel ... in großem, dichtgedrängtem Kreise um den Lehrertisch herum, tasteten mühsam und in steter Angst vor der hinter uns wippenden Peitsche von einem Buchstaben zum andern, schielten, wenn wir den Anschluß versäumt hatten, verstohlen nach links und rechts zum Nachbarfinger, grölten in langgehaltenem Tone: pe - a = pa, pe - e = pe, pe - i = pi und heulten dazwischen jämmerlich auf, wenn ein Peitschenhieb über die Schulter oder unter den blauen Kittel unsre Empfindlichkeit an nicht gut geflickter Stelle allzu heftig traf....

Die Gemeinde ... war duldsam, einmal weil „use Schulmester" trotz allem in gutem Ansehen stand und man wegen seines familiären Mißgeschicks Mitleid mit ihm hatte, und dann wohl auch, weil man damals auf das Lernen der Kinder noch kein sonderliches Gewicht legte. Jedenfalls ist meines Wissens nie eine Klage gegen den Vielgeplagten an die zuständige Stelle gelangt. Die Ortsgeistlichen, denen die Ortsschulaufsicht oblag, drückten offenbar beide Augen zu.

Und von denen, die hundert Jahre später, in den ersten Jahren nach dem Ende des Zweiten Weltkrieges, in Dankelshausen das „Vergnügen" hatten, bei Heinrich Rode – er waltete von April 1937 bis März 1951 seines Amtes - das Lesen, Schreiben, Rechnen und Singen zu lernen, wird so mancher noch viele Jahre später sich seines *Rutengebrauchs* mit einem leichten Gruseln erinnern. Bereits im Jahre 1874 hatte J. K. F. Schlegel (1824, S. 50) geschrieben: *Wenn aber auch körperliche Strafen bei den Schulkindern nicht gänzlich zu vermeiden sind, so wird doch ein gebildeter Schullehrer, zu malen in Schulen gemischten Geschlechts* – wie in Dankelshausen - *sich derjenigen Strafen enthalten, welche Anstand und Sittlichkeit beleidigen können.* Ob Heinrich Rode diese Worte jemals gelesen hat?

Seit wann gibt es in Dankelshausen eine Schule?

*Die Schule hieselbst ist vor etwa hundert Jahren gegründet ... Bis dahin besuchten die Kinder aus den... 4 Gemeinden, Ober- und Niedersche*den, Mielenhausen, Dankelshausen, *gemeinsam die* Oberschedener *Schule, weil in den anderen 3 Gemeinden noch keine Schulen vorhanden waren*[331]. In Dankelshausen soll es bis zum Jahre 1738 keine Schule gegeben haben[332]. Sechzig Jahre später begründete der Pfarr-Adjunktus H. Quentin[333] die neuen Schulen mit der *Volksvermehrung in den kleinen Orten. Der vergrößerte Ausbau der Dorfschaften* brachte *nun auch in den Gemüthern der Einwohner den Wunsch hervor, ihre eigene Schule und Schullehrer zu haben. Es hatte keine Schwierigkeit, höheren Orts die Erlaubnis hierzu zu erhalten.*

In dem Zeitraum von 1689 bis 1790 war die Zahl der Einwohner von Dankelshausen um 80, von Mielenhausen um 50, von Oberscheden um 43 und von Niederscheden um 110 Prozent gestiegen. Im Jahre 1790 wird sie in Dankelshausen mit 200, in Mielenhausen mit 200 Personen, in Oberscheden mit 500 und in Niederscheden mit 300 angegeben (vgl. Übersicht 9).

In dem gleichen Jahr betrug die Zahl der Schulkinder insgesamt 207, in Dankelshausen 29, in Oberscheden 78, in Niederscheden 62 und in Mielenhausen 38[334]. Fünfundvierzig Jahre später, im Jahre 1835, belief sie sich auf insgesamt 295, in Dankelshausen auf 40, in Oberscheden auf 110, in Niederscheden auf 85 und in Mielenhausen auf 60[335].

Wenn das Jahr 1738 als das Ende der „schulhauslosen" Zeit in Dankelshausen bezeichnet wird, so bleibt die Frage, ob es davor wirklich keine Schule gegeben hat[336]. Im Jahre 1646 gab es, wie wir bereits von Pastor Johann Friedrich Schenk gehört haben, wohl ein Schule, aber keinen Lehrer. Elf Jahre später wird der Schulmeister Hans Meise erwähnt. Im Jahre 1662 war die Schulstelle in Dankelshausen vakant. Der Grund scheint gewesen zu sein, dass dem ausgewählten Kandidaten ein Bein hatte abgenommen werden müssen[337]. Im Jahre 1681 wird Jost Santen als Dankelshäuser Schulmeister genannt. Dreiundfünfzig Jahre später wird von einem Schulmeister Tolle gesprochen. Wie sind diese auf den ersten Blick so widersprüchlichen Angaben miteinander zu vereinbaren?

Angesichts der Aufgabe der Pastoren, die Schule zu beaufsichtigen, hätte es eigentlich nahe gelegen, dass der Lehrer, wenn es denn für alle vier Gemeinden nur einen gab, in Dankelshausen unterrichtet hätte. Doch der Schulmeister war nicht nur Lehrer, er war zugleich auch

Küster. Auserkoren für das Küsteramt der beiden Kirchen in Dankelshausen und Oberscheden war der Oberschedener Schulmeister. Letzter Oberschedener Schulmeister, der das Doppelamt von 1750 bis 1790 innehatte, war Johann Friedrich Ude. Von ihm heißt es[338]: *Er muß den damaligen Verhältnissen entsprechend wohlhabend gewesen sein, denn er besaß hier ein eigenes Haus, das er wegen des schon baufälligen Zustandes des damaligen Schulhauses bewohnte und dafür von der Gemeinde eine Mietentschädigung erhielt.*

Im Gegensatz zu den Lehrern in Niederscheden, Mielenhausen und Dankelshausen war er der einzige, der ein Schulseminar besucht hatte. Möglich, wenn auch nicht zu belegen ist, dass der „Glanz" der Oberschedener Lehrer als gleichzeitige Küster die anderen Lehrer so stark überstrahlte, dass sie zuweilen gar nicht zur Kenntnis genommen wurden.

Auch wenn die Oberschedener im Jahre 1738 nichts dagegen hatten, dass die bisherigen „Gastgemeinden" eigene Schulen haben sollten, so bestanden sie doch darauf, dass diese sich *auch fernerhin zum Bau und zur Verbesserung des Schulgebäudes zu Oberscheden verbindlich halten sollten. Da sich nun die drei anderen Gemeinden ... weigerten, die Kosten zum Wiederaufbau zu bezahlen, entstand* im Jahre 1788 *ein weitläufiger Proceß darüber, welcher vom Königl. Oberappellationsgerichte zu Celle auf dem Grund eines Vergleichs ... dahin entschieden wurde, dass die genannten drei Gemeinden nicht allein die Hälfte der Kosten des Aufbaues der Schule, sondern auch die Proceßkosten der Gemeinde Oberscheden zu erstatten hätten*[339].

Das Urteil traf die Gemeinden bis ins Mark. In den Folgejahren werden in den Dankelshäuser Gemeinde-Rechnungsbüchern immer wieder Ausgaben *wegen des Oberschedischen Schul-Prozesses aufgeführt*[340]. Es sollte erst die Kirchenvisitation im Jahre 1854 sein, die zu einer einvernehmlichen Regelung führte. Jede der drei Gemeinden sollte der Gemeinde Oberscheden eine Ablösungssumme von 50 Talern zahlen. *Das Geld ist dann auch bald darauf gezahlt worden.*

Der Streit um das Küsteramt

Nach dem Tode von Johann Friedrich Ude entschied das Landeskonsistorium im Oktober 1790, dass der Schullehrer zu Oberscheden nur noch Küster der Oberschedener „mater combinata" sein sollte. Das Küsteramt bei der Mutterkirche in Dankelshausen sollte unter den drei Lehrern in Dankelshausen, Niederscheden und Mielenhausen aufgeteilt werden.

Als Gegenleistung mögen sie *dafür die aus ihren Ortschaften vorher dem Schulmeister zu Oberscheden entrichteten Opferkorns, Gefälle und Accidentien erheben*[341].

Aus der Sicht der Oberschedener gut verständlich, dass ihnen die Entscheidung alles andere als gefiel. Und so legten sie im folgenden Jahr Widerspruch ein[342]: Als die Gemeinde Niederscheden im Jahre 1743 mit Zustimmung des Königlichen und Kurfürstlichen Konsistoriums einen eigenen Schulmeister angestellt habe, sei mit ihr ausdrücklich vereinbart worden, dass *dem alten Herkommen gemäs* das Opferkorn, die Gefälle und Accidentien bei dem Schulmeister in Oberscheden bleiben sollten. Der Bestellung eines Schulmeisters in Niederscheden hätten sie nur zugestimmt, wenn dieser auch aus Niederschedener Mitteln bezahlt würde. Gleiches gelte für die Gemeinden Mielenhausen und Dankelshausen.

Die Notwendigkeit der im Jahre 1743 erzielten Verständigung werde auch daran deutlich, dass der derzeitige Schulmeister in Oberscheden hundert und mehr Kinder zu unterrichten habe. *Außer der hierzu erforderlichen Geschicklichkeit* müsse er im Orgelspiel wohl bewandert, ein guter Sänger und im Falle der Verhinderung des Pastors in der Lage sein, zu katechisieren und eine Predigt vorzulesen. Angesichts dieser vielfältigen Aufgaben sei ihnen sehr daran gelegen, alles beim Alten zu lassen. Anderenfalls sei zu befürchten, dass sich qualifizierte Leute zu einem dergleichen mühsamen Schuldienst nicht bequemen würden. Wenn dieser aber mit einem reichlichen Auskommen verknüpft sei, dann seien sie in der Lage, von den Kandidaten die geschicktesten auszuwählen und großen Nutzen zu erreichen.

Schließlich sei noch darauf hinzuweisen, dass die Gemeinden Niederscheden, Mielenhausen und Dankelshausen jeden zweiten Sonntag die Oberschedener Kirche besuchten, wo der hiesige Schulmeister alle erforderlichen Schulmeister- und Küsterdienste verrichte. Vor diesem Hintergrund könnten die Schulmeister der drei anderen Gemeinden die Schulmeister- und Küsterdienste gar nicht übernehmen. Für die Oberschedener war ihr *Lehrer*, so scheint es[343], *nicht zugleich Küster, sondern* ihr *Küster war zugleich Lehrer*. Und das sollte, wenn es nach ihnen ging, auch so bleiben.

Aus einer etwas anderen Perspektive betrachtete Pastor Johann D. Quentin[344] die umstrittene Küsterfrage. So vorteilhaft die Entscheidung des Königlichen Konsistoriums für die Schulmeister der kleinen Orte erscheine und sie auch wirklich sei, so nachteilig sei sie aber für den öffentlichen Gottesdienst. Es könne kein Gesang mehr melodisch gesungen werden. Der Schulmeister zu Dankelshausen könne gar nicht singen. Der zu Mielenhausen sänge nur nach Gehör. Lediglich der zu Niederscheden sei einigermaßen musikalisch. Die Folge sei, dass sich der Gesang ändere, wenn ein anderer Schulmeister als Küster seinen Dienst verrichte. *Ja, mit Wahrheit muß ich bekennen, dass es mir zuweilen für mein Gefühl höchst unangenehm sey, wenn der Inhalt der besten Gesänge durch ein elendes unmenschliches Geschrei verhunzt wird.* In der Andacht könne nichts das Herz zu Gott mehr erheben, den Gottesdienst reizender machen als ein erbaulicher und rührender Gesang, *wann er ordentlich und wohl gesungen wird.*

Wenn in die neue und wirklich schöne Kirche in Dankelshausen eine Orgel eingebaut werde, was doch höchst wahrscheinlich sei, wer solle sie spielen? Der Schulmeister in Dankelshausen habe gar keine Kenntnis von Musik, der zu Mielenhausen auch nicht. Nur der in Niederscheden sei etwas musikalisch. Weit zweckmäßiger und angemessener wäre es, wenn auch Dankelshausen seinen eigenen Küster hätte und die Schulmeister zu Niederscheden und Mielenhausen in den Stand bloßer Schullehrer versetzt würden. Da eine solche „Zweierlösung" erst nach dem Abgang des Dankelshäuser Schullehrers möglich sei, solle bis dahin der Schulmeister zu Oberscheden der Küster des Kirchspiels bleiben; die anderen seien nur *Schulhalter*.

Handelte es sich bei dem umstrittenen Küsteramt vor allem um eine Prestigefrage der Oberschedener, so hatte der Streit auch sehr wohl eine finanzielle Dimension. Im Jahre 1797 betrug das Jahreseinkommen des Dankelshäuser Schullehrers Schierholz 34 Taler 12 Mariengroschen. Einnahmen aus dem Küsterdienst werden nicht genannt. Vierzig Jahre später wurde offenbar, dass sich für den Dankelshäuser Lehrer der Kampf um das Amt des Organisten und Küsters gelohnt hatte.

Im Jahre 1833 betrug das Einkommen von Johann Heinrich Friedrich Utermöhlen,[345]:

	Taler	Mariengroschen	Pfennige
1. Bargeld			
- Schulgeld für 40 Schüler	33	8	-
- Schulgeld der Schüler der Judistenschule	8	21	4
- als Organist	15	-	-
- für Singen in der Betstunde, Uhrstellen	4	6	2
2. Accidentien (Taufen, Beerdigungen, sonstige)	-	13	4
3. Naturalien (Holz, Frucht, Landnutzung, Huth und Weide)	21	3	-
4. Gesamt	82	15	10

25 Prozent seines gesamten Einkommens – das Schulgeld der jüdischen Schüler nicht mitgerechnet - entfielen auf seine Tätigkeit als Küster und Organist. Für sein Entgelt als Küster hatte er sonntags und bei *etlichen Leichen* im Ort, bei Taufen, Trauungen und Betstunden zu singen. Er hatte die Uhr zu stellen und zu läuten. Als Organist hatte er beim Gottesdienst die Orgel zu spielen[346].

So gewichtig für ihn auch das jährliche Schulgeld war, so schwer belastete es die Eltern, überwiegend arme Tagelöhner, die *nur ein höchst dürftiges Auskommen* haben, wie sie im Jahre 1858 Pastor Friedrich Konrad Krohne beschrieb. Im Jahre 1857 betrug es 20 Groschen 6 Pfennige, zwei Jahre später 25 Groschen 6 Pfennige je Kind, etwa den Wert von einem Himbten (31,15 Liter) Roggen, im Jahre 1876   3 Mark[347]. Anders als Pastor Krohne schätzte der Dankelshäuser Lehrer Georg Ludwig Elbrecht im gleichen Jahr die wirtschaftliche Lage der Dankelshäuser ein. Eine Erhöhung des Schulgeldes - eine seiner wichtigsten Einkommensquellen - hielt er für unbedenklich, da die Einwohner der Gemeinde *des Sommers fast beständig ihren Tagelohn auf den genannten beiden Stockhausenschen Gütern* Dankelshausen und Wellersen *haben können*[348].

Mochte auch das Entgelt des Dankelshäuser Lehrers im Vergleich zu dem des Pfarrers gestiegen sein - in den 1790er Jahren hatte das Verhältnis der Entgelte des Pfarrers und Lehrers noch 13,8: 1 betragen; in den 1830er Jahren war es auf 8,1:1 gesunken -, absolut blieb es weiterhin sehr niedrig. Im Jahre 1844 schrieb Johann Heinrich Friedrich Utermöhlen im Rückblick auf seine Zeit als Dankelshäuser Schullehrer[349]: *Bei der spärlichen Einnahme dieses kleinen Schuldienstes hatte ich eine Reihe von 22 Jahren unter manchen Sorgen und Mühseligkeiten nur ein sehr kümmerliches Auskommen, bis die Stelle im Jahre 1836 durch das Vermächtnis des weiland Pastors Weber um etwas verbessert wurde. Aber auch jetzt ist die Einnahme nicht von der Art, dass ich dabei für das Wohl meiner Kinder sorgen könnte.... Den größten und besten Theil meines Lebens habe ich hier in Dankelshausen ... bei sehr geringem Diensteinkommen hinbringen müssen und wünsche nunmehr sehnlich, dass ich bei erster Gelegenheit verbessert werden möchte.*

Zu der Unzufriedenheit mit der wirtschaftlichen Lage, wie sie Johann Heinrich Friedrich Utermöhlen äußerte, kam noch die geringe gesellschaftliche Wertschätzung der Lehrer. So war es nicht zuletzt das Konsistorium, das ihnen trotz ihrer zahlreichen kirchlichen Amtspflichten die ihnen zustehende Anerkennung verweigerte. Zwar war der Schullehrer ein wichtiges Mitglied der häufig einen ganzen Tag beanspruchenden Kirchenvisitationen, doch an dem *gemütlichen Teil*, dem gemeinsamen Essen, durfte er nicht teilnehmen. Hierfür sorgte eine gesonderte Verordnung des Konsistoriums. Nach ihr sollten nicht nur die Küster, Organisten und Fuhrleute, sondern auch die Schulmeister, *wann deren Anwesenheit bei den Visitations-Geschäften nicht weiter erfordert wird, sofort von da weg- und auseinandergehen.*

Später ist ihre „Diskriminierung" aufgehoben worden. Auch wenn zu der Visitationsmahlzeit im Dankelshäuser Pfarrhaus am 14. September 1890 alle Lehrer aus den vier Gemeinden geladen worden waren, so dürfte dem Dankelshäuser Lehrer Pinkepank seine persönliche Aufwertung nur eine geringe Freude bereitet haben. Wegen Bettlägerigkeit konnte er an ihr nicht teilnehmen[350].

Die Synagogengemeinde Dankelshausen, Oberscheden, Mielenhausen

Die ersten Juden in Dankelshausen Anfang des 18. Jahrhunderts

Am 17. Februar 1708, zu einer Zeit, als die im Dreißigjährigen Krieg zerstörten Gehöfte in den Bramwald-Dörfern wieder aufgebaut worden waren, schrieb das Amt Münden an das Gericht Dankelshausen und Wellersen[351]: man habe wahrgenommen, dass eine Rotte von so genannten Zigeunern oder Tatern[352] im hiesigen Amte hin und wieder und besonders in Oberscheden, Varlosen und Bühren umherstreiche. Was sie mit Betteln nicht erlangen könnten, brächten sie mit Stehlen an sich. Zur Nachtzeit nähmen sie ihren Aufenthalt bevorzugt in Wellersen und Dankelshausen. Sie würden dort auch aufgenommen und geduldet. Dabei sei sämtlichen Dorfschaften bei Strafe untersagt worden, das verbotene Gesindel in den Dörfern und innerhalb von deren Grenzen zu dulden und ihm das Geringste zu ihrem Aufenthalt zu verabfolgen. Es sei ohne Verzug wegzuschaffen und wegzutreiben. Im Falle von einzelnen Personen seien diese in Arrest zu nehmen und zur Bestrafung unverzüglich an das Amt abzuliefern.

Waren die so bezeichneten Zigeuner wirklich Zigeuner oder waren es vielleicht Juden, Betteljuden, die ohne landesherrliche Erlaubnis von Wilhelm Christoph und Heinrich Moritz in ihrem Gerichtsbezirk nicht nur geduldet, sondern sogar geschätzt wurden? Im Jahre 1822 wird in einer Publikation über Gauner- und Vagabundengesindel ganz ungeschminkt von jüdischem Gaunergesindel[353] und in dem Schutzbrief für Samuel Mentel aus Dankelshausen vom 22. Januar 1806 von *sich versteckenden fremden Bettel- und andern Juden*[354] gesprochen.

Wenn es nach Ansicht von einigen Dankelshäusern die Herren von Adelebsen gewesen sind, die die Juden in ihr Dorf „gebracht" hätten, so habe ich keine Unterlagen gefunden, die dieses bestätigen. Dagegen bekannt ist, dass im Jahre 1737 die Inhaber des adligen Gerichts Adelebsen von der Justizkanzlei zu Hannover angewiesen wurden, die in ihrem Gerichtsbezirk ansässigen und „unvergeleiteten" (mit keinem Schutzbrief ausgestatteten) Juden binnen sechs Wochen auszuweisen[355]. Wir können nicht ausschließen, dass einige von ihnen nach Dankelshausen zu Adam Christoph gegangen sind.

Mit der Erteilung von Schutzbriefen wurde den solchermaßen „vergeleiteten" Juden eine Aufenthaltsgenehmigung in dem von dem Aussteller bezeichneten Wohnort erteilt. Zugleich wurde ihnen rechtlicher Schutz gewährt[356]. Das solchermaßen genehmigte Aufenthaltsrecht und der gewährte Schutz waren zeitlich befristet. Sie schwankten zwischen einem und zehn Jahren. Für den Schutzbrief hatten die Begünstigten jährlich ein Schutzgeld zu zahlen.

Das Judenschutzgeld, das in der Zusammenstellung der Abgaben und Dienste der Mielenhäuser Köter an die Herren von Mengershausen im 15./16. Jahrhundert genannt wird, deutet darauf hin, dass bereits zu dieser Zeit Juden in Mielenhausen gelebt haben. In Oberscheden wird im Jahre 1689 der Jude Simon Ilten genannt[357]. Im Jahre 1702 wurde der in Münden lebende Israel Moses unter dem Vorwand der Erwerbsschädigung nach Oberscheden *aufs platte Land* abgeschoben.

In dem Gebiet des ehemaligen Fürstentums Göttingen war das Verhältnis der christlichen Herrschaften zu ihren jüdischen Bürgern seit jeher ein sehr wechselvolles. Hatte Herzog Erich d. J. (+1584) im Jahre 1553 die Juden aus seinem Lande vertrieben, weil sie *Gott, Jesus und alle gläubigen Christen in ihren Synagogen geschmäht und verflucht hätten*[358], so stellte er im Mai 1575 seine Vertreibungspolitik ein und erteilte ihnen gegen die Zahlung eines jährlichen Schutzgeldes eine Aufenthalts- und Gewerbeerlaubnis. Drei Jahre später ließ auch Herzog Julius (+1589) sie in sein Fürstentum Braunschweig-Wolfenbüttel zurückkehren. Im Jahre 1591 erfolgte mit Herzog Heinrich Julius (+1613) eine Kehrtwendung. Mit seinem Edikt vom 28. Juni beendete er ihre Duldung in seinem Lande - dem seit dem Tode von Herzog Erich d.J. vereinigten Fürstentum Braunschweig-Wolfenbüttel und Calenberg-Göttingen. Drei Jahre später schwächte er ihre Ausweisung ab. Gegen die Erlegung eines *Zoll-, Geleidt- und Wegegeldes* dürften sie sein Fürstentum zwar bereisen, sich aber nicht länger als zwei Nächte an einem Ort aufhalten.

Im Jahre 1614 verbot Herzog Friedrich Ulrich (+1634) den Juden für alle Zeit, in seinem Fürstentum zu wohnen und Handel zu treiben. Dabei behielt er sich aber vor, drei oder vier Juden zu dulden[359]. Mit diesem Vorbehalt strebte er einen Kompromiss an zwischen der Forderung der Calenbergischen Landschaft nach Vertreibung auf der einen und seiner persönlichen Wertschätzung der Juden als Kreditquelle auf der anderen Seite. Im Jahre 1639 versicherte Herzog Georg (+1641), dass die Juden *zu ewigen Zeiten nicht wieder ins Land gelassen werden* sollten.

Nach dem Ende des Dreißigjährigen Krieges war wieder eine allgemeine jüdische Zuwanderung zu beobachten. Ihr Ziel waren insbesondere die hannoverschen Städte Göttingen und Osterode. Im Jahre 1664 wird erstmals wieder von einem in Münden ansässigen Juden berichtet[360].

Mochten auch die Juden in die Städte zurückkehren, aus denen sie zuvor vertrieben worden waren, so hatten ihre zahlreichen Vertreibungen doch langfristig zur Folge, dass sie vermehrt das „platte Land" als ihren neuen Wohnsitz auszuwählen begannen. Unterstützt wurde ihre Wahl durch die schutzherrliche Politik von kleineren und größeren Feudalherren, wie etwa der Gerichtsherren von Adelebsen und Altengleichen. Sie nahmen *die sich bietenden Gelegenheiten zur Aktivierung und Ausnutzung des Judenregals*, des landesherrlichen Hoheitsrechts über die Juden, *wahr...*, *um dadurch ihre Einnahmen zu steigern und einen jederzeitigen Zugriff auf potentielle Darlehensgeber zu ermöglichen*[361]. Im Jahre 1687 beschwerte sich Herzog Ernst August (+1698) über das Unrecht einiger adliger Gerichtsherren und Städte, *Juden zu vergeleiten und in Ihre Gerichts-Districte niederzusetzen, welche Unseren Schutz-Juden gleich, die Schutz-Juden-Gerechtigkeit im gantzen Land zu genießen und zu exerciren sich anmaßen*[362]. Die Erteilung eines Schutzbriefes sei ein herzogliches Regal (ein dem Herzog vorbehaltenes Hoheitsrecht). Alle Juden ohne seinen Schutzbrief seien in Haft zu nehmen.

Doch die adligen Gerichte, die mit dem Herzog um die Ausstellung von Schutzbriefen konkurrierten, ließen sich von seinem Erlass nur wenig beeindrucken. Und so kam es im Jahre 1733 zu einem Prozess gegen diejenigen Gerichtsherren im Raume Göttingen, die sich dem Anspruch ihres Landesherrn widersetzt hatten. In seinem Urteil vom Jahre 1744 verkündete das Oberappellationsgericht in Celle, dass die Inhaber der adligen Gerichte *aller eigenmächtigen Vergeleitung derer von Uns* (dem hannoverschen Kurfürsten) *mit Schutz-Briefen oder Geleit-Scheinen nicht versehenen Juden sich zu enthalten* haben, *mithin die dermalen unter ihnen gewesen zugleich bey nahmhafter Strafe aus ihren Gerichten binnen 6 Wochen wegzuschaffen schuldig*[363] seien.

Von besonderem Interesse ist der Hinweis, dass im Jahre 1733 auch die Herren von Stockhausen zu Wellersen - Dankelshausen - Imbsen - Löwenhagen zu den Beschuldigten gehört haben[364]. Dieser Umstand besagt, dass sie bereits zu dieser Zeit und wohl auch schon zuvor in ihrem Gerichtsbezirk Juden gehabt haben. Wenn sie sich nach dem Urteil des Oberappellationsgerichts an den anschließenden Auseinandersetzungen nicht mehr beteiligt haben, so könne dieses, wie es heißt[365], die Folge davon sein, dass die Regierung sie bei der Abführung der Schutzgeldzahlungen aus dem Auge verloren habe.

Der erste Jude, der im Jahre 1756[366] in Dankelshausen geboren wurde, hieß Moses Mendel. Aus seinem Geburtsort Dankelshausen folgt, dass seine Eltern bereits hier gewohnt haben. Möglicherweise handelte es sich bei ihnen oder deren Eltern um die im Jahre 1708 so bezeichneten Zigeuner und Tatern. Ähnlich liegen die Dinge bei Samuel Rosenthal, Samuel Mendel, Schie Rosenberg und Isaac Moses Esberg. Sie alle wurden in den Jahren 1764, 1765, 1766 und 1788 in Dankelshausen geboren[367].

Weil <u>Heinrich Ludwig</u> die Juden *behalten wollte,* die in Dankelshausen und Wellersen ansässig waren, *so* G. Schucht (2005, S. 444), *erlangte er nacheinander für Mendel Moses (1767), Israel Hesekiel und Leiser Gumbert (1768) von der Kgl. Regierung in Hannover Schutzbriefe.* Im Jahre 1797 vermittelte <u>Benedikt Moritz</u> für Schieh Mendel einen landesherrlichen Schutzbrief: wir *haben* ihn *in Gnaden zugelassen und verstattet, dass derselbe mit Weib und unverheyratheten Kindern, eigenen Hausgenossen und Habeseligkeit im Gericht Dankelshausen zu Dankelshausen sich häuslich erthalten möge.*

Seit dem Ende des 17. Jahrhunderts haben keine Judenverfolgungen und -vertreibungen mehr stattgefunden. In den Folgejahren waren es die von den Landständen immer wieder geforderten und von König Georg. I. (+1727) mit dem Gesetz vom 2./13. April 1723 verordneten Handelsbeschränkungen, die das tägliche Leben der Juden bestimmten und erschwerten. Denjenigen, die in Städten und Flecken wohnten und keine Spezialkonzession besaßen, war der Handel mit solchen Waren verboten, für die die Gilden, Zünfte, Innungen oder Privatpersonen des Ortes privilegiert waren. Nur wo solche Privilegien nicht bestanden, wie auf dem „platten Lande", wo keine christlichen Krämer wohnten, war ihnen, wenn auch *ohne offene Boutique,* der Warenhandel gestattet. Die Waren mussten allerdings aus einer inländischen Stadt bezogen werden.

So gewichtig diese und weitere Beschränkungen waren, die betroffenen Juden verstanden es zu überleben. Über ihre Beteiligung am Fleischmarkt in Göttingen, Einbeck und Moringen während des 18. Jahrhunderts heißt es[368], dass das Fleischangebot der jüdischen Schlächter zeitweilig einen nicht ganz unbedeutenden Umfang angenommen habe. Möglicherweise waren es die gesetzlich verordneten Handelsbeschränkungen, die die Eltern oder Großeltern der oben genannten, in Dankelshausen geborenen Juden bewogen haben, der Anwerbung der dortigen Gerichtsherren Folge zu leisten. Sie mögen das kleine Dankelshausen als einen strategisch günstigen Ort betrachtet haben, um von hier aus in den umliegenden Bramwald-Dörfern Varlosen, Ellershausen, Bühren, Mielenhausen, Ober- und Niederscheden den ihnen zugestandenen Höker- und Viehhandel zu betreiben.

Die jüdischen Mitbürger in der ersten Hälfte des 19. Jahrhunderts

Mit der Verfassung des Königreichs Westfalen vom 7. Dezember 1807 und dem sie gleichsam präzisierenden Dekret von König Jérôme vom 28. Januar 1808 wurden die jüdischen Gemeinden in Syndikate eingeteilt. Ihren Mittelpunkt bildeten größere Gemeinden und Städte. Zwei Monate nach Jérômes Dekret wurde eine Konsistorialverfassung für die jüdischen Religionsangehörigen eingeführt. Die Synagogengemeinde Dankelshausen, Oberscheden, Mielenhausen wurde dem Syndikat Göttingen zugeordnet[369].

Seit dem Jahre 1810 bis in die 1850er Jahre hinein stieg die Mitgliederzahl der Synagogengemeinde leicht an. Danach nahm sie kontinuierlich ab[370]:

Jahr	Dankelshausen	Oberscheden	Mielenhausen
1810	1	2	1
1827	4	2	2
1854	4	1	1
1860	3	3	-
1863	2	2	-
1877	1	1	-

Bei den aufgelisteten Zahlen handelt es sich nur um die stimmberechtigten Mitglieder bzw. um die als Schutzjuden bezeichneten Männer. Unter Beachtung der Größe der jüdischen Familien eines Schutzjuden - Frauen, Kinder und Hausgenossen eingeschlossen - dürfte es nicht allzu verkehrt sein, die angegebenen Zahlen mit dem Faktor 6 bis 7 zu multiplizieren. In den 1820er bis 1850er Jahren betrug die Zahl der jüdischen Mitbürger etwa 25 Personen bzw. zehn Prozent der gesamten Dankelshäuser Dorfbewohner[371] (vgl. Übersicht 6). Im Jahre 1848 wurden in Dankelshausen, Mielenhausen und Oberscheden insgesamt 45 Juden[372], im Jahre 1871 in Dankelshausen und Oberscheden jeweils elf Juden angegeben[373]. Für eine so kleine Gemeinde wie Dankelshausen bildeten die Juden über viele Jahre hinweg eine

Gruppe von Mitbürgern, die nicht zu übersehen war und wohl auch nicht übersehen wurde. Die vier jüdischen Familien, die in den 1820er Jahren in Dankelshausen lebten, waren im *Handel aller ländlichen Art*, dem Vieh, Fell- und Kurzwarenhandel, tätig. Ein Indiz für ihre wirtschaftliche Lage sind die von ihnen in den Jahren 1824 und 1826 zu zahlenden Schutzgelder[374].

Ihre Höhe war an die von ihnen ausgeübte „Profession" und indirekt über sie an den Umsatz ihres Geschäftsbetriebes gebunden[375]:

	1824			1826		
	Taler	Groschen	Pfennig	Taler	Groschen	Pfennig
Samuel Mendel Rosenthal	4	10	8	-	-	-
Isaac Moses Esberg	2	10	8	4	10	8
Isaac Mendel Rosenberg	2	5	4	2	5	4
Jacob Mendel Rothschild	-	-	-	-	-	-

Im Jahre 1826 schwankten die jährlichen Schutzgeldzahlungen der in Dransfeld ansässigen zehn Schutzjuden zwischen 2 Talern 18 Groschen 8 Pfennigen und 5 Talern 13 Groschen 4 Pfennigen. Die neunzehn in Münden ansässigen Schutzjuden hatten zwischen 2 Talern 5 Groschen 4 Pfennigen und 6 Talern 16 Groschen[376] zu zahlen. Verglichen mit diesen Zahlungen war es dem Dankelshäuser Isaac Moses Esberg im Alter von 38 Jahren gelungen, sich die Position zu erarbeiten, die der eines begüterten Stadtjuden entsprach. Wenn auch weniger erfolgreich, so konnte auch Isaac Mendel Rosenberg seinen wirtschaftlichen Status über mehrere Jahre hinweg halten. Anders dagegen Samuel Mendel Rosenthal. Er war wohl im Jahre 1824 noch sehr erfolgreich gewesen, wurde aber bereits zwei Jahre später wegen *großer Dürftigkeit* von jeglichen Schutzgeldzahlungen befreit. Im Jahre 1836 starb er in *bitterster Armut*[377]. Jacob Mendel Rothschild schließlich war im Jahre 1810 im Alter von zweiunddreißig Jahren aus Lissa (Polen) nach Dankelshausen gekommen. Bereits im Jahre 1814 als armer Mann bezeichnet, wurde er zwölf Jahre später wegen *großer Dürftigkeit* von einer Schutzgeldzahlung befreit.

Ungeachtet des im Jahre 1723 nochmals bestätigten Edikts vom 5. Januar 1718, nach dem es den Juden untersagt war, in den Städten und auf dem „platten Lande" Häuser oder sonstige Immobilien zu erwerben, richtete im Jahre 1823 Isaac Moses Esberg ein Gesuch an das „Hohe Königliche Cabinets Ministerium", ein Haus kaufen zu dürfen[378]. Als Begründungen für die von ihm nachgesuchte Ausnahmegenehmigung führte er aus: (1) er habe, wie ihm seine Obrigkeit und die Einwohner von Dankelshausen bezeugen könnten, bisher ein untadelhaftes Leben geführt; (2) sein Wunsch nach einem Wohnhaus sei bescheiden im Vergleich zu denen, die um eine Aufenthaltsgenehmigung und damit um das Zurmietewohnen in einem größeren Ort einkämen, zumal es in Dankelshausen keine geeignete Wohnung zu mieten gebe; (3) wenn manchem Glaubensgenossen, der in der Stadt wohne und sich durch eine Mietwohnung behelfen könne, der Kauf eines Hauses aufgrund seiner tadelfreien Lebensweise gestattet worden sei, so könne er wohl ohne Arroganz auf eine gleiche Begünstigung hoffen; (4) mit der Erfüllung seiner Bitte seien keine Unannehmlichkeiten verbunden: die Zahl der Juden im hiesigen Lande würde nicht steigen, die bürgerliche Nahrung würde nicht vermindert, da sein Erwerbszweig feste Grenzen habe, und schließlich würden die Häuserpreise in Dankelshausen nicht unnötig steigen; im Gegensatz zur Stadt gebe es auf den Dörfern zu wenige Käufer, was zum Nachteil der Verkäufer sei; und (5) verabscheue er es, unter Hintergehung des Gesetzes, wie es so mancher Israelit tue, auf den Namen eines Dritten ein Haus zu kaufen.

Der Kauf wurde ihm unter Auflagen gestattet. Wie alle anderen Gemeindemitglieder habe er die öffentlichen Gemeindeabgaben zu tragen. Das Haus dürfe er nur so lange besitzen, wie er in Dankelshausen wohne. Ohne ausdrückliche Genehmigung der Landdrostei dürfe er es weder zu Lebzeiten noch als Erbe einem anderen Israeliten übertragen. Sollte der weitere Besitz des Hauses seinen Erben nicht gestattet werden, so sei es binnen sechs Monaten an einen Christen zu verkaufen.

Zäher Wandel der jüdischen Mobilitätsfreiheit

Eine wichtige, dennoch in ihrer unmittelbaren Wirksamkeit fragwürdige Etappe auf dem mühseligen Weg zur rechtlichen Gleichstellung bildete das *Gesetz über die Rechtsverhältnisse der Juden* vom 30. September 1842. Gingen von dem Gesetz auch gewisse Signalwirkungen für die künftige Weiterentwicklung des Judenrechts aus, so standen ihnen zugleich die in das Gesetz eingebauten Möglichkeiten der Einreden der Kommunen entgegen. Sie konnten die den Juden gesetzlich gewährten Rechte auf Freizügigkeit des Wohn- und Gewerbeorts, auf Grunderwerb sowie auf die freie Ausübung von zünftigen und unzünftigen Gewerbetätigkeiten zur reinen Makulatur werden lassen.

Ein bezeichnendes Beispiel hierfür ist der Umzugswunsch des Schlachtermeisters Calmann Hammerschlag von Güntersen nach Dransfeld[379]. Am 1. Juli 1844 hatte er mit dem Dransfelder Bürger und Sattlermeister Anton Mielenhausen einen Kaufvertrag über dessen Haus abgeschlossen. Die Gültigkeit des Vertrages war davon abhängig gemacht worden, dass ihm die Stadt Dransfeld das Bürgerrecht und die Landdrostei Hildesheim die Konzession als Schlachter in Dransfeld gewährten.

Er glaube, so führte er in seinem Gesuch an den Magistrat Dransfeld aus, dass die Befugnis zur Fortsetzung seines bisherigen Geschäftsbetriebes sich aus dem Bürgerrecht ergebe. Dieses befähige und berechtige ihn *zur Betreibung einer jeden s. g. bürgerlichen Nahrung, die nicht etwa durch besondere Gildeverhältnisse dem freien Betrieb entgegen ist*. Auch wenn ihm die *zunftmäßige Lehr- und Wanderzeit natürlich fehlen müßte*, so zweifele er doch nicht, dass die Königliche Landdrostei ihm die erforderliche Dispension erteilen werde. Was den Handelsbetrieb anbetreffe, so verfüge er über keine gesonderte Konzession, er bedürfe auch keiner, da er wegen dessen Kleinheit bereits durch seinen Schutzbrief die erforderliche Genehmigung besitze. Seine Person sei dem Magistrat ohne Zweifel bekannt, *weshalb ich das Vertrauen hege, dass dessen Geneigtheit meinem Wunsche förderlich seyn wird, da meine Persönlichkeit in mir einen ruhigen, folgsamen und fleißigen Bürger voraussetzen läßt.*

Doch so viel Mühe er sich auch in seinem Schreiben gegeben hatte, der Dransfelder Magistrat wollte von seinem Gesuch nichts wissen. Hammerschlag wandte sich daraufhin an die Landdrostei Hildesheim mit der Bitte, den Magistrat anzuhalten, ihn als Bürger aufzunehmen. Auch wenn das Gesetz vom 30. September 1842, so der Magistrat in seiner von der Landdrostei erbetenen Stellungnahme, die Gleichstellung von Juden und Christen ausdrücklich bezwecke, so habe es doch zugleich bei sehr wesentlichen Beziehungen deren Gleichstellung ausdrücklich versagt wie etwa im vorliegenden Falle. Zwar sei gegen Calmann Hammerschlag nichts Nachteiliges zu sagen. Und auch gegen die Höhe seines Vermögens, um damit ein Gewerbe zu beginnen und *davon seine Familie vorerst nothdürftig zu ernähren*, könnten keine Bedenken erhoben werden. Dennoch schlösse *selbst diese letztere Nachweisung, weil seine Familie so sehr zahlreich ist, und nur 1600 rth (Taler) ... nachgewiesen waren, alle Besorgnis nicht aus.*

Doch diese Besorgnis war wohl nur vorgeschoben. In Wahrheit ging es dem Magistrat um den *Uebelstand, dass in unserer kleinen Stadt von 13 bis 1400 Einwohnern bereits 16 Judenfamilien mit mehr als hundert Personen, von denen nur etwa 3 bis 4 Familien nicht in drückender Armut leben, wohnhaft sind, dass die hiesige jüdische Gemeinde die Last ihrer Armenverpflegung kaum noch zu tragen vermag, dass unter den nach wie vor herrschenden Umständen die Juden fast ausschließlich dem Kleinhandel sich widmen und dass deshalb die Überfüllung des Ortes mit jüdischen Einwohnern eine Last und Bedrückung der christlichen Einwohnerschaft ist.* Einem solchen Übelstande sei bisher stets entgegengewirkt worden. Ihm solle auch weiterhin mit dem Gesetz vom Jahre 1842 entgegengewirkt werden.

Ohne die Begründung des Dransfelder Magistrats zu überprüfen oder nur zu kommentieren, schloß sich ihr die Landdrostei im Dezember 1844 an. Und Calmann Hammerschlag mußte dort bleiben, wo er nicht mehr bleiben wollte.

Den eigentlichen Durchbruch zur rechtlichen Gleichstellung der Juden brachte das Gesetz zur Änderung des Landesverfassungsgesetzes vom 5. September 1848. Mit ihm wurde die *Ausübung der politischen und bürgerlichen Rechte ... von dem Glaubensbekenntnis* für *unabhängig* erklärt. Gut möglich, dass dieser Durchbruch den Brüdern Mendel und Jonas Rosenthal aus Dankelshausen im Jahre 1854 dazu verhalf, ihr Glück in Dransfeld zu versuchen[380].

Dennoch war es erst das Gesetz über die Freizügigkeit vom 1. November 1867, das vielen Landjuden ihren wohl schon seit langem gehegten Wunsch erfüllte, ihren dörflichen Wohnsitz zu verlassen und in die Stadt zu ziehen. War noch im Jahre 1839 das Gesuch des Dankelshäuser Schie (Josua) Mendel Rosenberg, in Münden ein Manufakturwarengeschäft zu eröffnen, abgelehnt worden – ähnlich wie der Wunsch von Calmann Hammerschlag fünf Jahre später, nach Dransfeld umzuziehen -, so wurde im Jahre 1877 seinem Sohn Wolf gestattet, in der Ziegelstraße 10 ein solches, das Manufaktur- und Modewarenhaus W. Rosenberg, einzurichten. Ein Jahr später folgte ihm Salomon Rothschild nach Münden[381].

Mit der Abwanderung der Juden in die Städte ging eine drastische Abnahme der Synagogengemeinden einher. In den Jahren von 1853 bis 1925 sank ihre Zahl um etwa 45 Prozent[382]. Am 8. Januar 1878 bestimmte die Landdrostei Hildesheim nach Rücksprache mit dem Landrabbiner Dr. Gattmann, dass die Synagogengemeinde Dankelshausen am 1. Februar d. J. aufzulösen sei. Die in Dankelshausen, Mielenhausen und Oberscheden lebenden Juden sollten der Synagogengemeinde Dransfeld angeschlossen werden[383]. Wurden auch sieben

Jahre später, im Verlaufe des Jahres 1885, Salomon Rothschild und Wolf Rosenberg noch als Dankelshäuser Reiheleute genannt[384], so weist die Statistik für Ende des Jahres keine in Dankelshausen lebenden Juden mehr aus[385].

Isaac Moses Esbergs Verdienste um die jüdische Schule

Es sei kaum glaublich, so im Jahre 1831 die Landdrostei Hildesheim[386], wie ungebildet der größte Teil der jüdischen Lehrer ist und wie schlecht daher der Unterricht der Judenkinder ausfallen muss. Eine Förderung des jüdischen Schulwesens sei dringend erforderlich. Die große Bedeutung, die auch die jüdischen Eltern der schulischen Ausbildung ihrer Kinder zumaßen, spiegelt Calmann Hammerschlags Umzugswunsch von Güntersen nach Dransfeld wider. In seinem Schreiben vom 5. Juli 1844 an den Dransfelder Magistrat führte er einleitend aus: *Mit meinen Geschäftsverhältnissen könnte ich zufrieden seyn, wenn nicht meine Kinder heranwüchsen und des Unterrichts von Tag zu Tag bedürftiger würden. In Güntersen bietet sich dazu keine Gelegenheit, ich bin auch nicht wohlhabend genug, um meine Kinder entweder nach einem anderen Ort zu schicken oder ihnen einen Privatlehrer zu halten. Es ist dadurch in mir rege geworden, mich nach Dransfeld übersiedeln zu können.*

In Dankelshausen wurde im Jahre 1808 eine Judistenschule, wie die Schule für jüdische Kinder damals genannt wurde, eingerichtet[387], drei Jahre früher als in Dransfeld[388]. Allem Anschein nach hat sich die Schule auf den Religionsunterricht und die Vermittlung von Grundkenntnissen des Hebräischen beschränkt. Mit diesen Kenntnissen sollten ihre Schüler als Dreizehnjährige in die Lage versetzt werden, anläßlich ihrer Einführung in das jüdische Gemeindeleben aus der Thorarolle, den fünf Büchern Moses, vorzulesen[389]. Den übrigen Unterricht erhielten sie in der christlichen Volksschule. Nach überschlägigen Berechnungen dürften im Jahre 1833 etwa sieben bis zehn jüdische Kinder die Schule in Dankelshausen besucht haben.

Als ein besonderer Förderer der jüdischen Schule hat sich Isaac Moses Esberg verdient gemacht. Im Jahre 1824 richtete er in seinem ein Jahr zuvor gekauften Haus ein Schulzimmer ein[390]. Dreißig Jahre später kaufte er von Mathias Hildebrand dessen Wohn- und Reihehaus nebst dem zugehörigen Gartenland für 155 Taler, um es als jüdische Schule einzurichten[391].

Nach einer Aufstellung aus dem Jahre 1836 waren es von den Mitgliedern der Synagogengemeinde insbesondere die Dankelshäuser und von ihnen vor allem Isaac Moses Esberg, die die Hauptlast des Unterhalts des jüdischen Lehrers trugen[392]:

die Dankelshäuser
Isaac Moses Esberg   28 Wochen Kost und 8 Taler
Schie Rosenberg   12 Wochen Kost und 4 Taler
Jacob Mendel Rothschild   8 Wochen Kost und 2 Taler 18 Mariengroschen

der Mielenhäuser
W. Löwenheim   3 Taler

und die Oberschedener
Isaac Kaufmann   3 Taler
Mendel Moses Esberg   2 Taler 18 Mariengroschen.

Im Jahre 1843 sprach der Dankelshäuser Bauermeister Johann Christoph Heinrich Hartig von den Verdiensten, die sich Isaac Moses Esberg um das jüdische Schulwesen erworben habe[393].

Mit dem Gesetz über die Rechtsverhältnisse der Juden vom 30. September 1842 fand ein gravierender Wandel des jüdischen Schulwesens statt[394]. Von nun an waren die jüdischen Gemeinden berechtigt, mit regierungsamtlicher Genehmigung öffentliche Schulen einzurichten. Den Eltern blieb es vorbehalten, ihre Kinder in den christlichen Schulen unterrichten zu lassen. Im Gegensatz zu der jüdischen Gemeinde in Dransfeld – die Genehmigung ihrer Schule erfolgte im Jahre 1844[395] - hat die Synagogengemeinde Dankelshausen, Oberscheden, Mielenhausen von dem Gesetz keinen Gebrauch gemacht. Ein wesentlicher Grund dürfte gewesen sein, dass sie im Vergleich zu der Dransfelder Gemeinde zu klein war.

Bezeichnend hierfür war die ständig umgehende Furcht, dass die zur Abhaltung des Gottesdienstes erforderliche Mindestzahl von zehn männlichen Personen nicht zusammenkommen könnte, falls der eine oder andere den Gottesdienst nicht ernst genug nahm. Im Jahre 1855 sah sich der Landrabbiner M. Landsberg veranlasst, das Amt Dransfeld zu ersuchen, *den K. Kaufmann ... und den Dienstknecht des Jacob Esberg aus Oberscheden unter Androhung der gesetzlichen Strafe anzuhalten, an den Sabbath und Festtagen, vorzüglich aber während des bevorstehenden Versöhnungstages dem Gottesdienst zu Dankelshausen beizuwohnen, damit nicht durch deren Wegbleiben der öffentliche Gottesdienst gestört werde*[396]. Ab dem Jahre 1852 konnte sich die Gemeinde keinen eigenen Lehrer mehr leisten. Zur Unterstützung des Religionsunterrichts kam sporadisch der jüdische Lehrer Mündheim aus Dransfeld[397].

Die jüdische Schule und die Synagoge standen häufig in einer räumlich engen Verbindung. In einigen Orten waren beide in einem Gebäude untergebracht[398] - nicht so in Dankelshausen. Rechtsseitig der „Großen Straße", hinter dem ehemals der Familie Weitemeyer, dann der Familie Thies gehörigen Gehöft gelegen, war das Gebäude bereits im Jahre 1845 als *langsam baufällig* bezeichnet worden[399]. Im Jahre 1931 bedurfte es, wie es heißt, nur eines kräftigen Stoßes mit einer Bohnenstange, um es zum Einsturz zu bringen.

Der jüdische Friedhof

Wer aus Dankelshausen kennt ihn nicht, den jüdischen Friedhof „Am Mühlenberg". Mit seinen 280 qm ist er zwar klein - nach dem jüdischen Friedhof in Hedemünden der zweitkleinste im Landkreis Göttingen[400] -, doch für ein so kleines Dorf wie Dankelshausen auch wieder sehr groß. Nach safardischer[401] Sitte angelegt, sind die heute noch vorhandenen 28 Grabsteine als liegende Platten gearbeitet.

Die älteste Grabplatte datiert aus dem Jahre 1782. Sie bedeckt das Grab von Menachem xx ben Mosche mit der aus dem Hebräischen ins Deutsche übersetzten Aufschrift[402]: *Hier ruht der aufrechte und zuverlässige Mann, der e. Herr Menachem Mener, Sohn des e. Moses S. G. Er starb am Abend des hl. Sabbat, den 22. Av. Im Jahr 542 n. kl. Z. Es sei seine Seele eingebunden in das Bündel des Lebens. Amen (Sela).* Die jüngste Grabplatte trägt die Jahreszahl 1881.

Mochte auch Herzog Ernst August (+1698) im Jahr 1687 den Juden bedeutsame Privilegien für ihre Religionsausübung eingeräumt haben[403], so bedurfte doch die Anlage von Friedhöfen auch weiterhin der landesherrlichen Erlaubnis[404]. Eine solche Genehmigung dürfte auch die Anlage des jüdischen Friedhofs in Dankelshausen benötigt haben, möglicherweise vor dem Jahr 1782, dem Jahr seiner uns erstmalig bekannten Nutzung.

Seine abseitige Lage jenseits der Schede hängt eng mit den damaligen Verfügungen über den jüdischen Erwerb von Grund und Boden zusammen. Das zu jener Zeit noch geltende jüdische Landbesitzverbot hatten sich nicht wenige Gemeinden zu Nutze gemacht, ihren jüdischen Mitbürgern Flächen für ihre Friedhöfe zuzuweisen, die anderweitig nicht nutzbar waren, ihnen aber auf diese Weise noch Pachteinnahmen erbrachten. Wenn es sich dabei zuweilen um entfernt liegende Flächen handelte, so kam eine solche Lage den jüdischen religiösen Anschauungen keineswegs ungelegen. Denn einerseits entsprach sie der eingeforderten strikten Trennung der Wohnungen der Toten von denen der Lebenden. Zum anderen gab sie ihnen eine Art Gewissheit, dass die Grabanlagen als unvergängliche Einrichtungen, als Plätze, wo die jüdischen Familien im Tode zusammenkamen[405], langfristig gesichert sein würden.

Ein weiteres auffälliges Merkmal für die Lage von jüdischen Friedhöfen ist ihre Nähe zu Wasserläufen oder die Notwendigkeit, auf dem Weg vom Friedhof zum Wohnort einen Bach zu überqueren[406], wie in Dankelshausen die Schede. Es dürfte eng mit dem Ritus zusammenhängen, beim Verlassen des Friedhofs als Zeichen der Reinigung von der „Unreinheit" des Todes, zur Bekräftigung der Scheidung des Lebens von dem Tode, sich die Hände zu waschen[407].

Die besonderen Rituale des jüdischen Gottesdienstes und der Beerdigungszeremonien waren dazu angetan, die Neugierde der christlichen Dankelshäuser Jugend zu wecken. Zuweilen, hinter einer Hecke versteckt, begleitete sie, so wird berichtet, die rituellen Worte der Trauergesellschaft *Grüß mir Vater Abraham* während ihres Ganges zum Friedhof mit der kecken Bemerkung *von mir auch*. Beschwerte sich der Rabbi, so wurden ihr Übermut und ihr ungehöriges Benehmen von ihrem Lehrer mit einer Tracht Prügel bestraft.

Anfang des Jahres 1960 wurde in das Grundbuch von Dankelshausen als Eigentümer des Friedhofs der Landesverband der Jüdischen Gemeinden von Niedersachsen e.V. eingetragen[408]. Im März 1961, wurde in den *Mündenschen Nachrichten* der Friedhof als *ein Schandfleck auf der schönen weißen Naturpark-Weste* bezeichnet: Ein Glück, dass der Friedhof für Fremde nicht erreichbar ist. Es führt kein Weg dorthin, es sei denn, man watet durch sumpfige Wiesen, um dann auf eine fast undurchdringliche Dornenhecke zu stoßen.

Einen Monat später legte Karl Frenzel, der letzte Lehrer der Dankelshäuser Volksschule, zusammen mit einigen Schülern die überwucherten Grabsteine frei. Im folgenden Jahr wurde der Friedhof auf Veranlassung des Regierungspräsidenten in Hildesheim gründlich aufgeräumt, die verwilderten Bäume und Gehölze gerodet, die Grabsteine gerichtet, Rasen ausgesät und mit einem Jägerzaun eingefriedet.

Einschneidende Gemeindereformen

Die Domizilordnung vom Jahre 1827

Mochten auch in den ersten Jahrzehnten des 19. Jahrhunderts die Agrarpreise vergleichsweise günstig gewesen sein, so waren es die bereits geschilderten preußischen und französischen Besatzungslasten in den Jahren 1803 bis 1813 sowie die geringen Ertragsüberschüsse gepaart mit einer steigenden Dorfbewohnerschaft - in den Jahren von 1790 bis 1821 stieg die Zahl der Dankelshäuser Einwohner von 200 auf 240, bis zum Jahre 1848 auf 271 (Übersicht 9) -, die die Bauern in einer tiefen Armut verharren ließen.

War es in Dankelshausen vor allem das Kleinköter-Tagelöhner-Gutshof-System, das die Menschen in den vergangenen Jahrhunderten vor dem Schlimmsten bewahrt hatte, so waren es in den bäuerlichen Dörfern die Flachsbearbeitung, das Garnspinnen und die Leineweberei, die insbesondere seit dem Beginn des 18. Jahrhunderts zu einer zunehmend wichtigen Einkommensquelle geworden waren. Noch weiter begünstigt durch die Einführung der Kartoffel in den 1760/1770er Jahren, waren es diese zusätzlichen Verdienstmöglichkeiten, die es den Knechten und Mägden ermöglichteten, sich sehr jung zu verheiraten und dienstlos, d. h. selbständig, zu leben[409].

Die mit dieser Entwicklung einhergehende Wandlung der Dorfgesellschaft konnte der bäuerlichen Oberschicht der Reihestelleninhaber nicht gleichgültig sein. Aus Furcht vor etwaigen Zahlungen zur Armenunterstützung und vor dem Anspruch der unterbäuerlichen Schichten auf ein erweitertes Mitspracherecht bei den Gemeindeangelegenheiten versuchten sie mit aller Kraft, deren Wohnrecht so weit wie möglich einzuschränken. Unterstützung fanden sie bei ihrer Obrigkeit. Als ein adäquates Mittel, um den Zuzug der unterbäuerlichen Schichten einzuschränken, wurde die *Verordnung* vom 6. Juli 1827 *über die Bestimmung des Wohnortes der Unterthanen in polizeilicher Hinsicht*[410] - kurz Domizilordnung genannt - erachtet.

Nach ihr erwarb man sich das Recht zum bleibenden Aufenthalt an einem Ort durch die Geburt. Zuziehende hatten den Besitz eines Wohnhauses nachzuweisen und bedurften einer Zuzugsgenehmigung durch die Gemeinde. Die zur Klasse der Handarbeiter und Tagelöhner Gehörenden hatten den Nachweis zu erbringen, dass sie wahrscheinlich ihren Unterhalt auf längere Zeit finden würden. Oder sie mussten über ein hinreichendes Vermögen verfügen, um sich und ihre Familien unterhalten und sich eine Wohnung leisten zu können. Der Pfarrer durfte ein Brautpaar nur dann trauen, wenn der Bräutigam eine amtliche Bescheinigung vorlegte, mit der ihm die Wohngemeinde seine Aufnahme bestätigte.

Im Jahre 1853 trat der Oberschedener Gemeinderat zusammen, um den Antrag des Infanteristen Heinrich Henkel zu prüfen, Henriette Beckel aus Barlissen heiraten zu dürfen[411]. Zuerst wurde der Antrag verlesen, dann wurden die Vermögensverhältnisse des Antragstellers besprochen. Die Bewilligung seiner Verehelichung wurde von einer Bescheinigung der Gemeinde Barlissen abhängig gemacht, dass er daselbst Wohnung finden könne und wohnen dürfe. Die Bescheinigung wurde beigebracht und dem Antragsteller die Genehmigung zur Verehelichung gestattet.

Bezeichnend für den Konflikt, in den wohl nicht wenige Pfarrer gerieten und der sich bereits viele Jahre vor der Domizilordnung aufgetan hatte, ist die Beschwerde des Mielenhäuser Gerichtsherrn Dr. von Mengershausen vom Jahre 1805 über den Dankelshäuser Pastor Karl Ludwig Christian Weber[412]. Ihr Anlaß war, dass dieser den Soldaten Teutschmann ohne einen von ihm, dem Gerichtsherrn, ausgestellten Trauschein verheiratet hatte. Diese Amtshandlung betrachtete er als einen unerlaubten Eingriff in seine Rechte.

Zur Reaktion der Dankelshäuser auf die Domizilordnung liegen uns keine Angaben vor. Wenn wir vermuten, dass diese vergleichsweise gelassen war, so gründen wir diese Vermutung auf den Umstand, dass meine Vorfahren als Dankelshäuser Grundherren über einen großen Teil des Landes als seine Obereigentümer verfügten. Sie mögen unter Bezugnahme auf Paragraph 11 der Domizilordnung dafür Sorge getragen haben, dass die zugezogenen, wohl vorrangig auf ihrem Gutshof arbeitenden Häuslinge durch die Inkulturnahme von zusätzlichen Gemarkungsflächen Hausstellen erhielten, wenn auch eine Minderheit ohne eine Reiheberechtigung.

Aufgehoben wurde die Domizilordnung durch das Gesetz über die Freizügigkeit vom 1. November 1867, als das Königreich Hannover bereits preußische Provinz war.

In Heinrich Sohnreys Roman *Friedesinchens Lebenslauf* möchte der Drechsler-Geselle Lorenz aus dem benachbarten Goltdorf Friedesinchen heiraten und beantragt in Hilgenthal, dem Dorfe von Friedesinchen, das Wohnrecht.

Am Sonntag nach Pfingsten ist der Bauermeister mit der großen Gemeindetrommel durchs Dorf gegangen, hat getrommelt und ausgerufen:

„Es wird bekannt gemacht, dass nach der Nachmittagskirche jeder Hausherr nach dem Thie kommen soll".

Und sie kamen, und der Bauermeister ... erklärte den neugierig aufhorchenden Bauern: „Lindemanns Friedesinchen, Tochter des weiland Holzhauer Hanfrieder Lindemann aus der Lindenhütte, will sich verändern und einen aus Goltdorf freien. Sie beansprucht das Wohnrecht in Hilgenthal". Als die Bauern darauf in ein eisiges Schweigen verfielen, fing der Bauermeister sogleich noch einmal an und sagte ohne alle Umschweife: ... Man möge dem neuen Paare, das volles Vertrauen verdiene, ohne Bedenken das Wohnrecht frei geben. – Eine Minute lang hörte man nichts als das Rauschen der alten Linden, die um den Thie herumstehen. Es räusperte sich dann der dicke Klostermeier und sagte: „Leute, die Armenlast wird immer größer. Unser Graf nimmt alles auf, was geritten und gefahren kommt; ... und wenn diese Leute nichts mehr können, wem fallen sie zur Last? Der Gemeinde, der Gemeinde! Drum sage ich, die Armenlast wird immer größer, und wir müssen darauf sehen, dass uns nicht noch mehr auf den Hals kommt"...

Nachdem ... der empörende Gemeindebeschluß zustande gekommen war, hätte man Lorenz schon ein ganzes Schloß anbieten können.... Wir hatten nicht mehr viel zu beraten, er kam mit einem fertigen Entschlusse: Er hatte die Heimat satt und wollte nach Amerika. „Ich kann die Leute nicht mehr angucken", knirschte er, „ich fürchte mich ordentlich, einem Hilgenthaler ... zu begegnen. Es ist kein Weg breit genug für mich und sie"...

Mochte auch Lorenz die Auswanderung nach Amerika als den einzig gangbaren Weg betrachten, so war es die Domizilordnung nicht allein, die viele Menschen im Königreich Hannover bewog, ihre Zukunft im Ausland zu suchen. Hinzu kamen noch die schlechten Getreideernten und die Kartoffelfäule. In Dransfeld, so heißt es beispielsweise[413], gab es zu Neujahr 1847 weder Brot noch Kartoffeln. Selbst in den als wohlhabend geltenden Familien hätten die Kinder mit Neid das Schweinefutter durchsucht und sich die dicksten Kartoffeln herausgeholt. Drei Jahre später schreibt Bauer Meyer aus Meensen: *Die Krankheit der Kartoffeln ist in diesem Jahr so bedeutend als niemals gewesen, und auch so wenig Kartoffeln niemals gewesen, auf die Morge 8 – 10 Sack, kaum den Samen-Ertrag. Die Krankheit hat bis in das Jahr gedauert, da kam es wieder auf den alten Fuß*[414].

Wie für das Königreich Hannover insgesamt[415], so bildeten auch für den Amtsbezirk Münden mit seinen 7433 Einwohnern die beiden Jahre 1860 und 1867 die Höhepunkte der Auswanderung[416]:

1859: 26   1860: 64   1861: 17

1867: 48   1868: 34   1869: 11

Dominierte in den Jahren 1859 und 1860 die Auswanderung aus den Dörfern des Obergerichts, so verlagerte sie sich danach in das Gebiet des Untergerichts. Im Jahre 1869 umfasste sie 73 Prozent der Gesamtauswanderung. Hauptauswanderungsort der Bramwald-Dörfer war Bühren mit sieben Personen im Jahre 1867 und einer Person im Folgejahr. Aus Dankelshausen und Varlosen verabschiedeten sich in den Jahren 1867 und 1868 je eine Person; aus Oberscheden im Jahre 1868 zwei Personen.

Am 1. September 1867 teilte der damals 26jährige landwirtschaftliche Arbeiter Ferdinand Heinrich Gustav Friedrich Hildebrandt dem Königlich Preußischen Amt Münden schriftlich mit[417]: Er sei am 17. Juli 1824 als Sohn des weiland Ackermanns Johann Christoph Hildebrand in Dankelshausen geboren. Inzwischen wohnhaft in Hannover, habe er der Militärpflicht *durch seine Stellung zur Losung im Lösungstermin* am 9. Januar 1862 beim Königlichen Amt Linden Genüge geleistet. Wegen seiner gezogenen hohen Losnummer werde er nicht zum Militärdienst eingefordert. Am 5. Oktober beabsichtige er, nach New York mit einem Bremer Dampfschiff überzusiedeln. Mit einer öffentlichen Ausschreibung habe er die Aufforderung von etwaigen Ansprüchen gegen sich bekannt gemacht. Fest davon überzeugt, dass keine rechtsgültigen Ansprüche gegen ihn bestünden, bitte er das Königlich Preußische Amt Münden gehorsamst, ihm die nötige Legitimation zur Auswanderung nach Nordamerika auszustellen.

Zu denen, die, durch die häusliche Not gezwungen, wenn auch nicht nach Amerika, sondern nur nach Münden ihr Heimatdorf verließen, gehörte Friederike Lotze. Wie sie aus ihrem Schicksal das Beste zu machen versuchte und dabei scheiterte, darüber berichteten in einem hundertjährigen Rückblick am 20. Januar 1959 die *Mündenschen Nachrichten*[418] unter der Überschrift *Giftmörderin aus Dankelshausen hingerichtet*:

Am frühen Morgen des 20. Januar 1859, heute vor genau hundert Jahren, waren die Züge auf der erst vor 28 Monaten eröffneten Eisenbahnstrecke Münden – Dransfeld – Göttingen so überfüllt, dass in Münden stets Leute zurückblieben, die auf den nächsten warteten, und unterwegs kaum jemand zusteigen konnte. Aber auch die Landstraße war von Wagen und Fußgängern regelrecht bevölkert: Mehr als zehntausend Zuschauer sammelten sich auf dem Leinehügel unter der Gerichtslinde, eine ungeheure Menschenmenge, wenn man bedenkt, dass Göttingen damals 30.000, Münden 18.000 und das Dorf Dankelshausen 270 Einwohner hatte.

Aus Dankelshausen nämlich stammte die "Dienstmagd' Friederike Lotze, derentwegen alle diese Menschen zusammenströmten. Unter ihnen alle Mägde und Knechte der weiteren Umgebung, die auf strickten Befehl der Königl. Regierung in Hannover an der Hinrichtung teilzunehmen hatten, damit sie sahen, wie es dem ergeht, der sich des Mordes an seinem Dienstherrn schuldig macht.

Friederike Lotze war bei Bäcker Ludwig Sievert in Münden, Lange Straße 28, "in Condition", wie man damals das Angestelltenverhältnis bezeichnete. Ihr Dienstherr, ein Junggeselle, hatte ihr die Ehe versprochen, hatte sie dann aber nicht geheiratet. Aus Wut (oder Eifersucht?) tat das Mädchen ihm Gift in den Morgenkaffee. Er starb.

.... Am 16. Januar 1859 meldeten die „Gemeinnützigen Mündenschen Nachrichten und Intelligenzblatt": "Der Hannöversche Curier berichtet aus Göttingen vom 10. 1.: Dem Vernehmen nach ist das Todesurteil gegen Friederike Lotze aus Münden wegen Giftmordes nunmehr bestätigt, jedoch wie jetzt immer geschieht, ohne die Verschärfung, welche das Urteil verhängte. Man sagt, dass die Execution schon an einem der nächsten Tage stattfinden wird"'.

Am 20. Januar folgt ein Göttinger Zeitungsbericht: „Die Giftmörderin Friederike Lotze aus Dankelshausen, Amt Münden, ist nicht mehr. Sie wurde heute morgen 9 1/2 Uhr durch den Scharfrichter Schwarz aus Hannover in Gegenwart von unzähligen Zuschauern auf dem bekannten Richtplatze, District Grone, mit dem Schwerte schnell und gut enthauptet und deren Leichnam hierselbst sofort der Anatomie übergeben".

Auf der kleinen Anhöhe hinter der Linde stand das Schafott, ein Richtstuhl, den der Scharfrichter konstruiert hatte. (Angeblich hat ihn die Familie Schwarz später dem Göttinger Museum gestiftet). Das Mädchen wurde, von Richter und Pastor begleitet, heraufgeführt. Dann wurde ihr vorschriftsmäßig das Urteil vorgelesen, und der Pastor betete mit ihr. In der tiefen Stille rundum wurde sie gefragt, ob sie sich schuldig bekenne, was sie mit leiser Stimme bejahte. Sie hatte auch vorher die Tat nie geleugnet und stets gesagt, sie wolle die ihr zustehende Strafe erleiden. Sie wurde festgeschnallt durch die Henkersknechte, dann trat der Scharfrichter vor und trennte mit sicherem Schlag den Kopf vom Rumpfe.

Viele Zeugen berichten übereinstimmend, es seien Männer hinzugeeilt, die in Gefäßen das Blut auffingen, um es Kranken, die sich herandrängten, zu trinken zu geben, auch drei alten Männern, die auf einer Bank saßen. Interessant ist, dass die Amtspersonen das nicht verhinderten. Es war wohl alter Aberglaube und von alters her Sitte. Walter Angerstein, vor einem Jahr 86jährig verstorben, der ein glänzender Anekdotenerzähler war, hat sich das noch von einem Herrn aus Göttingen bestätigen lassen, dessen Mutter dabei gewesen war, so dass insgesamt vier Zeugen bürgen.

Friederike war die letzte, die solchermaßen auf dem Leineberg hingerichtet wurde, für sie sicherlich kein Trost, für ihre Nachwelt ein Aufatmen.

Ablösung der Bramwaldnutzungen

Hintergrund der Ablösung der Bramwaldnutzungen im Jahre 1840 war der Verfall ihrer genossenschaftlichen Organisation. K. Hasel (1974, S. 90) macht für ihn den Absolutismus des Fürstenstaates im 17. und 18. Jahrhundert verantwortlich. Indem dieser keine *Korporationen* an seiner Seite gelten ließ, als Obermärker in den Markgenossenschaften alle Macht an sich zog, leitete er mit seinem Anspruch ihre Auflösung ein: *In dem Maße, wie der Einfluß der Genossen auf die Nutzung im Markwald dahinschmolz, sanken deren Gemeinsinn und das Interesse am gemeinsamen Wald; der Eigennutz der Gruppen und der Einzelnen trat in den Vordergrund und bewirkte unter ihnen sehr starke Spannungen. Mißtrauen und Mißgunst machten sich breit. Beschränkungen der Waldnutzung, wie sie bei steigender Bevölkerungszahl unumgänglich waren und auch hingenommen wurden, solange sie von der bäuerlichen Selbstverwaltung ausgingen, wurden als Willkür ausgelegt und nicht beachtet, weil sie nach verbreiteter Meinung nur die Rechte des Markherrn sicherstellen sollten. Es nützte nichts, dass die Waldordnungen mehrmals im Jahr von der Kanzel herab verlesen wurden. Es wird zur Regel, dass das Erscheinen einer neuen Waldordnung damit begründet wird, dass der Genossenschaftswald „in merklichen Abgang gekommen und gar erhauen" sei. Alle Versuche, dem Mißbrauch zu begegnen, scheiterten.*

Als erstes überliefertes Indiz für die in Unordnung geratene Nutzung des „Gemeinen Bramwaldes" ist seine bereits erwähnte Überbeanspruchung in der Mitte des 18. Jahrhunderts anzusehen. Im Jahre 1770 waren die ehemaligen Grenzbäume und -marken der bramwaldschen Forstgrenze verschwunden. Die Bauern, die mit ihren Feldern an die Forst stießen, hätten *sehr vieles abgepflügt*[419]. Sieben Jahre später wurde die Grenze zwischen dem Bramwald und den Gemeinden Bühren, Dankelshausen und Hemeln *neu festgelegt*[420]. An dem „Gemeinen Bramwald" waren im Jahre 1840 neun Dörfer mit insgesamt 541 Reihestellen nutzungsberechtigt: Dankelshausen mit 29, Hemeln mit 98, Bühren mit 84, Ellershausen mit 39, Varlosen mit 62, Oberscheden mit 79, Niederscheden mit 49, Mengershausen mit 53 und Volkerode mit 48[421].

In dem Rezeß über die Ablösung der Bramwaldnutzungen vom Jahre 1840 tritt uns der Bramwald als ein reichhaltiges Füllhorn von all solchen Berechtigungen entgegen, die die Menschen für ihren Lebensunterhalt benötigten: Holz- und Streuberechtigungen, das Sammeln von Steinen, das Graben von Lehm und Sand, die Mastberechtigung und schließlich die Hude und Weide.

Die Holzberechtigungen umfassten Brenn-, Eichenbau-, Nadel- und Buchennutzholz für landwirtschaftliche Geräte, Fall-, Lager- und Leseholz sowie das Roden von Baumstuken. Jeder vollen Reihenstelle stand als Brennholz der jährliche Bezug von einem Klafter Buchenholz zu. Seine Fällung, Aufarbeitung und Einklafterung erfolgten durch die herrschaftlichen Holzhauer. Als Gegenleistung hatten die Berechtigten 16 Guthegroschen (24 Guthegroschen entsprachen einem Taler) zu zahlen.

Für den Unterhalt und Ausbau ihrer Gebäude konnten die Berechtigten Eichenbauholz in dem Umfange beziehen, wie dieses unter dem Gesichtspunkt einer nachhaltigen Forstbewirtschaftung möglich war. Um einer zu großen Nachfrage Einhalt zu gebieten, sollte die Forstbehörde - unter Hinzuziehung beeidigter Werkverständiger und des Bauermanns zur Erteilung der erforderlichen Erläuterungen - die Landwirtschaftsgebäude besichtigen und den als erforderlich befundenen Holzbedarf feststellen. Reichte das Eichenbauholz nicht aus, konnten die Berechtigten als Ersatz Fichtenbauholz verlangen. Dieses Holz war innerhalb von zwei Jahren für die angegebenen Zwecke zu verwenden. Anderenfalls stand der Forstverwaltung das Recht zu, es zurückzufordern. Jede mißbräuchliche Verwendung oder Weitergabe an Fremde waren bei einer Geldstrafe von einem bis zu zwanzig Talern verboten.

Buchennutzholz für landwirtschaftliche Geräte konnten die Berechtigten zum halben Preis des *wahren Wertes* für den Bau von Leiterbäumen, Deichseln, Langwagen, Hudepfählen, Dachruthen, Eggebalken und Schlitten beziehen. Ausgeschlossen war der Bau von Radfelgen, Achsen, Speichen u. a. - wohl eine Schutzmaßnahme zugunsten der dörflichen Handwerker. Ihnen, d*en Professionisten ... sowie jedem Dritten* wird *gestattet, um die Bewilligung ihrer Nutzholzbedürfnisse gegen Bezahlung des wahren Werthes ... nachzusuchen.*

Bemerkenswert sind schließlich noch die Vereinbarungen über das Stukenroden und Sammeln von Streumaterial. Bei ihnen behielt sich die *allergnädigste Herrschaft* das Recht vor, *auch nicht berechtigten Einwohnern der Interessenten-Gemeinden, besonders der ärmeren Classe, zu ihrem eigenen Bedarf das unentgeltliche Stukenroden zu gestatten.* In gleicher Weise behielt sie sich vor, *einzelnen Nichtberechtigten ... ebenso auch ärmeren Einwohnern der Interessenten-Gemeinden Erlaubnis zum Laubholen* als *zum Streu-Material für ihr Vieh, soweit das aus der Oeconomie genommene Stroh nicht reicht, zu ertheilen.*

Die letztgenannte Genehmigung ist um so bemerkenswerter, als die Forstbehörde das Laubholen als besonders schädlich für den Boden und den Waldbestand erachtete. Sie war darauf bedacht, Zuwiderhandelnde hart zu bestrafen: *Diejenigen, welche Laub holen, dasselbe aber nicht zum Streu-Matrial unter ihr Vieh brauchen, sondern verkaufen oder auf andere Art als zum Streu-Material verwenden, namentlich es nur auf dem Miste zur Vermehrung des Düngerhaufens schütten, ingleichen diejenigen, welche Stroh verkaufen,* sind *zur Strafe von dem Laubsammeln ausgeschlossen.*

Das den ärmeren Klassen zugestandene Stukenroden und Laubholen scheinen auf ein Gewohnheitsrecht zurückzugehen. Die nutzungsberechtigten Gemeinden hatten es ihnen zur Wahrung des sozialen Friedens seit langem eingeräumt. Diesem für den nachhaltigen Waldbestand so schädlichem Recht scheint sich die *allergnädigste Herrschaft* gebeugt zu haben[422].

Schließlich war es den Reiheleuten erlaubt, unentgeltlich Steine zum eigenen Gebrauch für ihre Gebäude, für den Bau von Brücken, Wegen und ähnlichem zu sammeln sowie Lehm und Sand zum eigenen Bedarf zu graben und abzufahren.

Im Jahre 1840 wird davon gesprochen[423], dass es seit einer Reihe von Jahren zwischen *der Königlichen Domänenkammer zu Hannover* und *den Interessenten-Gemeinden des Bramwaldes Hemeln, Bühren, Ellershausen, Varlosen, Dankelshausen, Oberscheden, Niederscheden, Volkerode und Mengershausen* über deren Berechtigungen zu vielfachen Differenzen und größtenteils schon zu gerichtlichen Prozessen gekommen sei. Zur Vermeidung weiterer kostspieliger Prozesse und künftiger neuer Differenzen hätten beide Seiten sich darauf geeinigt, die Berechtigungen der Interessenten einvernehmlich zu regeln und in einem Rezeß niederzulegen.

Die mit dem Vergleich vom Jahre 1840 erfolgte Beendigung des seit Jahrhunderten wirksam gewesenen Prinzips des Eigentums *zur gesamten Hand* als Basis für die nachhaltige Nutzung des „Gemeinen Bramwaldes" dürfte den nutzungsberechtigten Markgemeinden eher aufgezwungen, denn von ihnen freiwillig vereinbart worden sein. Noch vierundzwanzig Jahre später wird davon gesprochen[424], dass das Verhältnis zwischen den Untertanen und der Obrigkeit in dem Amte Münden durch die sehr bedeutenden *förstlichen Interessenschaften* des Bram- und Kaufungerwaldes sehr angespannt sei. Ursachen der gespannten Situation seien die sehr verwickelten, zum Teil streitigen Berechtigungsverhältnisse und die Auseinandersetzungen über deren Ablösung. Das Spannungsverhältnis sei so weit gediehen, dass darunter bereits die Achtung vor fremdem Eigentum leide. So schwer den Berechtigten die Ablösung der Nutzungsrechte im Jahre 1874[425] auch gefallen sein mag, etwas abgefedert wurde sie wohl durch die einige Jahre zuvor erfolgte Einführung der Kohlefeuerung, des Kartoffel-, Klee- und späteren Rübenanbaus[426].

In Dankelshausen waren Nutzungsberechtigte des „Gemeinen Bramwaldes" 26 volle und 6 halbe Reihestellen. Sie verfügten über ein Weiderecht für 48 Kühe und 20 Rinder, 120 Schweine, 210 alte Schafe und 65 Lämmer. Den Brüdern Carl Wilhelm und Carl August wurde ein Weiderecht für 300 Hammel zuerkannt. So wenig deren Weiderecht zu diesem Zeitpunkt schriftlich belegt werden konnte, so wenig war dieses bereits vor zweihundert Jahren der Fall gewesen. Als das Recht im Jahre 1688 von dem Förster Christoff Kersten in Mielenhausen angezweifelt wurde, hatten die Brüder Wilhelm Christoph und Heinrich Moritz als Eigentümer der Güter Wellersen und Dankelshausen nicht mehr in Händen als ihr Verweis auf ein altes Gewohnheitsrecht, nach dem *wir undt unsere Vorfahren* die *Hude* des *schaffviehes an dem Bramwalde ... allemahl geruhig genossen*[427].

Die Mastberechtigten der Gemeinden Bühren, Ellershausen, Varlosen, Ober- und Niederscheden hatten in der Vergangenheit für jedes Schwein sieben Pfennige Brenngeld und zusätzlich für ein großes Schwein bei voller Mast einen und für ein kleines einen halben Himbten Masthafer zu bezahlen. Anders die Dankelshäuser. Sie hatten den doppelten Betrag zu entrichten. Ihre höhere Belastung wird mit ihrer sich von den anderen Bramwald-Gemeinden unterscheidenden Vergangenheit erklärt[428]: Als die Herren von Stockhausen die Dörfer Dankelshausen, Imbsen, und Löwenhagen in Besitz nahmen, seien diese aus der Gemeinschaft der Bramwald-Dörfer herausgerissen worden. Als Gutsdörfer seien sie nicht mehr am Bramwald berechtigt gewesen[429]. Später soll Dankelshausen die Mastberechtigung zurückerlangt haben, wobei es wieder zu einem Bramwald-Dorf geworden sei.

Eine mit dem Gut Dankelshausen vergleichbare Entwicklung wird für das Gut Wellersen vermutet[430]. Dessen ursprüngliche Mastrechte *entstammen wahrscheinlich der Zeit, zu der*

Wellersen noch als Dorf bestand. Im Jahre *1591 wurde der Hof an die Herren von Stockhausen vergeben. Je fester er ... in deren Eigentum überging, desto lockerer wurden seine Beziehungen zum Bramwald, bis er sich schließlich ganz löste.*

Wurden die Mast- und Holzrechte in Geld abgefunden, so wurden die Weide- und Streurechte - mit Ausnahme der „bramwaldentfernteren" Dörfer Ober- und Niederscheden - mit einer Flächenabfindung abgelöst. Der Wert der Dankelshäuser Abfindungsfläche „Auf der Gose" von 15,81 ha wird mit 255,15 Mark angegeben[431]. Das stockhausensche Dankelshäuser Gut erhielt eine Fläche von 1,54 ha. Der Wert des abgefundenen Bauholzes ist mit 18.800 Mark ermittelt worden (vgl. Übersicht 13).

Die Streurechte am „Gemeinen Bramwald" gehen auf die Anfangszeit des Kartoffelanbaues in den 1760er Jahren zurück. Versetzte die Kartoffel die Bauern in die Lage, ihre Schweine auch im Winter zu mästen, so war es die Einstreu, die sich schon bald als der begrenzende Faktor der Schweinemast erwies. Bezeichnend für die wirtschaftliche Bedeutung des Sammelns von Streumaterial (Laub, Heide, Farne, Binsen, Heidelbeerkraut, Moos und dergleichen) ist die relative Höhe ihrer Abfindung (vgl. Übersicht 13). Für Dankelshausen, Ellershausen, Niederscheden und Bühren lag sie zwischen 18 und 25 Prozent, für Varlosen betrug sie 61 und für Oberscheden sogar 134 Prozent der Abfindungswerte für die Weiderechte. Wurden letztere im Jahre 1877 abgelöst, so hielten die Dankelshäuser und Bührener an den Streurechten bis zum Jahre 1882 fest, die Varlosener bis zum Jahre 1884 und die Ellershäuser sogar noch ein Jahr länger[432]. Die Aufzeichnungen des Dankelshäuser Bauern Hildebrandt aus den Jahren 1880 bis 1882 über die zahlreichen Laubfuhren - allein im Jahre 1882 waren es sieben -, die er mit seinem Pferdegespann für sich selbst und andere durchführte, unterstreichen den Umfang und die wirtschaftliche Bedeutung des im Bramwald gesammelten Streumaterials.

Die für die abgelösten Weide- und Streurechte abgetretene Waldfläche konnte in zwei Formen genutzt werden: sie blieb als Gemeinschaftswald erhalten oder sie wurde, wie im Falle von Dankelshausen, abgeholzt und auf die Berechtigten aufgeteilt. Für die Genehmigung einer solchen Aufteilung mußten zwingende Gründe vorliegen. Die Abholzung mußte landwirtschaftlich nützlich sein und im landespolizeilichen Interesse liegen[433].

Bei der Abholzung und Aufteilung der Ablösefläche „Auf der Gose" müssen wir wohl annehmen, dass es die seit jeher bestehende Knappheit an landwirtschaftlicher Nutzfläche war, die ihren „landwirtschaftlichen Nutzen" ausmachte. Nutzungsberechtigt an der Abfindungsfläche waren 26 volle Reihestellen mit jeweils einem vollen Anteil von 0,538 ha und 6 halbe mit jeweils einem halben Anteil. Die Abfindungsfläche vergrößerte das gesamte Ackerland aller Dankelshäuser Bauern um zehn Prozent[434].

Mit der Aufteilung der Waldfläche bildeten die Dankelshäuser eine Minderheit. In den Jahren 1895 bis 1925 sind in der preußischen Provinz Hannover nur 23.297 ha Wald oder 24 Prozent der im Jahre 1895 unaufgeteilten Waldfläche aufgeteilt worden[435].

Für eine Realgemeinde der Nutzungsberechtigten wie die der Dankelshäuser gab es kein spezielles Musterstatut. Bei der Regelung ihrer Statuten[436] am 12. Dezember 1912 wurde das wohl einzig verfügbare Formular „Statuten der Forstgenossenschaft" verwandt und handschriftlich das Wort „Forst" durch „Real" ersetzt. In den 1870er Jahren machten die Mitglieder der Dankelshäuser Realgemeinde etwa 70 Prozent aller Haushalte aus. Die restlichen 30 Prozent, und das waren vorrangig die ärmeren Haushalte, hatten ohne jede Entschädigung ihre bisherigen offenen oder heimlichen, legalen oder stillschweigend geduldeten Nutzungen des Bramwaldes verloren.

In seiner niedersächsischen Dorfgeschichte *Hütte und Schloß*, hinter der wohl seine Beobachtungen in seinem Heimatdorf Jühnde stehen, bewertete Heinrich Sohnrey die Auflösung der *Waldgerechtsame* als den Beginn einer bitterbösen Zeit:

„Das Holz ist mein Stolz", hatte der Graf von Hilgenthal einmal gesagt... Ja, wäre nur nicht das große Ärgernis gewesen! Der eingesessenen Bevölkerung von Hilgenthal stand nämlich am Grundstocke der gräflichen Waldherrlichkeit, dem stundenbreiten und stundenweiten Hilgenholze, von alters her ein bestimmtes Nutzungsrecht zu, eine sogenannte „Holzberechtigung", die alljährlich so und so viel Klafter Kluftholz und so und so viel Schock Wellholz ausmachte.

Dazu aber kam das Weiderecht, wonach die Reiheberechtigten Jahr für Jahr ihre Kühe und Schweine in das Hilgenholz treiben durften; ganz zu schweigen von den allen Ortsansässigen zustehenden und namentlich für die kleinen Leute bedeutsamen Rechte auf Laubstreu, Raff- und Leseholz, auf Gras und Kraut, Buchnüsse und Beeren, Eicheln und Kienäpfel und dergleichen mehr.

Diese althergebrachte Waldgerechtsame gab dem Dorfe einen bedeutsamen wirtschaftlichen Rückhalt, zumal in schlechten Jahren und ganz besonders in harten Winterszeiten. Sie war ... eine Sparkasse für jedermann.

Von dem blanken Kluftholze suchten die Bauern so viel wie irgend möglich zu erübrigen, um zur Winterszeit, wenn alle anderen Einnahmequellen versiegt waren, mit dem Holzwagen in die Stadt zu fahren. Die kleinen Leute aber huckten die „Köze" auf den Rücken, brachten das wieder gewonnene „Buch" (Bucheckern), blank wie Gold, nach der Schlagmühle und freuten sich schon im voraus auf den schülpenden Butt. Denn auch gar zu köstlich ist der Gewinn aus den Buchnüssen, gar zu schmackhaft das lieblich duftige Buchöl, wenn man die Kartoffeln hineintunkt oder ein Stück Brot. ... Hatten die kleinen Leute ... nicht eigenes Land genug, so war eben die Waldgerechtsame von altersher dazu da, das Mangelnde zu ersetzen; und wo sie nicht ausreichte oder unbequem lag, da setzte die Gemeindeberechtigung ein. ...

Graf Harald ... wußte nichts davon ... dass das Hilgenholz ursprünglich ein Gemeinbesitz gewesen war, als dessen spärliche Reste man nach alten Urkunden die Waldgerechtsame anzusehen hatte, die übrigens nach den Erinnerungen der alten Leute noch vor fünfzig Jahren bedeutend unbeschränkter gewesen war. Graf Harald sah in den Leuten, die mit Pferd und Wagen oder Kuh und Wagen oder mit dem Schiebkarren oder auch nur mit der Köze ins Hilgenholz zogen, nichts als unbotmäßige Eindringlinge in seine Selbstherrlichkeit und lehnte ihre geschichtliche Rechtfertigung grimmig ab.

Es kam hinzu, dass der gräfliche Oberförster in seinem Diensteifer und von seinem forstwirtschaftlichen Standpunkte ... einleuchtend darlegte, wie sehr die Waldgerechtsame der Dorfbevölkerung die „rationelle Waldwirtschaft" beeinträchtigte. Bereits hätten sich die Holzmärkte von Jahr zu Jahr günstiger gestaltet, und wenn nicht alle Anzeichen trügen, ließe die Zukunft ein noch weiteres sicheres Ansteigen der Holzpreise erwarten. ...

Und mit der ganzen großen Triebkraft ... fühlte der Graf sich gedrängt, die Ablösung der Waldgerechtsame zum unabänderlichen Beschluß zu machen.

Die Gesetzgebung, die diesen Fall schon vorgesehen hatte, lag ungemein günstig für ihn, denn sie stellt die Ablösung aller derartigen Gerechtigkeiten so gut wie ganz ins Belieben des Grundherrn, verpflichtet ihn nur zu einer angemessenen Entschädigung ...

Allein die großen und gescheiten Bauern wiesen den Ablösungsantrag kurz von der Hand und brachten es zuwege, dass auch die Schwankenden der Verlockung tapfer widerstanden...

Sie konnten sich auch nicht denken, dass das Gesetz sie zwingen könne, anders zu denken und zu handeln....

Drei Jahre später – so lange dauerte der Todeskampf doch immer noch - war die „Realgemeinde", nachdem sie die niederträchtigsten Schikanen erlitten und einen aufregenden und kostspieligen Prozeß um ihr gutes altes Recht verloren hatte, so mürbe gemacht, dass sie kein Glied mehr rührte und sich „gutwillig" mit dem gebotenen Kapital als abgefunden erklärte...

Die gute alte Waldgerechtsame war dahin, unwiederbringlich dahin. ... es sollten nun auf einmal auch all die hergebrachten Kleinleuterechte am Walde, wie Krauten, Buchfegen u. s. w. nicht mehr gelten; denn sobald die Ablösung beendet war, standen an allen Eingängen zum Hilgenholz große Tafeln mit der Inschrift:

Es wird hierdurch bekannt gemacht, dass das Sammeln von Bucheckern, Eicheln und Kienäpfeln, das Pflücken von Beeren, sowie das Holzhäkeln und das Schneiden von Gras in den gräflichen Forsten bei Strafe streng verboten ist. – Das Dürrholzlesen soll dagegen bis auf weiteres an zwei Tagen, Dienstag und Freitag, gestattet bleiben...

Um den Schatten einer solchen rücksichtslosen und ungerechten Verfügung kümmerte man sich auf gräflicher Seite nicht, und so wurde den Leuten, die doch an der Abfindung gar nicht teilgenommen hatten, auch keinerlei Entschädigung erhielten, eine Nährquelle abgegraben, aus der ihnen von jeher, unbeanstandet und ungehindert, ein nicht unwesentlicher Teil ihrer Lebensnahrung zugeflossen war....

Am schwerwiegendsten und fühlbarsten war für die kleinen Leute, die ... eine Kuh, aber keine Wiesen hatten, das plötzliche und gänzliche Aufhören der Waldweide, sowie das Verbot, im Walde zu krauten.

Gemeinheitsteilung und Verkoppelung

Zwei Jahre nach dem Vergleich über die Nutzungsrechte am Bramwald wurde im Jahre 1842 mit dem *Gesetz über die Zusammenlegung der Grundstücke und Verkoppelung* vom 20. Juni ein erneuter Anlauf unternommen, die Allmende aufzuteilen. Durch die Erfahrungen mit der Verordnung vom Jahre 1824 politisch klüger geworden, beschränkte man sich dieses Mal allerdings nicht nur auf ihre Aufteilung, sondern befaßte sich auch mit der zerstreuten Lage der von den einzelnen Bauern bewirtschafteten Flurstücke[437].

Dabei stützte man sich, wie bereits im Jahre 1824, auf die von agrarwissenschaftlicher Seite insbesondere an der Brache und den Gemeinheiten vorgebrachte Kritik. Die Nutzung des Brachfeldes - es stand bis Johanni (24. Juni) oder bis in den August hinein für die Viehweide offen - zementiere nicht nur die ackerbaulich überholte Dreifelderwirtschaft, sie verhindere auch eine gute Bodenbearbeitung, wie mehrmaliges Pflügen zur Unkrautbekämpfung und eine Herbstfurche für das Sommergetreide. In diese Kritik eingebettet war die an den Gemeinheiten: Vom zeitigen Frühjahr bis zum späten Herbst beweidet, stünden sie einer ausreichenden Futtererzeugung zur Intensivierung der Bodennutzung entgegen. Die Nutzungsberechtigung der Gemeinheit war ein Vermögensobjekt der beteiligten Hofstellen. Sie war ursprünglich ein von den berechtigten Hofstellen unabtrennbarer und mit ihnen *grundgebundener* Bestandteil[438].

Doch es war die Beweidung der Gemeinheiten nicht allein, die einer ausreichenden Futterversorgung im Wege stand. *Über eine sonderlich pflegliche Behandlung resp. Verbesserung der Wiesen*, so heißt es für das Gebiet des Amtes Münden[439], *ist aus hiesiger Gegend nichts zu berichten. Man überläßt sie sich selbst, ebnet jährlich die Maulwurfshaufen und sonstige Unebenheiten, vertilgt Moos durch Asche und in seltener Anwendung durch Kalk, hält die Gräben wohl offen, drainiert die Wiesen so gut wie gar nicht.* Entsprechend schlecht war die Futterversorgung des Rindviehs. *Die Weiden sind nicht ausgezeichnet, wenige Angerweiden, ganz vorwiegend Holzweiden.... (Sie) werden vorwiegend gemeinschaftlich betrieben. Privatweiden gibt es hier wenige. ... Im allgemeinen wird* das Rindvieh *im Winter nicht sonderlich ernährt, kaum etwas weiteres als Heu und Stroh.*

Schließlich, und das war das eigentlich Neue, wurde die Gemengelage der Grundstücke kritisiert. Durch die weiten Entfernungen der Parzellen von den Höfen ginge viel Zeit verloren. Man benötige mehr Gesinde und Zugvieh und müsse unnötige Kosten tragen. Die aus der Gemengelage resultierenden Überfahrtrechte über die Nachbargrundstücke minderten den Ertrag und schüfen Anstöße zum Streit[440].

Mit der angestrebten Reform sicherte man sich zwar die Unterstützung der größeren Betriebe, stieß aber auf den Widerstand der Kleinstbauern und unterbäuerlichen Schichten. *Die Kleinbetriebe bewirtschafteten ihre Flächen schon sehr intensiv, besonders wenn die Parzellen am Rande der Feldflur lagen. Sie hielten sich dabei weder an die Dreifelderwirtschaft, noch nahmen sie auf die Weideberechtigungen, die auf ihren Grundstücken ruhten, Rücksicht. Zwar gab es manchmal Streit mit den Hirten, vereinzelt auch Strafen, jedoch wurden diese Verstöße der „kleinen Leute" gegen die Feldordnung sowohl von den größeren Bauern als auch von der Obrigkeit geduldet*[441].

Die Ablehnung der Kleinstbauern wog umso schwerer, als die Einleitung des Verfahrens davon abhing, dass sich zumindest die Hälfte der Stimmen einer Dorfgemeinde für das Verfahren aussprach. Erheblich eingeschränkt wurde ihr Einfluß allerdings dadurch, dass die einzelnen Stimmen mit der Fläche ihres Bodenbesitzes gewichtet wurden. Die Folge war, dass den Gutsherren eine Schlüsselrolle zufiel. So war es in dem Dorf Nörten Graf von Hardenberg, der im Jahre 1857 die Verkoppelung der Feldflur beantragte. Doch was er für sich als vorteilhaft erachtete, betrachteten die Nörtener Bauern mit ganz anderen Augen. Die Verkoppelungs-Versammlung wurde gesprengt, ein Waldstück des Grafen in Brand gesteckt und das Verfahren vorläufig aufgegeben[442].

Im Jahre 1864 schrieb der Meenser Bauer Franke in sein Tagebuch: *Die Verkoppelung ist mit großen Kosten verknüpft. Am 9. April habe sich die Gemeinde in der Schule versammelt. Ein jeder Grundbesitzer wurde gefragt, ob er mit der Verkopplung zufrieden sei. Viele Ackerleute haben das Verkoppeln nicht wollen. Die vier Klosterpächter, die viel begüterten Ackerleute und Pfarrer stimmten für die Verkopplung, weil die davon den größten Nutzen haben*[443].

In Dankelshausen wurde der Beschluß zur Einleitung der Gemeinheitsteilung und Verkoppelung am 25. November 1874 gefaßt. Ihre vergleichsweise frühzeitige Einleitung, elf Jahre vor der in Oberscheden, könnte damit zu erklären sein, dass der stockhausensche Gutshof und die drei größten bäuerlichen Betriebe zusammen über 55 Prozent der zur Teilungs- und Verkoppelungsmasse gehörenden Grundstücke verfügten[444].

An dem Verfahren waren insgesamt 36 Parteien beteiligt. Der Hinweis von drei Anbauern und zwei Häuslingen, dass sie eine Abfindung zu verlangen hätten, weil sie in der Vergangenheit das Recht in Anspruch genommen hätten, ihre Schweine und Gänse in die Herde der Weideberechtigten einzutreiben, wurde abgelehnt. Ihre bisherige Weidenutzung beruhe nicht auf einem Recht, sondern sei ihnen von den Weideberechtigten der Gemeinde lediglich gestattet worden.

Die zur Teilungs- und Verkoppelungsmasse gehörenden Grundstücke umfaßten eine Fläche von 215,11 ha. Davon entfielen 148,82 ha auf Acker-, 47,81 ha auf Wiesen-, 0,02 ha auf Forstland und schließlich 18,46 ha oder 8,6 Prozent der Gesamtfläche auf den Anger, die Gemeinheit. 84 Prozent der gesamten Teilungs- und Verkoppelungsfläche oder 190,17 ha entfielen auf das Gut sowie auf die 31 beteiligten bäuerlichen Betriebe. Die restlichen knapp 26 ha verteilten sich auf die Feldmarkgenossenschaft, Pfarre, Kirchengemeinde, die Genossenschaft der Weideberechtigten, die Schulgemeinde sowie Privatpersonen ohne eine eigene Hofstelle

Die Aufteilung des Angers mit seiner Fläche von 18,46 ha kam hauptsächlich dem stockhausenschen Gut mit 6,68 ha, der Genossenschaft der Weideberechtigten mit 4,0 ha und dem größten Bauern im Dorf, Ferdinand Hildebrand, mit 1,73 ha zugute. Auf sie entfielen insgesamt 67 Prozent der Angerfläche. Lediglich sechs Hektar wurden auf die übrigen Beteiligten mit einer Schwankungsbreite von 0,6 bis 0,04 ha je Hofstelle verteilt.

Die Kosten der Gemeinheitsteilung und Verkoppelung waren nicht gerade niedrig. Sie schwankten zwischen 55 Mark je ha bei dem stockhausenschen Gutsbetrieb mit einer Betriebsfläche von 83 ha und 12 Mark je ha bei einem Kleinstbauern mit einer Fläche von beispielsweise nur 0,7 ha. Die Kosten für die Folgeeinrichtungen, für den Bau und Unterhalt der materiellen Infrastruktur (Wege, Fußsteige, Brücken, Bäche, Gräben und Kanäle), lagen bei etwa 50 Mark pro ha Betriebsfläche. Beide Kostenbeträge in Arbeitstage umgerechnet – das Entgelt eines Tagelöhners mit 1,60 Mark angesetzt[445] -, hatte der stockhausensche Gutsbetrieb insgesamt 5777 oder 69,5 Arbeitstage pro ha und ein Kleinstköter mit einer Fläche von 0,28 ha insgesamt 14 oder 50 Arbeitstage pro ha zur Bestreitung der Kosten zu erbringen.

Vor dem Hintergrund dieser Zahlen ist die Frage zu stellen, ob sich die Gemeinheitsteilung und die Verkoppelung für die an dem Verfahren beteiligten Betriebe gelohnt haben. Legen wir als Beurteilungskriterium die eingangs dargelegte Kritik an der unzulänglichen Viehhaltung zugrunde, so heißt es für das Gebiet der heutigen Landkreise Göttingen und Northeim[446]: *Die Gemeinheitsteilungen führten ... nicht zu einer Steigerung der Nutzviehhaltung, bewirkten allerdings eine veränderte Zusammensetzung der Viehbestände. Die bis dahin extensiv betriebene Schafhaltung wurde zugunsten der Schweinezucht, die nicht auf den Weidegang angewiesen war, reduziert.*

Für die Bramwald-Dörfer läßt sich eine einheitliche Entwicklung der Viehhaltung nicht feststellen. Während in den Jahren von 1873 bis 1892 der Schweinebestand in allen Dörfern stark gestiegen ist, hat lediglich in Dankelshausen, Mielenhausen und Varlosen auch der Kuhbestand deutlich zugenommen (vgl. Übersicht 14). Fragen wir nach den Ursachen seiner Zunahme, so ist sie in Dankelshausen wohl weniger auf die Aufteilung des vergleichsweise kleinen Angers als vielmehr auf die im Rahmen der Verkoppelung erfolgte Begradigung des Schedeverlaufs, auf seine Verlegung unmittelbar an das „Hainholz" und auf das damit zusätzlich geschaffene Weideland zurückzuführen.

Auffällig an der Entwicklung der Schafhaltung ist, dass sich der Bestand an Schafen lediglich in Dankelshausen gehalten, während er in allen sonstigen Bramwald-Dörfern stark abgenommen hat. Diese unterschiedliche Entwicklung dürfte nicht zuletzt mit dem Schafweiderecht der adligen Güter zu erklären sein[447].

Werfen wir schließlich noch einen Blick auf die geschaffene materielle Infrastruktur. War sie wohl mit den zusammengelegten Eigentumsflächen der an dem Verfahren beteiligten Betriebe abgestimmt worden, so war ihr doch zugleich - geradezu zwangsläufig - ein Moment der Unzulänglichkeit immanent. Diese Unzulänglichkeit ergab sich aus der pachtweisen Nutzung der etwa 18 ha Land, deren Eigentümer keine bäuerlichen Betriebsinhaber waren, wie etwa die Pfarre, die Kirchengemeinde etc. An welche Bauern diese Flächen künftig verpachtet werden würden, konnte zwangsläufig bei der Auslegung der materiellen Infrastruktur nicht berücksichtigt werden.

Ebenfalls nicht berücksichtigt werden konnten die künftigen Handlungsweisen der bäuerlichen Familien. In dem Zeitraum von 1877 bis 1939 (vgl. Übersicht 15) ist die Zahl der Betriebe mit weniger als 5 ha Land von 30 auf 16 deutlich gesunken. Zugleich ist die Zahl der Betriebe mit 5 bis 10 ha Land von 5 auf 16 deutlich gestiegen. Es liegt auf der Hand, dass diese Verschiebungen der Betriebsgrößen den Wert der geschaffenen Infrastruktur für alle Beteiligten mit Ausnahme des Gutsbetriebes stark beeinträchtigt haben.

Fragen wir schließlich nach den sozialen Auswirkungen, so gab es zu jener Zeit nicht wenige, die die Gemeinheitsteilungen und Verkoppelungen als eine Existenzgefährdung der unterbäuerlichen Schichten, der Anbauern und Häuslinge, betrachteten. Nach der Gemeinheitsteilung würden sie kein Vieh, insbesondere keine Ziegen, mehr halten können. Sie würden auf Gelegenheitsarbeiten bei den größeren Bauern angewiesen sein. Durch die Zusammenlegung der Grundstücke würde ihnen die Möglichkeit verloren gehen, einzelne, abgelegene Parzellen zu pachten[448]. Sie würden in einen Kreislauf der immer stärkeren Verarmung geraten, in eine Verarmung, aus der es für viele kein Entrinnen gäbe. Sinkende Tagelohnverdienste, unzureichende landwirtschaftliche Zuerwerbsmöglichkeiten und nur sehr ungenügende nichtlandwirtschaftliche Arbeitsplätze würden dazu führen, dass sie ihre Familien nicht mehr ernähren, kleiden und auch die Wohnungsmieten nicht mehr bezahlen könnten.

Ein sehr düsteres Bild zeichnete Heinrich Sohnrey in seiner Autobiographie *Zwischen Dorn und Korn* für seinen Geburtsort Jühnde:

Als Junge hatte ich noch die Übervölkerung des Dorfes gesehen, das Wohnungselend und die wirtschaftlichen Nöte der besitzlosen Tagelöhner kennengelernt. Ich hatte die Zustände vor der Verkoppelung ... der Feldmarken und nach der Verkoppelung vor Augen; ich sah die wirtschaftlichen Vorteile, die den Besitzern aus den Verkoppelungen erwuchsen, sah aber auch die erheblichen Nachteile, die für alle besitzlosen (d.h. landlosen) Leute daraus entstanden, mochten ihre Geschlechter auch schon hundert Jahre und länger im Dorfe sitzen. Es bewahrheitete sich hier so recht das Wort der Bibel: Wer da hat, dem wird gegeben, und wer da nicht hat, dem wird auch das genommen, was er hat.

Die Tagelöhner büßten ihre althergebrachten, aber nicht gesetzmäßigen Gerechtsame, insbesondere die Weide- und Waldrechte, ganz oder fast ganz ein, sie verloren vielfach ihre Gärten, ihr Gemeindepachtland, und es blieben ihnen nur die neuen Straßen und Wege, die dafür so schön breit und glatt geworden waren, dass sich sehr hübsch darauf wandern ließ. Was Wunder, dass die Arbeiter ohne Haus und Scholle auf diesen so bequem gewordenen Straßen davonwanderten!

Dass die Gemeinheitsteilung und die Verkoppelung auch in Dankelshausen die soziale Differenzierung der dörflichen Bevölkerung erheblich verstärkt haben, scheint uns nach dem Berichteten auf der Hand zu liegen. Es waren die ehemaligen Reiheberechtigten, denen gegeben, und es waren die Nicht-Reiheberechtigten, die unterbäuerlichen Schichten, denen das Wenige, das sie besaßen, genommen wurde. Im Jahre 1878 sprach Pfarrer Hermann Friedrich Wilhelm Albrecht Rabe von der großen Last, die die Dankelshäuser durch die gerade vorgenommene Verkoppelung zu tragen hätten[449]. Ob die Verkoppelung allerdings auch den sozialen Frieden erheblich gestört hat, erscheint uns zumindest zweifelhaft.

Außer dem stockhausenschen Gutsbetrieb waren es neun Bauern mit einer Betriebsfläche von jeweils mehr als vier Hektar, die wir als die eindeutigen Gewinner bezeichnen können, etwa zwanzig Prozent der Dorfbevölkerung. Die übrigen achtzig Prozent, ob sie an dem Verfahren beteiligt waren oder nicht, blieben das, was sie immer gewesen waren, Tagelöhner im Zu- oder Haupterwerb. Es war das Gewohntsein an diese Abhängigkeit, von dem wir glauben, dass es die wohl aufgetretenen Unstimmigkeiten zwischen den Begünstigten und Benachteiligten eingeschränkt, auf Dauer überlagert und damit zum sozialen Dorffrieden beigetragen hat. Bezeichnend für diese Einschätzung sind die Nichtbeachtung der sogleich zu beschreibenden Hannoverschen Landgemeindeordnung vom Jahre 1859 durch die dörfliche Oberschicht der Reihestelleninhaber und deren schweigende Duldung durch die Mehrheit der auf diese Weise politisch und durch die Gemeinheitsteilung und Verkoppelung noch zusätzlich wirtschaftlich Benachteiligten.

Widerstand gegen das Landgemeindegesetz vom Jahre 1859

Sechs Jahre nach der Domizilordnung wurde den Domizilberechtigten durch das Staatsgrundgesetz des Königreichs Hannover vom 26. September 1833 der Status zuerkannt, Mitglieder einer politischen Gemeinde zu sein[450]. Und sechsundzwanzig Jahre später unterschied das Landgemeindegesetz vom 28. April 1859[451] zwischen drei Klassen von Stimmberechtigten: den nichtansässigen Gemeindemitgliedern, soweit sie, wie Handwerker, Pfarrer u. a., überhaupt stimmberechtigt waren, und zwei Klassen von Grundbesitzern: kleinen und großen. Die Stimmenzahl der Nichtansässigen durfte ein Drittel der Stimmen der Grundbesitzer nicht übersteigen. Alle unselbständigen Dorfbewohner hatten kein Stimmrecht.

Verschaffte diese Stimmrechtsregelung den alten Markgenossen schon ein erhebliches Übergewicht, so kam noch hinzu, dass ihnen nach Paragraph 11 das alleinige Stimmrecht zugeteilt werden konnte. Voraussetzungen waren a) ein unter Zustimmung der Nichtmarkgenossen von der Obrigkeit zu genehmigender Gemeindebeschluß und b) die Bereitschaft der Markgenossen, alle öffentlichen Lasten, wie die von der Obrigkeit angeordneten kommunalen Anlagen, Armenhäuser, Schulen, Feuerteiche u.a.m., zu tragen.

Die angesprochene Finanzierung durch die Markgenossen hatte einen vergleichsweise komplizierten vermögensrechtlichen Hintergrund. Vor der Anerkennung als politische Gemeinde handelte es sich bei der Gemeindezuständigkeit im Wesentlichen um einen „dörflichen Betrieb der Landwirtschaft". Dieser Betrieb war genossenschaftlich organisiert. Der Grund war, dass *die Benutzung von Wald und Weide, die Gemengelage der Ackerstücke in Verbindung mit dem Dreifeldersystem, gemeinschaftliche Festsetzungen über die Aufeinanderfolge der Saaten, über die Erntezeit erforderten, woran sich die Anlage und Unterhaltung der Wege und Brücken, die Räumung der Gräben, die Anstellung von Hirten und Feldhütern, das Halten von Bullen, Böcken und Ebern anschloß*[452]. Es war die Dorfgemeinde, die einmal die ihr von der Landesverfassung auferlegten Rechte und Pflichten trug und die zum andern auch die Eigentümerin des Dorfvermögens war.

Mit der Anerkennung als politische Gemeinde verblieben die Vermögensrechte der Gemeinde bei ihren bisherigen Trägern. Sie bildeten einen eigenen Verband innerhalb der politischen Gemeinde. Das Vorhandensein einer solchen sogenannten Realgemeinde, so das Oberlandesgericht zu Celle am 7. November 1862, *erzeugt nicht einen eigentlichen Dualismus der nämlichen Gemeinde. Sie bezeichnet lediglich einen Rechtszustand, nach dem das Vermögen der ursprünglichen Gemeinde nicht auf die politische Gemeinde übergegangen ist*[453].

Wurde der Paragraph 11 in Anspruch genommen, so blieb praktisch alles beim Alten. Die juristische Trennung von politischer und Realgemeinde war nicht erkennbar. Anders lagen die Dinge, wenn die minderberechtigten Klassen der Dorfbewohner von der Möglichkeit des Paragraphen 11 keinen Gebrauch machten und unter Beteiligung an den Gemeindelasten das Stimmrecht erwarben.

Die Dankelshäuser Reihestelleninhaber scheinen sich mit dem Gedanken der politischen Gemeinde und der mit ihr verknüpften Einbuße an politischem Einfluß sehr schwer getan zu haben. Noch im Jahre 1904 sah sich mein Großvater als Königlicher Landrat des Kreises Münden[454] in seinem Schreiben vom 19. April gehalten, den Gemeindevorstand darauf hinzuweisen, dass die dort bestehende Stimmordnung in der Gemeindeversammlung gesetzeswidrig sei[455]. Bereits in seinem Schreiben vom 17. Februar habe er ihm dargelegt, dass die *dort gehandhabte Stimmordnung, wonach nur den Reihehausbesitzern, nicht aber den Anbauern und Häuslingen ein Stimmrecht in der Gemeinde-Versammlung zusteht, ... den gesetzlichen Bestimmungen widersprechen. Nach Paragraph 8 der Hannoverschen Landgemeinde-Ordnung vom Jahre 1859 gelten als stimmberechtigt (1) alle diejenigen, die in der Gemeinde ein Gut, einen Hof oder ein für sich bestehendes Wohnhaus eigentümlich oder nießbräuchlich besitzen, und (2) alle Männer, die in der Gemeinde einen Wohnsitz und in derselben einen eigenen Haushalt führen, sofern sie nicht wegen eines Verbrechens bestraft, ansonsten unbescholten und selbständig sind.*

Auf der Grundlage dieser Grundsätze müsse auch das Stimmrecht in Dankelshausen eingerichtet werden[456]. In den meisten anderen Gemeinden des Kreises habe bei ihrer Anwendung jeder Reihehausbesitzer drei Stimmen, jeder Anbauer[457] zwei Stimmen und jeder Häusling eine Stimme. Er, der Landrat, empfehle, diese Stimmordnung auch in Dankelshausen anzuwenden. In diesem Fall würde das Rittergut 3 x 11= 33 Stimmen erhalten - die Stimmenzahl von elf Reihehausbesitzern. *Ich veranlasse den Gemeinde-Vorstand, hierüber tunlichts bald einen Gemeindebeschluß herbeizuführen und eine beglaubigte Abschrift derselben mir einzusenden.*

Mochte auch ihre Stimmordnung gesetzeswidrig sein, die Dankelshäuser waren nicht bereit, vom Althergebrachten zu lassen. Am 10. April beschloß die Gemeindeversammlung einstimmig, *das alte bisher bestehende Stimmrecht vorläufig weiter beizubehalten (um erst zu prüfen, nach welchem Modus am richtigsten ein neues Stimmrecht einzuführen ist)*[458]. Ein Monat später wurde eine Abänderung des Stimmrechts in der Weise beschlossen, dass das Gut 11 und jeder Reihemann und Anbauer je eine Stimme haben sollten. In dem Protokoll mit keinem Wort erwähnt wurden die Häuslinge.

Es war sodann die Beschwerde des Dankelshäuser Anbauers Zacharias, von Beruf Tischler, die den Landrat am 18. Juli 1904 veranlaßte, der Gemeinde unter Hinweis auf das Zuständigkeitsgesetz vom 1. August 1883 mitzuteilen, dass, falls sie sich weiterhin weigere, eine Änderung des Stimmrechts zu beschließen, von Amts wegen eine, wie von ihm vorgeschlagene Stimmordnung eingeführt werde. Diese offene Drohung verfehlte ihre Wirkung nicht. Am 25. September wurde das Stimmrecht nach dem Muster beschlossen, wie es der Landrat in seinem Schreiben vom 17. Februar empfohlen hatte.

Eine entscheidende Änderung der politischen Rechte der Dorfbewohner brachte die „November-Revolution" im Jahre 1918. In ihrem Gefolge wurden nicht nur die Vorschriften über das alte Klassenwahlrecht und das „Hausbesitzerprivileg" beseitigt. Aufgehoben wurde auch der bisherige Ausschluß der Frauen von den Gemeinderatswahlen. So heißt es in dem Rundschreiben des Landrats des Kreises Münden vom 29. August 1919 an den Gemeindevorstand in

Dankelshausen zu der bevorstehenden Wahl der Gemeindevertretung am 21. September: *Alle im Besitz der Reichsangehörigkeit befindlichen Männer und Frauen, die das 20. Lebensjahr vollendet und im Gemeindebezirk seit 6 Monaten ihren Wohnsitz haben, sind stimmberechtigt*[459].

Die letzten Tage des Königreichs Hannover im Jahre 1866

Die Ablösung der Nutzungsberechtigungen am Bramwald sowie die Gemeinheitsteilung und Verkoppelung fielen in eine Zeit, in der die Dankelshäuser schon nicht mehr Untertanen des letzten hannoverschen Welfenkönigs Georg V. (+1878) waren. Indirekter Auslöser des Endes des Königreichs Hannover war Preußens faktische Annexion der beiden Herzogtümer Schleswig und Holstein. Am 11. Juni 1866 forderte Österreich unter aktiver Zustimmung des Königreichs Hannover die Bundesversammlung in Frankfurt am Main auf, Preußens Vorgehen Einhalt zu gebieten und sämtliche Truppen des Bundesheeres, die nicht zur preußischen Armee gehörten, möglichst umgehend gegen Preußen mobil zu machen.

Sich völlig darüber im klaren, dass er die Grenzen seines Königreichs im Falle eines preußischen Angriffs nicht werde verteidigen können, befahl Georg V. zur Rettung seiner Armee, die Truppen aller Garnisonen in die Umgebung von Göttingen, dem südlichsten, mit der Eisenbahn erreichbaren Ort, zusammenzuziehen. In der Nacht vom 16. zum 17. Juni erreichten die Infanterieeinheiten den Göttinger Raum[460]. Die Kavallerie und die Verbände der reitenden Artillerie trafen einen Tag später ein. Das Hauptquartier der hannoverschen Armee mit dem Stab der 1. Brigade wurde in Göttingen eingerichtet. Das General-Commando und die Adjutantur der königlich-hannoverschen Armee richteten sich in der Universitätsaula am Wilhelmsplatz ein. Die Soldaten wurden in Privatquartieren untergebracht. König Georg V. residierte mit seinem Sohn im Hotel „Zur Krone" in der Weender Straße.

Die übrigen Truppen wurden im Umkreis mit einem Radius von etwa zwanzig Kilometern in die umliegenden Ortschaften verteilt: in Wellersen der Stab der 4. Infanterie-Brigade, in Dankelshausen die 4. Kompanie, in Oberscheden die 1. und 2. Kompanie und in Niederscheden die 3. Kompanie des 3. Jäger-Bataillons - in ihr dienten der Dankelshäuser Heinrich Christoph Friedrich Pabst und der Wellersener Heinrich Willig.

Die betroffenen Gemeinden waren über die von ihnen zu besorgende Unterbringung der Truppen - von mehr als 18.000 Soldaten und Offizieren - nur einen Tag zuvor informiert worden. Mochten auch die Quartierwirte einen Anspruch auf Vergütung haben, und wurde dieser auch später erfüllt, so war doch die so unerwartet und plötzlich abgeforderte Verpflegung der Unteroffiziere und Mannschaften - die Offiziere hatten sich selbst zu beköstigen - und die Unterbringung der Pferde keine Kleinigkeit. Sie bildete eine Belastung, die man nicht so einfach wegstecken konnte, mochte sie auch nur ein bis zwei Tage dauern.

Am 19. Juni beschloß Generalmajor von Bothmer, Kommandeur der in Wellersen einquartierten 4. Infanterie-Brigade, den Stand des Vormarsches der Truppen des preußischen Generalmajors von Beyer in das Gebiet zwischen Kassel und Münden zu erkunden. *Vom Rendezvousplatz Niederscheden ging es,* so Georg Steinberg, Gefreiter der in Niederscheden einquartierten 3. Kompanie und berichtender Augenzeuge des Geschehens in den nächsten Tagen[461], *die Husaren voraus, nach Münden. Von hier aus ging der General von Bothmer mit den Husaren und der in Dankelshausen einquartierten 4. Compagnie (v. Brandes) bis nach dem Dorfe Landwehrhagen. Ausgesandte Patrouillen hatten nichts vom Feinde gesehen. Unser Brigadeadjutant Vogt und der Rittmeister v. d. Wense erbaten sich vom General die Erlaubnis, nach Cassel reiten zu dürfen, was ihnen auch erlaubt wurde. Wie sie nachher berichteten, waren sie unangefochten nach Cassel gekommen, zum größten Erstaunen der Bewohner, welche die beiden Officiere in großem Haufen begleitet hatten. Von preußischen Soldaten war noch nichts gesehen worden. Nun hatten sie dem Stadtkommandanten ihren Besuch gemacht, aber der hatte sie gebeten, sofort die Stadt wieder zu verlassen, da in diesem Augenblick ein Bataillon preußischer Füsiliere auf dem Bahnhof eingetroffen sei. Das hatten sich die Herren denn auch nicht zwei Mal sagen lassen und waren heilfroh gewesen, als sie Cassel wieder im Rücken gehabt. Der General hatte für die Nacht die Anordnung getroffen, dass die Husaren die Beobachtung fortzusetzen hatten, die 4. Compagnie zu ihrer Unterstützung an der Werrabrücke stehen bleiben sollte. Unsere andern Compagnien rückten in Unterscheden und Dankelshausen ein.*

Die Nachricht aus Kassel löste in Göttingen eine fieberhafte Aktivität und den Beschluß aus, in den frühen Morgenstunden des 21. Juni nach Heiligenstadt aufzubrechen: 20.600 Mann, davon 13.000 Mann Infanterie, 2.200 Mann Kavallerie, 1.000 Mann Artillerie mit 52 Geschützen, 2.200 unausgebildete Rekruten, sodann Train und Pioniere: *Der 21. Juni fing früh für uns an, es war ein Viertel nach 3 Uhr, als unser Bataillon mit Ausnahme der bei Münden stehen gebliebenen Compagnie v. Brandes auf ziemlich steilem Wege dem hochgelegenen Dorfe Jühnde zustrebte. Auf dem Plateau bei Jühnde angekommen, sahen wir von verschiedenen Seiten Colonnen von Infanterie, Artillerie und Cavallerie im Anmarsch, ein erfreulicher Anblick für uns, wir waren nicht mehr allein. Bei einer Windmühle versammelte der General seine Stabsofficiere, und es dauerte gar nicht lange, da kam unser Commandeur zurückgesprengt, zog seinen Degen und hielt uns eine kurze, kernige Rede, die darin gipfelte, dass er, es möge kommen, was da wolle, ein felsenfestes Vertrauen zu seinem Bataillon habe, und mit einem Hoch auf unsern König schloß, in welches jetzt so siebenhundert Kehlen mit einer Kraft einstimmten, dass es wohl noch eine halbe Stunde weit gut zu hören gewesen sein muß*[462].

Fünf Tage später, am 26. Juni, erreichten die Truppen Langensalza. Auch wenn die Auseinandersetzung mit den preußischen Truppen am nächsten Tage zugunsten der hannoverschen verlief, so ließen der Mangel an Munition und Lebensmitteln, die große Ermüdung der Truppen und der Anmarsch überlegener preußischer Truppen von Nordhausen aus es der hannoverschen Generalität geraten erscheinen, ihrem König die Kapitulation zu empfehlen.

In langen Märschen, so Heinrich Sohnrey, waren *die Preußen durch mein südhannoversches Heimatdorf Jühnde gekommen, das eben die Hannoveraner eiligst verlassen hatten. Die Schlacht, die man schon bei Jühnde erwartete, wurde bald darauf bei Langensalza geschlagen. Die Hannoveraner „siegten" und mußten dann doch die Waffen strecken. Ich empfand lange Jahre nachher noch den Ingrimm darüber.* Heinrich Sohnrey stand mit seinem „Ingrimm" nicht allein da. Bei den Wahlen am 12. Februar 1867 zum konstituierenden norddeutschen Reichstag stimmten 45 Prozent der Wähler gegen die preußische Annexion des Königreichs Hannover[463].

Zeugnisse aus Dankelshausen darüber, wie dort das politische Konstrukt der preußischen Provinz Hannover empfunden wurde, liegen uns nicht vor. Doch nicht zuletzt der Umstand, dass einige Dankelshäuser und Wellersener bei Langensalza mitgekämpft haben, läßt die Vermutung zu, dass die neue preußische Verwaltung wohl kaum mit offenen Armen willkommen geheißen wurde.

Vereinigung des Gutsbezirks Wellersen mit der Gemeinde Dankelshausen

Im Oktober 1932 unterschrieb die Gemeinde Dankelshausen mit den stockhausenschen Besitzern des Gutes Wellersen einen Vertrag, der für die Gemeindefinanzen eine wesentliche Verbesserung versprach. Die Wurzeln dieses Vertrages gehen auf das Gesetz über die

Regelung des Gemeindeverfassungsrechts vom 27. Dezember 1927 zurück. Sein Anliegen war es, die bis dahin selbständigen Gutsbezirke aufzulösen.

Das Landgemeindegesetz vom 28. April 1859 hatte allen Besitzungen, die nicht zu einem Gemeindeverband gehörten, den Charakter eines selbständigen Gutsbezirks verliehen. Mit dem Inkrafttreten der Kreis-Ordnung vom 8. Mai 1884 war für den Bezirk eines jeden selbständigen Gutes ein Gutsvorsteher bestellt worden[464]. Nun sollte allen Einwohnern des preußischen Staates, auch denen der Gutsbezirke, die Möglichkeit einer Vertretung ihrer Interessen auf kommunaler Ebene eingeräumt werden. Auf der Grundlage von Vorschlägen der Landräte sollten die Gutsbezirke in die benachbarten Landgemeinden eingegliedert oder in eigenständige Landgemeinden umgewandelt werden.

Hatte die Stadt Dransfeld sich zunächst alle Mühe gegeben, sich den Gutsbezirk Wellersen einzugliedern, so waren es die traditionellen Bindungen mit Dankelshausen, die am 6. März 1928 den Kreisausschuß Münden dazu bewogen, ihn *mit der Landgemeinde Dankelshausen zu vereinigen*. Für Dankelshausen stellte der Beschluß, insbesondere unter fiskalischen Gesichtspunkten, einen bedeutsamen Gewinn dar. Nach dem Vertrag, den die Gutsbesitzer mit dem Gemeindevorstand am 3. Oktober 1932 abschlossen, übernahmen erstere jeweils 41 Prozent sowohl der Kreisabgaben als auch der Netto-Schullasten der Gemeinde sowie diejenigen Wohlfahrtskosten, die nach Abzug der Reichseinkommen- und Umsatzsteuer der Gemeinde Dankelshausen durch die Eingemeindung entstehen würden.

Unter der Fahne der Nationalsozialisten

Hoher Wahlerfolg der NSDAP in den Bramwald-Dörfern

Die ersten Jahre nach dem Ende des Ersten Weltkriegs bescherten der kleinbäuerlichen Landwirtschaft eine recht durchwachsene Zeit. Steigende Erzeugerpreise für Weizen, Kartoffeln, Rind- und Schweinefleisch sowie Milch verhalfen den bäuerlichen Familien zunächst zu einem recht guten Auskommen. Im Jahre 1920 sahen sich die Dankelshäuser in der Lage, auf genossenschaftlicher Basis eine eigene Spar- und Darlehenskasse zu gründen - im Jahre 1943 wurde sie mit der bereits im Jahre 1887 in Oberscheden gegründeten verschmolzen.

Doch dann kam die Agrarkrise der 1920er Jahre. Von einer in- und ausländischen landwirtschaftlichen Überproduktion geprägt, fielen die Agrarpreise in den Keller, zwar nicht sofort, in den Folgejahren aber umso stärker[465]. Diese Entwicklung traf auch die Dankelshäuser. Eine Vielzahl von ihnen war gezwungen, als Auspendler in der Zuckerfabrik in Oberscheden, in dem Meenser Steinbruch, in der Filzfabrik im Schedetal oder als Tagelöhner auf den stockhausenschen Gutshöfen in Dankelshausen und Wellersen und in den zugehörigen Forsten ein nicht geringes Zubrot hinzuzuverdienen.

In verschiedenen Ländern, so auch in Niedersachsen, kam es zu zahlreichen, lautstarken Bauernprotesten[466]. Profiteur der von der Bürgerkriegspraxis dieser Protestbewegung beschädigten Legitimität der beiden rechtskonservativen Parteien DNVP (Deutschnationale Volkspartei) und DVP (Deutsche Volkspartei) war die NSDAP (Nationalsozialistische Deutsche Arbeiterpartei). Die eigentlich Leidtragende ihres Aufstiegs war die von ihr auf das Heftigste bekämpfte SPD. Hatte sie im Landkreis Münden bei der Reichstagswahl am 21. Mai 1928 noch 48,9 Prozent[467] aller Stimmen erzielt, so nahm ihr Anteil bei den folgenden Wahlen laufend ab: von 45,7 bei den Septemberwahlen 1930, auf 35,2 und 36,3 bei den Wahlen im Juli und November 1932 und schließlich auf 31,4 Prozent im März 1933 (vgl. Übersicht 16).

Im Gegenzug schnellte der Stimmenanteil der NSDAP sprunghaft nach oben. Nach einem Achtungserfolg von 18,3 Prozent bei den Novemberwahlen 1930 erreichte ihr Anteil 51,7 Prozent bei der Reichstagswahl am 31. Juli 1932. Sank er wohl drei Monate später auf 43,7

Prozent, so stieg er bei den Wahlen am 5. März 1933 wieder auf seine alte Höhe vom Juli 1932 an.

Eine vergleichbare Entwicklung ist in den Bramwald-Dörfern festzustellen, wenn auch auf unterschiedlichem Niveau, die der SPD auf einem niedrigeren, die der NSDAP auf einem deutlich höheren (vgl. Übersicht 16). In Ellershausen erreichte die NSDAP bei den Juliwahlen 1932 einen Stimmenanteil von 77,8 Prozent. Bereits drei Monate später konnte sie ihn auf 84,0 Prozent ausbauen. Das andere Extrem bildete Mielenhausen. Bei den Juliwahlen mit 53,4 Prozent knapp 2 Prozentpunkte über dem Landkreis Münden liegend, sank ihr Anteil bei den Märzwahlen 1933 auf 48,0 Prozent, knapp vier Prozentpunkte unter dem des Landkreises Münden. Dankelshausen nahm einen Mittelplatz ein. Bei den drei Wahlen der Jahre 1932 und 1933 entschieden sich jeweils etwa 70 Prozent der Wähler für die NSDAP. Der Stimmenanteil für die SPD fiel von 22,3 auf 19,0 Prozent.

Bei dem Versuch, den hohen Wahlerfolg der NSDAP in den Bramwald-Dörfern zu erklären, stoßen wir auf kaum überwindbare Schwierigkeiten. Analysen über die Wahlmotive der damals Wahlberechtigten liegen nicht vor. Um dennoch einiges über sie aussagen zu können, bedienen wir uns des allgemeinen Erklärungsansatzes von W. Pyta (1996, S. 199 ff). Er geht davon aus, dass die meisten Einwohner eines Dorfes für die Sphäre des Politischen nur eine *gelangweilte Indifferenz* übrig hatten, dass in dem *sozial autarken Mikrokosmos* des Dorfes eine ausgesprochene Kirchturmspolitik dominierte. Weil Politik im dörflichen Lebenskreis als ein Fremdkörper empfunden wurde, sei sie an diejenigen Dorfbewohner *delegiert* worden, die aufgrund ihres Berufes und ihrer Ausbildung am besten für sie geeignet erschienen. Der politische Prozeß sei entlang den bestehenden Autoritätsstrukturen des dörflichen Sozialgefüges verlaufen. Den sozialen Führungskräften, den tonangebenden Dorfautoritäten, wie den Gutsbesitzern und den Großbauern, dem Dorfpfarrer und dem Schullehrer, sei die Aufgabe zugefallen, die *große Politik* gewissermaßen für den Dorfgebrauch zu übersetzen. Ihnen mißt er für die Botschaft der Hitler-Partei eine besonders empfängliche politische Neigung zu. Können wir mit diesem Ansatz das Wahlverhalten der Dankelshäuser erklären?

Nach Aussagen älterer Dankelshäuser war der Gutspächter Wilhelm Schmidt als Nicht-Sympathisant der NSDAP im Dorf allgemein bekannt. Wenn er damit als Bindeglied zwischen der NSDAP-Politik und den Dorfbewohnern ausscheidet, wie stand es dann um

Pastor Otto Hugo Sartorius, der die Pfarrstelle in Dankelshausen in den Jahren von 1912 bis 1934 innehatte, und um seinen Nachfolger Hermann Georg Albert Röbbelen? Bei dieser Frage haben wir wohl zu unterscheiden zwischen dem Einfluß, den sie in ihrer Pastorenfunktion auf die Dankelshäuser auszuüben vermochten, und ihrer Einstellung zur NSDAP.

So prächtig auch ihre Kirche war und heute noch ist, in sie hinein gingen die Dankelshäuser seit jeher nur sehr selten. Bereits im Juni 1911 hatte der Generalsuperintendent in Hildesheim nach der von ihm durchgeführten Visitation geschrieben: *Die Aufgabe des Pfarramtes ist dort nicht nur äußerlich eine schwierige, sie ist es auch innerlich... Dass trotz der guten Stellung, die das Pfarramt seit Jahren in der Gemeinde eingenommen hat, so wenig in Dankelshausen und Mielenhausen erreicht ist – der Kirchenbesuch ist gleichmäßig schlecht geblieben -, das mahnt, in der Seelsorge das eigentlich religiöse und kirchliche Moment nicht hinter dem allgemein Menschlichen zurücktreten zu lassen. Der Geistliche hat noch nicht genug getan, wenn er sich durch gefälliges und freundliches Wesen in der Gemeinde Eingang verschafft.*

Die *schwarzen Schafe* in der Parochie waren die Gemeinden Dankelshausen und Mielenhausen. Dagegen war Oberscheden, wie Pastor Hermann Georg Albert Röbbelen es im Jahre 1940 formulieren sollte, *ein gewisser Lichtblick in dieser kirchlichen Wüste*[468]. Für Niederscheden bestünde noch Hoffnung, falls es stärker an den Oberschedener *Lichtblick* angebunden würde.

Das kirchliche Leben, so der Generalsuperintendent im Juni 1915 unter Bezugnahme auf die im Mai 1913 durchgeführte Visitation der Dankelshäuser Kirche, *steht in allen Orten der Gemeinde auf sehr tiefer Stufe. Hoffentlich hat der Krieg mit seiner ernsten Sprache und seinem gewaltigen Ruf zu Gott eine Besserung herbeigeführt.* Krieg als Mittel zur Verbesserung der *recht kummervollen kirchlichen Verhältnisse*? Zumindest mittelfristig war eine solche Hoffnung auf Sand gebaut. Im ersten Jahr des Zweiten Weltkrieges schrieb Pastor Röbbelen[469]: *Zudem hat sich das Volk hier angewöhnt, den Sonntag mit zur Arbeit zu machen. Am Sonntagvormittag werden die Häuser geputzt; wenn dann das Vieh gefüttert ist, steigt der Pastor gerade von der Kanzel (1 ½ Uhr). Dann beginnt für die Leute der Sonntag, der aber kein Sonntag mehr ist, da ihm das Beste fehlt, das Wort Gottes. Neben dem Sonntagsgottesdienst wird auch der Unterricht in der Pfarre durch den Krieg in Mitleidenschaft gezogen. Immer wieder kommen die Kinder mit Entschuldigungen... So kann man es erleben, dass im Schiff der Dankelshäuser Kirche sich 1 Person befindet. 8 Erwachsene ist etwa das Normale.*

Und in seinem im April 1946 verfaßten Rückblick auf die Kriegsjahre schreibt er: *Weder von dem Kirchenkampf noch von dem Krieg ist eine sichtbare Bewegung ausgegangen. Der Krieg hat das kirchliche Leben nicht zu fördern vermocht, auch am Anfang nicht. Die Heimkehrer haben keine Belebung gebracht. Sie haben während des Krieges wenig Seelsorge erlebt. Der Druck der Not hörte mit der Heimkehr auf. In der Heimat nahm sie nicht die kirchliche Sitte in die Arme, sondern es umgab sie die alte Unkirchlichkeit.*

Was die beiden Dankelshäuser Pastoren deutlich von den Nationalsozialisten trennte, war die „Nazifizierung der Kirche" als der Inbegriff des aggressiven Vorgehens der „Deutschen Christen" bei der angestrebten Beseitigung der selbständigen, bekenntnisgebundenen Landeskirche[470]: Pastor Sartorius als Mitglied der Gnadauer „Gemeinschaftsbewegung" und Pastor Röbbelen als Mitglied der „Bekenntnisgemeinschaft". Letztere verstand sich als innerkirchliches Korrektiv zu den „Deutschen Christen". Auch wenn sie auf öffentliche Proteste gegen die Terrormaßnahmen des NS-Regimes verzichtete, so bot sie dennoch den Rahmen für eine gewisse Unabhängigkeit von den Machthabern.

So distanziert die beiden Pastoren der NSDAP gegenüber standen, über den Gottesdienst - wenn sie es denn versucht haben oder hätten - konnten sie auf die Dankelshäuser kaum einen wesentlichen Einfluß ausüben.

Wenn die Pastoren Sartorius und Röbbelen als „Agenten" des Nationalsozialismus auszuschließen sind, wie stand es dann um die Schullehrer? In seinem Rückblick auf die Kriegszeit schreibt Pastor Röbbelen: *Von den 5 Lehrern war nur einer (L. Kühle, Mielenhausen) aus der Kirche ausgetreten, der auf die Gemeinde und die Jugend einen ungünstigen Einfluß ausübte. Sonst waren die Verhältnisse in dieser Beziehung hier selten gut. Kantor Wulfert, Oberscheden, und Lehrer Baumann, Niederscheden, taten ihren Organistendienst weiter und hielten regelmäßig Lesegottesdienste. Der alte Kantor Macke* in Dankelshausen *hielt sich mit Treue zu den Gottesdiensten.*

Heinrich Macke hatte die Lehrerstelle in Dankelshausen vom Jahre 1903 bis zum 31. März 1935 inne. Als befristeter Verwalter der Schulstelle folgte ihm Kurt Widmeyer. Am 1. Juni 1935 wurde Wilhelm Idecker aus Bühren als Lehrer an der Volksschule des Schulverbandes Dankelshausen ernannt. Ihm wird nachgesagt, ein strammer Nazi gewesen zu sein. Er soll es gewesen sein, der Pastor Röbbelen wegen seiner Predigten angezeigt habe. Am 1. April 1937 folgte ihm Heinrich Rode aus Langenholtensen bei Northeim[471].

Angesichts der sehr kurzzeitigen Besetzungen der Lehrerstelle in Dankelshausen ist wohl davon auszugehen, dass von ihren Inhabern kaum eine wesentliche politische Beeinflussung der Dankelshäuser ausgegangen ist. Mag auch der Mielenhäuser Lehrer der NSDAP nahegestanden haben, so scheint doch sein Einfluß, wenn wir uns die Wahlergebnisse der NSDAP in Mielenhausen noch einmal vor Augen führen (vgl. Übersicht 16), relativ gering gewesen zu sein.

Bleibt noch die Einstellung des seit dem Jahre 1919 amtierenden Dankelshäuser Bürgermeisters Karl Beuermann anzusprechen. Könnte er es gewesen sein, der als Bindeglied zwischen dem dörflichen Milieu und der nationalsozialistischen Politik gewirkt hat? Der Umstand, dass er erst am 4. April 1933, knapp ein Monat nach den allgemeinen Kommunalwahlen am 12. März, Mitglied der NSDAP wurde[472] und erst ab November 1933 und nur bis Dezember 1943 Mitglied der SA[473] war, spricht eher dagegen denn dafür. Sein Parteieintritt dürfte kaum als Ausdruck seiner persönlichen Identifizierung mit der Politik der NSDAP, sondern eher als eine Folge des allgemeinen Zwanges zu werten sein, als Bürgermeister Mitglied der Partei sein zu müssen. B. Herlemann (1997, S. 568 f) spricht davon, dass in den niedersächsischen Gebieten die zumeist konservativ-nationale Gesinnung großer Teile der amtierenden Gemeindevorsteher ihre Wiederwahl begünstigt habe. Die Ergebnisse der Gemeindewahlen bestätigten die Erkenntnis, dass im Frühjahr 1933 der Einbruch der NSDAP in die Gemeindeverwaltungen weit geringer war als gemeinhin angenommen werde.

Karl Beuermanns Wiederwahl zum Bürgermeister läßt darauf schließen, dass es bis zu diesem Zeitpunkt den Nationalsozialisten nicht gelungen war, in Dankelshausen einen wesentlichen Einfluß auf die internen Gemeindeangelegenheiten auszuüben. Das Festhalten an ihrem alten Bürgermeister heißt allerdings nicht, dass die Dankelshäuser, wie die Ergebnisse der Reichstagswahlen im März 1933 deutlich zeigen - 69,7 Prozent wählten die NSDAP -, den NS-Staat grundsätzlich ablehnten. Viele, so heißt es heute, seien wegen der hohen Arbeitslosigkeit zu den Nazis gegangen. Wer Nazi gewesen sei, hätte bessere Chancen für einen Arbeitsplatz gehabt. Hinzu kam noch ihr Versprechen, sich in besonderer Weise der Sorgen der bäuerlichen Landwirtschaft annehmen zu wollen.

Für Dankelshausen - und wohl auch für die anderen Bramwald-Dörfer - muß W. Pytas Annahme, die Dorfbewohner hätten sich für die große Politik nicht interessiert, hätten in einer *Kirchturmsperspektive* verharrt, als nicht belegbar zurückgewiesen werden. Zwar sind die Beweggründe der Dankelshäuser für ihre durch die Wiederwahl ihres langjährigen Bürgermeisters angedeutete parteipolitische Unterscheidung zwischen Kommunal- und Reichstagswahl im Einzelnen nicht nachzuzeichnen, dennoch scheinen sich die Dankelshäuser für die „große Politik" interessiert zu haben.

Als ein von außen wirkender „Agent" könnte die Oberschedener Ortsgruppe der NSDAP fungiert haben, auch wenn sie auf die dortige Wahl der NSDAP nur einen vergleichsweise geringen Einfluß ausgeübt zu haben scheint (vgl. Übersicht 16). Schon sehr früh, bereits am 24. Februar 1924, von den drei Oberschedenern Walter und Herbert Hofmeier sowie Karl Beuermann gegründet[474] - zwei Jahre nach der in Göttingen[475] und sieben Jahre früher als die in Dransfeld[476] -, dürfte Hitlers Auftritt in Göttingen zehn Tage vor den Juliwahlen 1932 ihre Aktivitäten wirkungsvoll unterstützt haben. Bei strömenden Regen jubelten damals 10.000 bis 30.000 Zuhörer seinem 15minütigen Auftritt im Kaiser-Wilhelm-Park zu. Ob seine Kundgebung auch Dankelshäuser besucht haben, ist nicht bekannt. In jedem Fall dürften Freunde und Bekannte ihnen von Hitlers Auftritt berichtet und deren Schilderungen ihre Wirkungen nicht verfehlt haben.

Hitlers bevorzugtes Medium war die dramaturgisch perfekt gestaltete Massenkundgebung. Zugleich war es das Radio, dessen er sich mit großem Erfolg bediente. Dabei war der Umstand keineswegs von Nachteil, dass es in den zwanziger Jahren in Dankelshausen nur wenige gab, die ein Radio besaßen. Ältere Dankelshäuser berichten, dass sie Hitler gemeinsam vor dem Radio in der Schule gehört hätten. Es war dieses sich vor dem Radio gemeinsam Versammeln und Zuhören, dem die nationalsozialistische Propaganda eine stärkere faszinierende Wirkung zumaß als dem *isolierten* Zuhören der Familie vor dem häuslichen Volksempfänger[477].

In seiner Rundfunkrede am 19. September 1933 erklärte der Reichsernährungsminister Darré[478]: *Wir brauchen den Bauern als Blutsquell des deutschen Volkes, und wir brauchen ihn als Ernährer des deutschen Volkes. Darum kommt es auch nicht so sehr darauf an, dass der Bauer für seine Erzeugnisse einen möglichst hohen Preis erzielt, damit sein Betrieb eine möglichst hohe Rente abwirft, sondern es kommt darauf an, dass der Bauer durch ein deutsches Bauernrecht mit seinem Grund und Boden fest verwurzelt wird und für seine Arbeit einen gerechten Lohn, d. h. auskömmliche Preise erhält.*

Solche Bekundungen dürften viele Dankelshäuser gern gehört haben. Ihre Aufwertung als *Ernährer und Blutquelle des deutschen Volkes* mochte anfänglich vielen Bauern angenehm in den Ohren geklungen haben. Doch schon bald dürften es die Marktordnungen gewesen sein, die zeitgleich mit Darrés Rede eingeführt wurden, die ihnen den Zielkonflikt deutlich werden ließen, der *zwischen den bevölkerungs-standesideologischen Forderungen, bekannt unter dem Schlagwort „Blut und Boden," auf der einen und den produktions-ernährungswirtschaftlichen Bestrebungen*[479] auf der anderen Seite bestand.

Es begann mit den Sondervorschriften für die Neuregelung des Milch-, Getreide-, Eier- und Fettmarktes[480]. Ab dem Jahre 1934 wurde das System Schritt für Schritt auf alle landwirtschaftlichen Erzeugnisse ausgedehnt. Der freie Verkauf von Agrarerzeugnissen an den Handel, die Selbstvermarktung und die Selbstverarbeitung, z. B. die Herstellung von Butter, wurden verboten. Als Folge der schlechten Roggen- und Weizenernte wurde für beide Getreidearten eine Ablieferungspflicht eingeführt. Ab dem Jahre 1935/36 unterlagen auch die Viehschlachtungen der Kontingentierung. Bis zum Jahre 1936 waren alle wichtigen landwirtschaftlichen Produkte in das Festpreissystem eingebunden.

Mögen auch viele Bauern „gemurrt" haben[481], so gibt es weder für das Gebiet des ehemaligen Landkreises Münden noch für Dankelshausen irgendwelche Hinweise dafür, dass sich Bauern offen gegen die Verordnungen, geschweige denn gegen den NS-Staat aufgelehnt haben. Für eine solche Auflehnung war die Kontrolle der Gemeinden durch die NSDAP zu intensiv und wurden etwaige Verstöße gegen die Ablieferungspflicht zu streng geahndet. Durch das Gesetz zur Sicherung der Landbewirtschaftung vom 28. März 1937 wurden die Behörden ermächtigt, die landwirtschaftliche Nutzung der Anbauflächen zu regeln, falls die Eigentümer in ihrer Wirtschaftsweise nicht den Anforderungen zur *Sicherung der Volksernährung* genügten. *Derjenige, der sein Land vorsätzlich nicht oder schlecht bewirtschaftet, ist ein Volksschädling, demgegenüber ein scharfes Durchgreifen am Platz ist*[482].

Gut zwei Wochen nach den Kommunalwahlen am 12. März 1933 wurden die Gemeindebehörden darauf hingewiesen[483], dass örtliche Aktionen zur Behinderung von Sozialdemokraten, ihr Amt als Mitglieder der gemeindlichen Vertretungskörperschaften anzutreten, nicht den Absichten der Staatsregierung entsprächen. Allerdings *schließe diese Grundhaltung die tatsächliche Behinderung einzelner durch solche richterliche und polizeiliche Maßnahmen nicht aus, die aus besonderen Gründen gegen sie getroffen worden seien.* Wollte man auf diese Weise zumindest den Anschein der Legalität noch wahren, so glaubte man bereits drei Monate später, dieses nicht mehr nötig zu haben. Am 22. Juni 1933 wurde die SPD verboten.

Wesentlich ungezügelter ging die NSDAP gegen die Mitglieder der Kommunistischen Partei Deutschlands vor. Da sie *sämtlich unter dem Verdacht des Hochverrats stehen,* wurden sie bereits am 1. April 1933 von den Sitzungen der Gemeindevertretungen ohne Wenn und Aber ausgeschlossen.

Am 10. August 1933 wurde dem in Mielenhausen gewählten Gemeindevorsteher von dem stellvertretenden Landrat die Bestätigung mit der Begründung verweigert, dass er nicht die Gewähr dafür biete, jederzeit rückhaltlos für den neuen Staat einzutreten. Der Gemeindevorstand wurde ersucht, in der nächsten Gemeindeausschuß-Sitzung eine Neuwahl des Gemeindevorstehers sowie des 1. und 2. Beigeordneten vornehmen zu lassen. Als *vertrauliche Anmerkung* an den Gemeindevorstand fügte er noch hinzu: *Die Neuwahl der Gemeindevorsteher und Beigeordneten hat mehr formale Bedeutung. Ich bitte dafür einzutreten, dass die von mir im engsten Einvernehmen der Kreisleitung der N.S.D.A.P. zu Gemeindevorsteher (Beigeordneten) kommissarisch bestellten Persönlichkeiten nunmehr endgültig gewählt werden.* Nicht nur in Mielenhausen, auch in anderen Gemeinden setzte man den von der SPD gestellten Gemeindevorstehern zunächst einen kommissarischen Gemeindevorsteher entgegen und beraumte sodann „Neuwahlen" an[484].

Was der stellvertretende Landrat in seiner vertraulichen Anmerkung nur andeutete erhielt wenige Monate später Gesetzeskraft. Am 17. Mai 1934 informierte der Landrat die Gemeindevorstände mit einem Rundschreiben, wie sie in Zukunft zusammengesetzt sein sollten:

Um eine ständige enge Verbundenheit der Verwaltung der Gemeinde mit ihrer Bürgerschaft sicherzustellen, werden aus deren Mitte zur Beratung des Leiters der Gemeinde um Volk, Staat oder Gemeinde verdiente und erfahrene Männer berufen.

Die Zahl der Gemeinderäte wird durch Satzung *bestimmt, und zwar sollen nach der Ausführungsanweisung zum Gemeindeverfassungsgesetz ... in Bauerndörfern und in Landgemeinden mit weniger als 1000 Einwohnern mindestens 4 und höchstens 6 Gemeinderäte berufen werden....*

In dieser Zahl ist der als Gemeinderat zu berufende örtliche Leiter der N.S.D.A.P. und der rangälteste Führer der Sturmabteilung der Schutzstaffel der N.S.D.A.P. mit einbegriffen.... Ich empfehle, die Zahl der Gemeinderäte in Bauerndörfern und Landgemeinden unter 1000 Einwohnern auf 5 ... festzusetzen.

Vierzehn Tage später, am 31. Mai 1934, unterbreitete der bis dahin achtköpfige Dankelshäuser Gemeinderat den Vorschlag, *die Zahl der Dorfältesten auf 5 festzusetzen.* Der Vorschlag wurde angenommen. Nach der für die Gemeinden allgemein verbindlichen Satzung über die

"Festsetzung der Zahl der Gemeinderäte" gehörten zu den fünf Dorfältesten die beiden erwähnten für Dankelshausen „zuständigen" NSDAP-Mitglieder sowie drei *sonstige erfahrene und verdiente Männer.*

Nach der Ausführungsanweisung vom 26. Februar 1934 zu dem Gemeindeverfassungsgesetz vom 15. Dezember 1933[485] beschränkte sich die Aufgabe der Gemeinderäte darauf, *den Leiter der Gemeinde zu beraten, seinen Entschlüssen und Handlungen im Volke Verständnis zu verschaffen und ihm die Nöte der Gemeinde und ihrer Mitglieder nahezubringen.* Das Schwergewicht ihrer Tätigkeit lag von nun an allein in der Beratung bei den allein von dem Leiter der Gemeinde einberufenen Sitzungen. Über die in den Beratungen des Gemeinderats eingebrachten Angelegenheiten fanden keine Abstimmungen mehr statt. Die Gestaltung der Geschäftsgänge in den Beratungen wurden weitgehend dem Gutdünken des Leiters der Gemeinde überlassen[486]. *Im Interesse einer sachlichen Arbeit* waren die Beratungen nicht mehr öffentlich. Abstimmungen fanden nicht mehr statt. *Das entspricht dem Grundsatz, dass die Entschließungen des Leiters der Gemeinde nicht durch irgendwelche Mehrheitsauffassungen, sondern durch das Gewicht der Gründe, die der einzelne in der Beratung vorbringt, bestimmt werden sollen.* Auch stand den Gemeinderäten eine Kontrolle der Verwaltung *im früheren Sinne* nicht mehr zu. *Die Beaufsichtigung der Verwaltung in diesem Sinne ist vielmehr ausschließlich Angelegenheit der Aufsichtsbehörde.*

Im Mai 1936 wurde das Verhältnis der NSDAP zu den Gemeinderäten zur „Geheimsache" erklärt. Niemandem, so hieß es in einem Rundschreiben des Landrats an die Bürgermeister – im April 1935 hatten die Leiter der Gemeinden in Preußen die Amtsbezeichnung „Bürgermeister" und ihre Vertreter die eines „Beigeordneten" erhalten – sei es erlaubt, an den Beratungen des Beauftragten der NSDAP mit den Gemeinderäten teilzunehmen. Von einer Teilnahme war auch die Aufsichtsbehörde der Gemeinde ausgeschlossen.

Die Amerikaner sind da

Der lange Weg, den über viele Jahrhunderte hinweg die Wellersener Schulkinder durch das „Hainholz" nach Dankelshausen haben zurücklegen müssen, ist von den Erwachsenen niemals einer besonderen Erwähnung für wert befunden worden. Billigte ihnen im Jahre 1833 der Dankelshäuser Pastor Karl Ludwig Christian Weber eine Wegezeit von immerhin einer halben Stunde zu[487], so glaubten vierundzwanzig Jahre später der Dankelshäuser Lehrer Johann Georg Ludwig Elbrecht sowie der sechsköpfige Schulvorstand, ihn in einer Viertelstunde zurücklegen zu können[488]. Sie dürften ihn wohl kaum jemals gegangen sein.

So beschwerlich der Schulweg war, er wurde von uns Kindern als Normalität empfunden, als normal deshalb, weil unsere Eltern seine Beschwerlichkeit ihren täglichen Sorgen schlicht unterordneten oder gar nicht zur Kenntnis nahmen. Eine hehre Ausnahme hatte mitten (!) im Zweiten Weltkrieg der Wellersener Gutspächter Ernst Lupp[489] gebildet. Am 2. Dezember 1943 hatte er sich im Namen von 12 Kindern, *deren Gesundheit z. T. schon gelitten hat*, an den Landrat des Kreises Münden Hermann Kratzin gewandt. Seit mehreren Jahren habe er schon den Zustand der Brücke über die Schede und seit mehreren Wochen den Wiesenpfad von der Brücke bis zum Dorf, wo die Kinder streckenweise durch das auf der Wiese stehende Wasser und auf dem durch das Vieh zerstörten und versumpften Weg laufen müssen, bei der Gemeinde beanstandet, ohne dass Abhilfe geschaffen worden sei. Auf dem Weg durch das „Hainholz", für den die Forstverwaltung Wellersen zuständig sei, befinde sich ein kleiner Graben, der für die Kinder nicht passierbar sei. Seiner Bitte, den Übergang neu herrichten zu lassen, habe Förster Grau entgegengehalten, keine Zeit zu haben. Dabei erfordere die Maßnahme nur eine Arbeitszeit von etwa zwei bis drei Stunden. Als notwendig erachte er es auch, den steilen Abhang im Walde entweder durch Stufen oder besser noch durch die Auflage einer schwachen Splittschicht für die Kinder ohne die Gefahr des Fallens begehbar zu machen.

Ernst Lupp sorgte sich nicht nur um den Schulweg. Er sorgte sich auch darüber, dass die Wellersener Kinder regelmäßig vier bis fünf Stunden mit nassen Füßen in dem ungenügend geheizten Schulzimmer verbringen mußten. Und so beantragte er eine Sonderzuteilung an Schuhen, da mit dem normalen Satz nicht auszukommen sei. Fünf Tage nach seiner Intervention unterrichtete der Kreisschulrat den Dankelhäuser Bürgermeister Karl Beuermann, dass er von dem Lehrer Heinrich Rode darüber informiert worden sei, dass die Kinder jeden Morgen zwei Stücke Holz mitbringen müßten, da die Schule über kein Brennmaterial verfüge. Er habe Rodes Bericht an den Landrat weitergeleitet. Auf keinen Fall dürfe der Unterricht ausgesetzt werden. Bis zu dem Zeitpunkt, an dem die Gemeinde Dankelshausen für ausreichendes Brennmaterial gesorgt habe, hätten die Kinder unter der Führung ihres

Lehrers nachmittags nach Niederscheden zu gehen und in dem dortigen Klassenraum Unterricht zu erhalten.

Ernst Lupps und Heinrich Rodes Beschwerden waren für Bürgermeister Karl Beuermann mehr als peinlich. Bereits zwei Tage später ließ er den Landrat schriftlich wissen, dass der Schule bereits im Sommer zwei Raummeter Brennholz zugewiesen worden seien. Sie hätten entgegen Rodes Behauptung in den letzten Jahren immer zur Beheizung ausgereicht. Allerdings, so mußte er einräumen, sei in diesem Jahr bei der Abfuhr des Brennholzes ein halber Raummeter fort gewesen. Mitte Oktober sei Heinrich Rode unterrichtet worden, dass vom Bahnhof Oberscheden fünfzehn Zentner Kohlen abzuholen seien. *Hierauf hat Herr Rode nichts unternommen, sondern ist abends gegen 7 Uhr zu dem damaligen Beigeordneten Rather gekommen und gefragt, warum die Kohlen nicht abgefahren wären.* Doch die wohl nicht ganz unberechtigte Frage kam zu spät. Zu eben dieser Zeit waren sie bereits anderweitig abgeholt worden. Und so blieb dem geplagten Bürgermeister nichts anderes übrig, als dem Landrat zu beteuern, dass er alles daransetzen werde, die Schule mit Brennmaterial ausreichend zu versorgen.

Was sich Ernst Lupp mit seiner Beschwerde über den Schulweg erwünscht hatte passierte. Trotz der Kriegswirren reagierte der ihm „seelenverwandte" Landrat prompt und setzte sofort den wohl auch in dieser schweren Zeit unverzichtbaren Verwaltungsapparat in Bewegung. Bereits am 15. Dezember 1943 lag der von ihm in Auftrag gegebene Bericht des Straßenmeisterbezirks Dransfeld über den Schulweg vor: *Die von der Forstverwaltung Wellersen zu unterhaltende Strecke des Fußweges in der Forst ist im Sommer passierbar. Jedoch bei feuchtem Wetter kann der steile Hang nur mit größter Vorsicht begangen werden. Bei Winterglätte ist er unpassierbar, dann muß die neben dem Wege durch Wasser entstandene Rinne, die voll Laub liegt, benutzt werden ... Die Fußgängerbrücke über die Schede ist in einem schlechten Zustand. Um sie wieder verkehrssicher herzustellen, sind der Belag und das Geländer zu erneuern. Von der Schede ab führt der Weg auf rd. 200 Meter durch eine sumpfige Wiese.*

Zwölf Tage später forderte der Landrat die stockhausensche Forstverwaltung und den Dankelshäuser Bürgermeister auf, die erforderlichen Instandsetzungsmaßnahmen durchzuführen. Als ihn dann am 6. Februar 1944 Ernst Lupp darüber informierte, dass bisher nicht das Geringste geschehen sei, sich die Brücke über die Schede nach wie vor in einem unpassierbaren Zustande befinde, beauftragte er den Oberwachtmeister der Gendarmerie der

Reserve in Bühren, ihm über das bisher Geschehene zu berichten. Wegen Nässe, so ließ dieser ihn schon bald wissen, sei bislang noch nichts unternommen worden. Und Ende September berichtete er, der Bürgermeister habe nicht die Absicht, die Kohlenschlacken anfahren zu lassen, denn dieses sei *nicht kriegsentscheidend*. Seine Worte waren kaum verhallt, als sich sieben Monate später die Kriegsfront in bedrohlicher Weise näherte.

Über die letzten Kriegsjahre und die Ankunft der Amerikaner in Wellersen schreibt Irmgard Matera, geb. Bornemann (ihr Vater war im Jahre 1943 nach Wellersen als Schrankenwärter der damals noch bestehenden Bahnlinie Hann.Münden-Dransfeld-Göttingen versetzt worden):

Der Schulweg ging mitten durch den Wald. Nach ca. drei Kilometern ging es über eine kleine Brücke, die über die Schede führte. Dann ging es durch Viehweiden und über einen Feldweg bis in den Schulort Dankelshausen. Durch den langen Schulweg, der bergauf und bergab ging, waren wir Kinder aus Wellersen gut durchtrainiert und dadurch immer im Sport die Besten.... alle waren von der ersten bis zur achten Klasse in einem Klassenraum untergebracht. Wir wurden auch von ein und demselben Lehrer (Herr Rode) unterrichtet.... In der Handarbeitsstunde, die am Nachmittag gehalten wurde, unterrichtete uns eine sehr nette ältere Dame (Frl. Weitemeier)....

Im Sommer gingen wir während der Schulstunden oft mit unserem Lehrer Heilkräuter sammeln. Wir hatten große Waschkörbe mit und füllten sie mit verschiedenen Kräutern. Es wurden die echten Schlüsselblumen, Spitzwegerich, Johanniskraut etc. gesammelt. Die wurden dann auf dem großen Kirchenboden zum Trocknen ausgebreitet. Von da aus kamen sie zu den Apotheken nach Hann. Münden. Dann mußten wir auf Anweisung von der Regierung auf den Feldern nach Kartoffelkäfern suchen. Gott sei Dank haben wir nie welche gefunden....

Auf dem Gutshof arbeiteten fast nur polnische Zwangsarbeiter, die man aus ihrer Heimat vertrieben hatte. Es waren Familien oder auch einzelne Personen. Wir freundeten uns mit ihnen an[490]*. Da sie ja mit der deutschen Sprache nicht so vertraut waren, konnten wir ihnen so allerhand erklären oder Schriftstücke übersetzen. Ein Ehepaar hatte auch ein kleines Mädchen von ca. vier Jahren mit Namen Maria. Mariechen, wie wir sie riefen, konnte sich schnell auf deutsch unterhalten, obwohl sie mit ihren Eltern nur polnisch sprach....*

Da der Krieg nun in vollem Gange war, wurde alles knapper. Bekleidung und Lebensmittel gab es nur noch auf Bezugsscheine. Das war alles so wenig, dass die Marken schon alle waren, bevor ein Monat rum war und es neue Marken gab.

Zur Pilzzeit gingen wir immer auf die Viehweiden und sammelten Champignons. Wir krochen durch den Stacheldrahtzaun auf die Weide, wo die Kühe grasten. Dort waren immer die besten Pilze. Oft war auch der Bulle mit bei den Kühen. Der kam dann wutentbrannt auf uns zugerannt, so dass wir uns oft in letzter Sekunde durch den Zaun retten konnten.

Da wir ja auch immer Hunger hatten, ließen wir uns so allerhand einfallen. Auf dem Gutshof gab es ein großes Hühnerhaus. Leider war die Tür immer verschlossen, und es gab nur die kleinen Klappen, wo die Hühner rein und raus laufen konnten. Da schoben wir dann das zarteste Mädchen durch so ein Hühnerloch. Sie reichte einige Eier raus, und wir zogen sie wieder zurück ... Zu der Zeit drehte sich alles nur noch ums Essen. Wir mußten auch manchmal bei der Kartoffelernte helfen. Wir bekamen ein Stück vom Acker abgemessen. Dann kam der Trecker oder ein Pferdegespann und schleuderte die Kartoffeln aus der Erde raus. Wir Kinder sammelten sie in Windeseile auf und warfen sie in große Körbe, dann wurden sie in Säcke oder auf den Wagen geschüttet. Zum Lohn bekamen wir dann abends einen großen Korb mit Kartoffeln.

Oft gingen wir auch zum Bucheckernsammeln. Meistens kamen dann die Verwandten aus Göttingen, und wir sammelten gemeinsam. Das war eine sehr mühselige Arbeit. Der Waldboden war meist schon gefroren, und man mußte die ganze Zeit auf den Knien liegend die kleinen Eckern auflesen. Wenn wir dann mit unserem Sammelgut nach Hause gingen, konnten wir uns kaum auf den Beinen halten. Die Bucheckern brachten wir nach Oberscheden zur Mühle. Dafür bekamen wir dann Öl....

Im Winter wurden Handarbeiten gemacht. Wir strickten Pullover aus aufgeribbelten Zuckersäcken. Manchmal wurde ein Sack mit trockenen Bohnen vom Boden geholt. Die mußten dann ausgepellt werden....

Der Krieg näherte sich nun langsam dem Ende. Wir hatten alle große Angst, da wir ja nicht wußten, wie die so genannten Feinde mit uns umgehen würden. Wir verbrachten die letzten Nächte im Keller, wo uns die Eltern einige Notlager errichtet hatten. Unser großer Schäferhund lief an einer langen Laufleine über den Hof und bellte immer, wenn die deutschen Soldaten auf dem Rückzug waren und am Haus vorbei liefen. Einmal jaulte er furchtbar auf, und dann war es ganz still. Wir hatten schon große Angst und glaubten, man hätte ihn erschossen. Aber am Morgen sahen wir, dass er von einem großen Backstein getroffen worden war, damit er nicht die zurücklaufenden Soldaten verraten konnte.

Am achten April 1945 kamen die Amerikaner mit ihren großen Panzern von Hann. Münden her in unseren kleinen Ort. Sie richteten auf dem freien Feld eine Reparaturwerkstatt für Panzer ein. Das war für uns Kinder ein tolles Erlebnis.

Wir freundeten uns mit den Soldaten an und brachten ihnen Kartoffeln und Eier. Dafür bekamen wir dann Kaugummi, Schokolade, Kekse, Apfelsinen und Bohnenkaffee, über den sich unsere Eltern freuten. Als die Amerikaner nach ca. 14 Tagen wieder abrücken mußten, tat uns das sehr leid. Nun bekamen wir nichts mehr von den schönen Sachen, die wir ja bis dahin noch gar nicht kannten....

Einen Tag vor der Ankunft der Amerikaner in Wellersen hatten die Dankelshäuser das Ende des Kriegsgeschehens erlebt, nachdem zuvor amerikanische Tiefflieger über ihre Häuser hinweggeflogen waren und es an der Südseite des Dorfes mehrere Granateneinschläge gegeben hatte[491]:

Am 7. April 1945 erfolgte ganz überraschend die Besetzung des Dorfes durch amerikanische Truppen. Sie kamen aus Richtung Mielenhausen an „Schmidts Wäldchen" vorbei in Schützenreihe auf das Dorf zu. Bei Söders Scheune machten sie Halt und schickten Vortrupps zur Durchsuchung der Häuser in den Ort hinein. Überall wurde nach deutschen Soldaten gefragt. ... Zu Zwischenfällen ist es nirgends gekommen. Den Fußtruppen folgten sofort Verpflegungsfahrzeuge, die ihre Ladungen auf der Kleinen Straße stapelten. Als von der Bundesstraße 3 noch einige Panzer ins Dorf feuerten, verschwanden alle schnellstens in den Häusern. Da die amerikanischen Truppen noch mit weiterem Widerstand deutscher Verbände rechneten, richteten sie das Dorf für weitere Kämpfe ein. Mehrere Häuser mußten geräumt werden, um für zu erwartende Verwundete Platz zu schaffen. Eine Scheune wurde zur Aufnahme von Gefallenen vorbereitet. Größere Kampfhandlungen fanden aber nicht statt. Auf deutsche Soldaten, die sich in Richtung Oberscheden – Hoher Hagen zur Verteidigung eingerichtet hatten, wurde ... mit leichten Waffen das Feuer eröffnet. Dabei sollen zwei deutsche Soldaten gefallen sein, die in Oberscheden beerdigt wurden. Mehrere Tage durchfuhren amerikanische Militärfahrzeuge und Panzer von Bühren kommend das Dorf. Ein vor der Gastwirtschaft Beuermann aufgestellter Funkwagen leitete sie weiter.

Eine besondere Gefahr waren die im Orte beschäftigten Ostarbeiter, die zunächst die Gunst der Amerikaner besaßen. So wurde Herr Rannenberg wegen einer Denunziation verhaftet und zu Verhören nach Hann. Münden und Göttingen gebracht. Als sich aber seine Unschuld herausstellte, wurde er unbehelligt wieder entlassen.

Einige Bewohner fürchteten, dass sich folgender Vorfall ungünstig für die Gemeinde hätte auswirken können: Im Sommer 1943 wurde auf dem Hofe des ... ein französischer Kriegsgefangener von einem deutschen Posten ohne ersichtlichen Grund hinterrücks erschossen. Der Tote wurde mit militärischen Ehren auf unserm Friedhof beigesetzt und später in seine französische Heimat überführt.

Nach dem Einrücken der Amerikaner befürchteten einige Bewohner Repressalien von seiten der Besatzungsmacht. Die Befürchtungen waren aber unbegründet. Zwischen den Vertretern der Besatzungsmacht und der Gemeindeverwaltung, die unter Leitung von Bürgermeister Beuermann stand, bestand gutes Einvernehmen. Schwierigkeiten entstanden nicht. Nachdem im Schulzimmer zunächst 22 Kleinkinder und 28 Erwachsene untergebracht waren, wurde es nach Rückführung der Flüchtlinge mehrere Wochen als Wachlokal benutzt.... Die Unterbrechung des Unterrichts dauerte bis zum Oktober 1945.

Vom Bauern- zum Wohndorf

Die Gemeinde gibt sich eine neue Verfassung

Am 7. Mai 1945 erfolgte in Reims die Gesamtkapitulation der deutschen Wehrmacht. Drei Monate später wurde Deutschland in vier Besatzungszonen aufgeteilt: in eine amerikanische, russische, britische und französische. Der Landkreis Münden gehörte zur britischen.

Die britische Militärregierung stützte ihre Besatzungshoheit und die Lösung der anstehenden Verwaltungsaufgaben auf zwei Grundsätze. Der eine war der der „no fraternization", der Nichtverbrüderung der britischen Besatzungssoldaten mit der deutschen Bevölkerung. *Wenn Ihr Euch wundert,* so Feldmarschall Montgomery am 10. Juni 1945, *warum unsere Soldaten Euch gar nicht beachten, so deshalb, weil Eure Führer aus dem deutschen Volke gewachsen sind und die Nation für ihre Führer verantwortlich ist.* Der andere Grundsatz war der des „indirect rule", des wirtschaftlichen Aufbaus mit einer unter britischer Kontrolle stehenden deutschen Verwaltung. Die Militärregierung ordnete an, die Verwaltung hatte auszuführen.

Von ihr selbst als *wohltätige Gewaltherrschaft*[492] bezeichnet, wäre sie wohl von den Menschen stillschweigend hingenommen worden, wenn es da nicht zugleich in ihrer Bedeutung mehr als geringfügige, in ihrer psychologischen Wirkung für ihre Akzeptanz jedoch gewichtige Nichtigkeiten gegeben hätte. Zu solchen überflüssigen Nichtigkeiten gehörte u. a. ihre Anordnung zur Verkehrsdisziplin, die der Landrat des Kreises Münden im Oktober 1945 allen Bürgermeistern zuzustellen hatte[493]. Mit ihr ließ die Militärregierung die Bevölkerung wissen, dass ihre Fahrzeuge das Vorfahrtsrecht auf allen Straßen hätten. Bei deren Entgegenkommen oder Überholen sei jeweils scharf rechts ran zu fahren. Mag die Verordnung auch die Dankelshäuser kaum beeindruckt haben, sie waren durchweg zu arm, um von ihr betroffen zu sein, so dürfte doch die aus ihr sprechende Arroganz die Beliebtheit der Militärregierung als Befreier von der NS-Herrschaft kaum gefördert haben. In dem Lagebericht vom 23. Juli 1945 aus dem Landkreis Münden heißt es, dass das Verhalten der Bevölkerung gegenüber der Besatzungsmacht immer noch abwartend sei und sich im Rahmen der Anordnungen vollziehe[494].

Was die Dankelshäuser zu dieser Zeit wohl wirklich und vorrangig bewegte[495], drückte im September 1945 die Göttinger Nothilfe aus: *Hat das deutsche Volk jemals in seiner Geschichte ein solches Elend, einen solchen Jammer gekannt und verspürt? Wir denken an unsere Mitbürger, die ihre gesamte Habe, ihren Arbeitsplatz verloren haben. Wir tun einen Blick in die Bahnhofshalle, ... gehen auf die Landstraße. Dort kauern sie, ausgehungert und in zerrissenen Röcken, auf ihrem Bündel, die aus der Heimat geflüchteten Frauen und Kinder, die ihre Heimat suchenden Soldaten*[496].

So groß auch die Bereitschaft war, allen diesen Menschen zu helfen, so schwer war es zugleich, eine solche Hilfe organisatorisch und gerecht umzusetzen. Im September 1945 verfügte die Militärregierung, dass die Dankelshäuser Gemeinde 70 Wolldecken, 12 Kopfkissen, 15 Kopfkissenbezüge und 14 Bettlaken abzuliefern habe. Zu der Abgabe sollten in erster Linie Parteigenossen und diejenigen Personen herangezogen werden, die durch den Nationalsozialismus Vorteile gehabt hätten. Doch wer wollte zu dieser Zeit noch Parteigenosse gewesen sein? Wer wollte noch Vorteile durch den Nationalsozialismus gehabt haben?

Ähnlich schwierig dürfte die Umsetzung der gleichzeitigen Anordnung über die Bereitstellung eines Fahrrades für die Bergarbeiter des Ruhrgebiets gewesen sein[497]. *Da weite Kreise der Bevölkerung aus beruflichen Gründen auf die Benutzung von Fahrrädern angewiesen sind, wird empfohlen, besonders die Räder der Sonntagsfahrer und Jugendlichen zu erfassen.* Wer war zu jener Zeit ein Sonntagsfahrer? Besaßen Jugendliche zu jener Zeit ein eigenes Fahrrad?

Am 31. Oktober 1945 ließ der britische Kommandant die Bürgermeister des Kreises Münden wissen, dass er auf die schleunige Bildung von Gemeinderäten Wert lege[498]. Zwei Tage später unterrichtete er den Dankelshäuser Bürgermeister, dass kleinere Gemeinden, wie etwa Dankelshausen, die Wahl zwischen einer Gemeindeversammlung und einer Gemeindevertretung hätten. Erstere sollte aus einem Fünftel aller Gemeindeangehörigen bestehen. Sollten sich die Dankelshäuser für eine Gemeindevertretung entscheiden, dann solle Willi (Wilhelm) Pauche in seiner Funktion als Bürgermeister fünfzehn Personen als deren Mitglieder vorschlagen[499]. Dabei seien möglichst alle Schichten der Bevölkerung zu berücksichtigen. Die Militärregierung werde die Gemeinderatsmitglieder aus den Reihen der Vorgeschlagenen unter der Voraussetzung ernennen, dass dieselben als brauchbare Repräsentanten anzusehen seien.

Am 7. November beschloß die Dankelshäuser Gemeindeversammlung, *die Gemeinde in Zukunft durch eine Gemeindevertretung zu leiten.* Der Beschluß wurde mit 20 Ja-Stimmen und zwei Gegenstimmen gefaßt. Vier Tage später übersandte Willi Pauche dem Landrat eine Vorschlagsliste mit fünfzehn Personen. Eine solche umfangreiche Liste einreichen zu können war damals keine Selbstverständlichkeit. Noch am 4. Juli 1946 berichtete der Landrat des Kreises Münden dem Regierungspräsidenten in Hildesheim[500], dass die Bevölkerung sich politisch äußerst passiv verhalte. In einer Gemeinde sei es nicht möglich gewesen, geeignete Mitglieder für den Gemeinderat zu finden. Niemand sei bereit, ein politisches Amt zu übernehmen.

Am 4. Dezember 1945 bestimmte die britische Militärregierung zehn Personen zu Mitgliedern des Dankelshäuser Gemeinderats, unter ihnen mein Vater. Nach der Deutschen Gemeindeordnung vom 1. April 1946[501] sollte die Gemeindeverwaltung als Selbstverwaltung im Auftrag des von der britischen Militärregierung ernannten Gemeinderats mit dem Bürgermeister als dessen Spitze erfolgen. Die Leitung der Verwaltung oblag dem Gemeindedirektor als unpolitischem Verwaltungsbeamten. In Dankelshausen nahm Willi Pauche beide Ämter wahr, das des Bürgermeisters und das des Gemeindedirektors. Die ersten freien Gemeinderatswahlen fanden am 15. September 1946 statt. Am 14. Januar 1947 gab sich die Gemeinde Dankelshausen auf Anordnung der Militärregierung nach Maßgabe der Deutschen Gemeindeordnung vom 1. April 1946 eine neue Verfassung.

Knapp zwei Jahre später, am 28. November 1948, bestimmten die Dankelshäuser in freier Wahl einen neuen Gemeinderat[502]. Die Verminderung der Zahl der Gemeindevertreter von ehemals zehn auf nunmehr sieben, unter ihnen wiederum mein Vater, war Ausfluß des Niedersächsischen Gemeindewahlrechts vom 4. Oktober 1948. Nach ihm war ihre Zahl in Gemeinden mit weniger als 500 Einwohnern auf sieben festgelegt worden[503]. Alle Gewählten gehörten der FDP-Ortsgruppe Dankelshausen an[504].

Willi Pauche – ein Bürgermeister der Familienzusammenführung und Mangelbewirtschaftung

Im Jahre 1952 erfolgte die zweite Gemeinderatswahl. In ihrer ersten Sitzung am 1. Dezember 1952 wurde Karl Meyer zum neuen Bürgermeister gewählt. Nach seiner Wahl dankte er seinem Vorgänger Willi Pauche für seine in den vergangenen sieben Jahren geleistete Arbeit. Nach Kriegsende zunächst von der britischen Militärregierung eingesetzt, war er Anfang Oktober 1946 von dem Gemeinderat einstimmig und nach den Gemeinderatswahlen im

November 1948 erneut für eine vierjährige Amtsdauer zum Bürgermeister und Gemeindedirektor gewählt worden.

Willi Pauche hatte der Gemeinde in einer Zeit vorgestanden, die gewißlich zu den schwersten ihrer Geschichte zu rechnen ist. Die Schwierigkeiten, mit denen er fertig zu werden hatte - von Wilhelm Schmidt, dem Pächter des stockhausenschen Gutes, als Mitglied der Flüchtlings- und Wohnungskommission des Gemeinderats tatkräftig unterstützt -, waren riesig.

Am 5. März 1946 teilte der Oberkreisdirektor des Kreises Münden, Dr. Haarmann, dem Dankelshäuser Bürgermeister mit, dass die Gemeinde innerhalb von zehn Tagen noch weitere dreißig Ostflüchtlinge unterzubringen habe. Dabei seien die bisher einquartierten Flüchtlinge bereits berücksichtigt worden. Es sei ferner damit zu rechnen, dass im Laufe des Jahres nochmals dieselbe Zahl von Flüchtlingen versorgt werden müsse. Als das Schreiben eintraf, hatte die Gemeinde bereits 121 Flüchtlinge aufgenommen. Das waren 53 Prozent der zu dieser Zeit in Dankelshausen ständig lebenden Bewohner[505].

Um jeglichen Einwendungen gegen eine noch weitere Aufnahme von Flüchtlingen von vornherein den Wind aus den Segeln zu nehmen, fügte der Oberkreisdirektor noch hinzu, dass bei der Erfassung des Wohnraums durch die Wohnungskommission der strengste Maßstab anzulegen sei. *Die Bevölkerung ist anzuhalten, diese Flüchtlinge, die größtenteils ihr Hab und Gut und in vielen Fällen auch Teile ihrer Familie verloren haben, verständnisvoll aufzunehmen und sie in jeder Weise zu unterstützen. Die Tatsache, dass der Kreis Münden verhältnismäßig geringe Kriegsschäden erlitten*[506] *und der größte Teil der Bevölkerung noch seine Habe und ein Dach über den Kopf hat, müßte alle um so mehr verpflichten, diesen Heimatlosen Hilfe und Unterstützung entgegenzubringen. Quertreibern und denjenigen, die den Flüchtlingen Schwierigkeiten bereiten, werde er mit den schärfsten Maßnahmen entgegentreten.* Mit diesem Hinweis dürfte er - wohl ohne spezielle Bezugnahme auf Dankelshausen - ganz allgemein an all jene Nationalsozialisten gedacht haben,   über die er vier Monate später dem Regierungspräsidenten in Hildesheim berichtete, dass sie in den Gemeinden gegen die Unterbringung von Flüchtlingen Stimmung machten[507].

Vor Kriegsbeginn hatten in Dankelshausen 259 Personen gelebt. Im Herbst 1945 stieg ihre Zahl auf 364[508]. Der Zuzug von Flüchtlingen wurde durch eine starke Wanderungsbewegung geprägt. Es war ein ständiges Kommen und Gehen. Ende Oktober 1946 betrug die Zahl der Dankelshäuser Bewohner 443 Personen. Mitte des Jahres 1947 belief sich die Zahl der

Gesamtbewohner auf 459, Ende des Jahres auf 463. Ein Jahr später, Ende 1948, erreichte sie mit 478 Personen ihren Höhepunkt. Fand bereits im März 1950 eine leichte Abnahme auf 471 Personen statt, so waren es insbesondere das zweite und dritte Quartal des Jahres 1950, in denen die Zahl der Flüchtlinge von 221 auf 188 und die der Gesamtbewohner auf 442 merkbar sanken[509] (Übersicht 17).

Welche Schicksale lasteten auf den Menschen, die in Dankelshausen um eine Unterkunft nachsuchten? Wie wurde ihr Wunsch nach ausreichendem Wohnraum von der Mündener Verwaltung einerseits und den Dankelshäusern und ihrem Bürgermeister andererseits behandelt? Als Antwort auf diese Fragen möchte ich einige Briefe sprechen lassen[510].

Am 13. September 1946 bat F. K. das Kreisflüchtlingsamt in Münden um die Einreiseerlaubnis seiner Familie aus der russischen Zone: *Auf Anordnung des polnischen Staates wurde ich am 23.7.46 aus Schweidnitz in Schlesien ausgewiesen, nach der britischen Zone evakuiert und in Dankelshausen ... untergebracht... Meine Familie ... wurde bereits im Januar 1945 auf Anordnung der damaligen deutschen Verwaltung aus Schweidnitz zwangsevakuiert. Diese hält sich z. Zt. in Görlitz – russische Zone – auf und steht daselbst vollkommen mittellos. Durch die z. Zt. bestehenden Bestimmungen bin ich auch nicht in der Lage, ihr irgendwelche Unterstützungen zukommen zu lassen, und es ist deshalb unbedingt erforderlich, meine Familie nach hier kommen zu lassen ...Ich bitte deshalb das Kreis-Flüchtlingsamt auf Grund der angeführten Umstände die Genehmigung der Umsiedlung meiner Familie nach hier zu veranlassen.*

Auch wenn Willi Pauche den Antrag befürwortete, lehnte ihn das Kreis-Flüchtlingsamt ab. F. K. wandte sich daraufhin am 20. März 1947 an das Landes-Flüchtlingsamt in Hannover: *Meine Frau ist nicht gewillt, die Zonengrenze ohne Zuzugsgenehmigung zu überschreiten, da sie befürchten muß, das Letzte, was wir noch besitzen, zu verlieren. Ich muß deshalb immer noch von meiner Familie getrennt leben, was für mich sowie für meine Familie ein unhaltbarer Zustand ist. Aus diesem Grunde bin ich vor einigen Tagen nochmals persönlich beim Kreis-Flüchtlingsamt in Hann. Münden vorstellig geworden und habe nochmals um die Zuzugsgenehmigung für meine Familie gebeten. Diese wurde mir abermals mit der Begründung abgelehnt, dass es unmöglich ist, 4 Personen aufzunehmen, da mir dann weiterer Wohnraum zugeteilt werden müßte. Es wurde mir sogar erklärt, dass ich in die russische Zone gehen sollte, wenn ich mit meiner Familie unbedingt zusammenleben will. Ich finde diese Zumutung von einem Beamten, der uns Ausgewiesenen, die wir doch alles verloren haben, helfen soll, für nicht richtig, da ich doch in diesem Falle auch noch das Letzte, meine*

Verdienstmöglichkeit, verlieren würde. Ich könnte diesen Vorschlag noch verstehen, wenn ich in der russischen Zone beheimatet wäre und dort etwas besitzen würde, was bei vielen, die hier leben, der Fall ist. Würde man diese in die russische Zone zurückweisen, so würde für viele Ausgewiesene Platz werden.

Es wird doch immer in der Presse geschrieben, dass uns Ausgewiesenen, wo es möglich ist, geholfen werden soll. Ich kann es deshalb nicht verstehen, dass es nicht möglich sein sollte, für meine Familie die Zuzugsgenehmigung zu bewilligen. Der Bürgermeister des Ortes, wo ich z. Zt. wohne, ist gewillt, meine Familie in dem Orte mit unterzubringen. Ich trete deshalb nochmals an Sie mit der Bitte heran, doch jetzt endlich die Zuzugsgenehmigung für meine Familie zu erteilen.

Am 10. August 1948 richtete H. R. an Willi Pauche und den Wohnungsausschuß des Gemeinderats den Antrag, seiner Familie eine Aufenthaltsbescheinigung und Zuzugsgenehmigung zu erteilen: *Nach meiner Entlassung aus frz. Kriegsgefangenschaft wurde mir am 10.4.48 die Zuzugsgenehmigung nach hier erteilt. Ich selbst hatte mich nach hier zu meinem Cousin ... entlassen lassen, da ich nicht zum Russen zurück wollte, den ich zur Genüge an der Front u. durch die Mitteilungen meiner Familie kennengelernt hatte. Bei meiner Ankunft am 20.3.48 wurde mir in Münden erklärt, dass ich z. Zt. mit der Zuzugsgenehmigung für meine Familie nicht rechnen könnte, dazu müßte ich selbst hier erst einmal längere Zeit gearbeitet haben usw. Daraufhin mußte ich mich schweren Herzens entschließen, abermals ohne meine Familie hier alleine weiter zu leben ... Auch mußte nun meine Frau trotz ihres schlechten Gesundheitszustandes weiterhin allein für unsere Kinder sorgen ... Nachdem sich die Verhältnisse in der Ostzone ... von Zug zu Zug verschlechtert haben u. meine Frau am Ende ihrer Kraft angelangt ist, hat sie einen ärztlicherseits verordneten Erholungsurlaub dazu benutzt, mit unseren beiden Kindern nach hier zu flüchten. Den Rest unserer Habe, der uns nach dem Bombenangriff ... verblieben war, hat sie auch noch im Stich gelassen, nur um das nackte Leben u. insbesondere das der Kinder zu erhalten. Auch ich selbst konnte mich nur mit Hilfe von gutherzigen Menschen als Einzelperson ohne die Familie nur mit Mühe über diese Zeit hinwegbringen. Es müßte schon aus rein menschlichen Gründen doch alles getan werden, um die durch den Krieg zerrissenen Familien wieder zusammen zu bringen, sobald eine Möglichkeit dafür vorhanden ist. Dieser Fall ist jetzt zum Glück endlich für mich eingetreten. Nach Überwindung von gr. Schwierigkeiten ist es meiner Frau u. den Kindern gelungen, sich „schwarz" nach hier zu mir durchzuschlagen. Wir sind jetzt fest entschlossen, uns nicht noch einmal zu trennen u. wenn wir alle 4 dabei zu Grunde gehen müßten. Ich bitte daher den Herrn Bürgermeister u. die Herren der Woh-*

nungskommission, sich in meine Lage zu versetzen u. mir zu helfen, damit ich erstens eine Aufenthaltsbescheinigung für meine Frau u. die beiden Kinder u. 2. die Zuzugsgenehmigung nach hier bekomme.

Und wieder war es Willi Pauche, der sich in H. Rs. Lage versetzte und half. Bereits zwei Tage vor seinem Schreiben waren dessen Frau mit seinen beiden Kindern in Dankelshausen eingetroffen. Ein Monat später erhielt er die Zuzugsgenehmigung für seine Familie. Indem Willi Pauche alles tat, um die durch die Kriegswirren zerrissenen Familien wieder zusammenzuführen, schuf er sich selbst gewaltige Probleme.

So trat H. R., kaum konnte er mit seiner Familie wieder zusammenleben, erneut an ihn heran und bat um eine angemessene Unterkunft: *Der mir z. Zt. zugewiesene eine Wohnraum ... befindet sich nicht nur in einem sehr schlechten Zustand, sondern ist auch für eine 4köpfige Familie zu klein, zumal die Kinder groß sind (12 u. 9 Jahre). Es steht uns auch keinerlei Nebenschlag zur Verfügung, ja nicht einmal ein Kellerraum oder ein Platz für die Unterbringung des Feuerungsmaterials konnte mir gegeben werden. Dies alles zusammen ist ein auf die Dauer unerträglicher Zustand, denn der Winter steht vor der Tür u. man kann auch nicht von mir verlangen, dass ich neben der Familie auch noch das Holz, die Kartoffeln usw. ebenfalls in meiner Stube von rd. 24 qm. unterbringe.*

Ähnlich wie bei H. R. lagen die Dinge bei A. W., als er am 11. Februar 1950 um größeren Wohnraum bat: *Wir bewohnen mit 4 Personen 1 Zimmer, und es ist uns aus Raummangel nicht möglich, für unseren Sohn Dieter ein Kinderbett aufzustellen. Dr. Plamann bestätigte mir, dass die schlechten Wohnverhältnisse schuld daran seien, dass unsere Kinder oft krank sind. Der eine Raum dient uns nicht nur als Koch- und Schlafstelle, sondern wir sind außerdem gezwungen, auch die Kinderwäsche hier zu trocknen, da uns kein Trockenboden zur Verfügung steht.*

Was konnte Willi Pauche tun? Mehr Wohnraum zu schaffen war kaum möglich. Daran konnte auch die bereits im August 1947 erlassene Verordnung des Mündener Oberkreisdirektors Rudi Ronge nichts ändern: *Neben der Lösung der Ernährungsfrage ist die Schaffung von Wohnraum von größter Bedeutung, zumal mit einer weiteren Unterbringung von Flüchtlingen im Kreise demnächst gerechnet werden muß. Bei Besichtigungen von Bauvorhaben im Kreise ist festgestellt worden, dass in sämtlichen Orten Wohnraum durch Ausbau von unbenutzten Räumen, Dachgeschossen, leerstehenden Werkstätten und dergl. noch beschafft werden kann. Oft ist die Schaffung von Wohnraum durch nur geringe bauliche Veränderungen unter Verwendung nur kleiner Mengen von Baustoffen möglich.*

Ein weiteres Zusammenrücken zu fordern hätte zu neuen Klagen geführt und Willi Pauche indirekt für die Folgen seiner mitfühlenden Unterstützung bei der Zusammenführung der Familien verantwortlich gemacht. War er nicht schon allzu hilfsbereit gewesen, Wohnungssuchenden eine Bleibe zu gewähren, auch wenn diese noch so bescheiden war? Wurde diese auch anfangs dankbar angenommen, so führte sie später zu wohl berechtigten, dennoch unerfüllbaren Ansprüchen. Es war fürwahr eine schwere Zeit, es allen, den Flüchtlingen und den sie aufnehmenden Dankelshäusern, recht zu machen!

Sank auch - mit Ausnahme von Bühren - in allen Bramwald-Dörfern tendenziell bis zum Jahre 1950 die Zahl der untergebrachten Flüchtlinge, so lag doch ihr Anteil an der Wohnbevölkerung in den Jahren 1947 bis 1949 mit durchschnittlich 43,5 Prozent (vgl. Übersicht 17) über den Durchschnittswerten des Kreises Münden mit 37 und des Regierungsbezirkes Hildesheim mit 40 Prozent[511]. Mit weitem Abstand am stärksten „belastet" war Dankelshausen mit 51 Prozent im Jahre 1946 und vier Jahre später mit 43 Prozent.

Die Bereitstellung von ausreichendem Wohnraum war nicht das einzige Problem, das Willi Pauche zu lösen hatte. Hinzu kam noch der Mangel an Textilien und Schuhen, an Bedarfsartikeln, die umso dringender benötigt wurden, wie die von der Flucht mitgebrachten verschlissen waren und nicht mehr geflickt werden konnten. Am 9. September 1946 stellte das Hilfswerk der Freien Wohlfahrtsverbände der Dankelshäuser Gemeinde fünf Damenkleider, zwei Mäntel, drei Paar Schuhe und ein Paar Holzschuhe zur Verfügung. Am 1. Dezember 1950 erhielt sie aus einer UNICEF-Spende ein Paar lange Kinderstrümpfe, fünf Paar Kinderkniestrümpfe, ein Paar Jünglingssocken, vier Schlüpfer aus Kammgarn und einen Schlüpfer aus Streichgarn. Doch wer sollte diese zur damaligen Zeit so kostbaren Sachen bekommen?

Von dem damals in Dankelshausen herrschenden Mangel zeugen die in den Jahren 1947 und 1948 an die Kreisverwaltung Münden gestellten Anträge[512]:

Hiermit beantrage ich einen Arbeitskittel. Ich bin als Fabrikarbeiterin bei der Firma Wüstenfeld u. Sohn in Oberscheden tätig. Da ich nicht einen Arbeitskittel in meinem Besitz habe, bitte ich auf die Dringlichkeit des Antrages Bezug zu nehmen.

Zur Instandhaltung der Wirtschaftswäsche für den Betrieb wie Handtücher für Melker, Bettwäsche für die landwirtschaftliche Belegschaft (7 Personen) werden dringend Nähmittel und Flickstoffe benötigt. Ich bitte, mir etwas zuteilen zu wollen.

Ich benötige eine Unterhose.

Ich benötige dringend eine Schürze für Arbeitszwecke oder Kittel.

Hiermit beantrage ich einen Bezugschein auf 1 Oberhemd. Ich bin am 27. Juni 1946 aus der Kriegsgefangenschaft entlassen. Hatte schon 1 Antrag gestellt, wurde aber bisher noch nicht berücksichtigt. Möchte doch noch einmal auf die Dringlichkeit hinweisen, da ich aus den Sachen herausgewachsen bin.

Ich beantrage für meinen Sohn Helmut einen Bezugschein für ein Oberhemd zur Konfirmation.

Hiermit beantrage ich einen Bezugschein für 1 Hemd.

Ich bitte hiermit um eine Bezugsmarke für einen Hüfthalter.

Die gerechte Verteilung der gespendeten und beantragten, damals so raren wie kostbaren Sachen war sicherlich keine leicht lösbare Aufgabe. Und dennoch muß sie Willi Pauche in einer Weise bewältigt haben, die trotz verschiedener Streitigkeiten zwischen Flüchtlingen und Einheimischen - Enge schafft Reibungen - den sozialen Frieden im Dorf nicht ernsthaft gefährdet hat.

Er schaffte diese Aufgabe in einer Zeit, als viele Menschen durch die herrschende Not getrieben, sich in einer Weise veränderten, die sie früher selbst nicht für möglich gehalten hätten. Am 18. Februar 1947 veröffentlichte die „Hannoversche Presse" einen Leserbrief, in dem über einen solchen, sich veränderten Menschen berichtet wird[513]. *Aus meinen frühesten Kindertagen ist mir ein alter Mann bekannt, ein Freund meines Elternhauses, der mir von jeher das Symbol der personifizierten Ehrlichkeit war. An einem froststarrenden Morgen traf ich ihn wieder. Auf meine Frage nach dem Wohin antwortete er mit einer erschütternden Selbstverständlichkeit: Kohlen klauen! Ich war fassungslos. Du wunderst dich, dass ich das tue? fragte er mich. Sollen wir erfrieren? Man ist gezwungen, Kohlen zu stehlen, nein* – und seine Stimme bebte vor Erregung – *man ist verpflichtet dazu, denn das Recht der Selbsterhaltung steht über jedem Gesetz.*

Verglichen mit den anderen Bramwald-Dörfern war in Dankelshausen Holz ein sehr knappes Gut. Der Grund lag hundert Jahre zurück, als die Dankelshäuser es versäumt hatten, sich bei der Ablösung der Bramwaldnutzungen einen ausreichenden Waldbestand zu sichern. Am 19. Dezember 1945 forderte der Mündener Landrat die Gemeinde auf, eine Holzumlage von 200 Raummetern aus der Klosterforst im südlichen Bramwald abzufahren. Als sie die ihr auferlegte Holzabfuhr während der Wintermonate nicht erledigt hatte, übernahm im April des Jahres der Landkreis die Organisation der Abfuhr.

Bedeutete die Holzumlage eine wichtige Maßnahme, um den Brennholzbedarf zu befriedigen, so war es in den Folgejahren die steigende Zahl von Flüchtlingshaushalten, die eine ergänzende Kohleversorgung immer dringlicher machte. Bereits am 23. Juli 1945 führte der Landkreis in seinem Lagebericht aus, dass die Bevölkerung mit den notwendigsten Brennstoffen nicht mehr versorgt werden könne[514]. Fünf Jahre später war in Dankelshausen *die Beheizung der Schulräume über die Weihnachtsferien hinaus nicht* mehr *sichergestellt*. Die Gemeinde wurde aufgefordert, sofort die notwendigen Schritte zu unternehmen, um die noch ausstehenden Kohlelieferungen zu gewährleisten[515].

Waren von der Wohnungsnot, dem Mangel an Textilien und Brennmaterial und deren Bewirtschaftung alle Familien, die einheimischen und die der Flüchtlinge, in gleicher Weise betroffen, und wurden sie auch alle gleich behandelt, so sah dieses bei der Versorgung mit Fleisch und Wurstwaren völlig anders aus.

Mit dem Schlachterlaß des britischen „Regional Food Office" vom 16. August 1945 wurde zwischen landwirtschaftlichen Selbstversorgern auf der einen und Normalverbrauchern auf der anderen Seite unterschieden. Während den ersteren *Schlachtungen von Schweinen, Rindern, Kälbern und Schafen, die nicht gewerblich erfolgen*, zugestanden wurden, waren die Normalverbraucher allein auf die offiziellen Lebensmittelkartenzuteilungen angewiesen. Von Januar bis Mai 1945 waren sie von 1625 auf 1100 kcal gesunken[516].

Am 29. Dezember 1945 berichtete der Landrat des Kreises Münden, dass die Ernährung der meisten Menschen unzulänglich sei. *Die Arbeiter, Angestellten und Beamten, die während der 6 Kriegsjahre unter den schwierigsten Ernährungsverhältnissen gelitten haben, werden – soweit sie keine Zulagen erhalten – wieder vom gleichen Schicksal getroffen. Die auf den Lebensmittelkarten festgesetzten Rationen sind für einen schwer arbeitenden Menschen völlig unzureichend*[517].

Mit den zugestandenen Hausschlachtungen wurde das Anliegen verfolgt, den Bauern einen Anreiz zu geben, die von der britischen Militärregierung festgelegten landwirtschaftlichen Produktionsnormen zu erfüllen. *Als wirksamstes Mittel, die Ablieferung zu erzwingen*, so heißt es in dem Schreiben der Kreisbauernschaft vom 24. Oktober 1946[518], *hat das Zentralamt für Ernährung und Landwirtschaft für die britische Besatzungszone ... angeordnet, dass die Genehmigung zur Hausschlachtung von der Erfüllung der Ablieferungspflichten abhängig gemacht wird*. Es war dieses mit der Hausschlachtung verfolgte Anliegen, das ganz bewußt darauf abstellte, die landwirtschaftlichen Selbstversorger gegenüber den Normalverbrauchern zu begünstigen.

Zu jener Zeit lebten in Dankelshausen in einem Wohngebäude durchschnittlich 2,6 Haushalte. Auf einen einheimischen Haushalt kamen im Durchschnitt 1,9 Flüchtlingshaushalte. Von den durchschnittlich in einem Wohngebäude lebenden 9,8 Personen waren 62 Prozent Flüchtlinge. Auf einen Einheimischen entfielen im Durchschnitt 1,2 Flüchtlinge[519]. Bedenken wir das in diesen Zahlen sich widerspiegelnde enge Zusammenleben von Einheimischen und Flüchtlingen, von Schlacht- und Nichtschlachtberechtigten, so fällt es nicht schwer sich vorzustellen, was in den Menschen vorging, die von dem Hausschlachten ausgeschlossen waren und täglich das Privileg der schlachtberechtigten Mitbewohner vor Augen geführt bekamen. Und dies um so mehr, als es den Schlachtberechtigten verboten war, Fleisch, Wurst oder Fett an Nichtberechtigte zu verkaufen, zu verschenken, zu tauschen oder gegen Arbeit abzugeben.

Zur Sicherstellung der mit den Hausschlachtungen verfolgten Ziele gab es die verschiedensten amtlichen Kontrollen. Die jährlich mehrmals durchgeführten Zählungen der Tierbestände wurden an drei Stellen gleichzeitig begonnen. Sie sollen sich sehr rasch herumgesprochen und schnelle Reaktionen ausgelöst haben. Ferkel sollen beiseite geschafft und Läufer im Hauskeller versteckt worden sein. Sie sollen am Abend vor dem genehmigten Schlachten getötet und am nächsten Tag dem Fleischbeschauer „untergeschoben" worden sein, der sie dann großzügig „übersah". Der verdächtige Geruch von frisch Geschlachtetem und seiner Verarbeitung wurde durch den von überkochender Milch überdeckt.

Am 15. Oktober 1946 ließ das Ernährungsamt die Hausschlachtberechtigten wissen[520], *dass in diesem Jahre alle Schweine vor der Schlachtung gewogen werden müssen. Der Name des amtlichen Wägers ist dem Ernährungsamt bis zum 10. 11. 46 zu melden. Bis zu diesem Termin sind für jeden Wäger 2 Begleitpersonen namhaft zu machen, die ihn bei der Tätigkeit unterstützen und mit dafür bürgen, dass Beanstandungen des Vorjahres sich nicht wiederholen. Die Begleitpersonen müssen Normalverbraucher sein (möglichst Flüchtlinge).*

Die Benennung von Normalverbrauchern, möglichst von Flüchtlingen, als Begleitpersonen des amtlichen Wägers dürfte nicht dazu beigetragen haben, das bereits durch die Wohnungsnot bedingte nicht immer leichte Miteinander von Einheimischen und Zugezogenen zu entspannen. Sind uns auch aus Dankelshausen keine krassen Fälle von Bereicherung,

Gewinnsucht, Eigennutz oder von wiederholten Schwarzschlachtungen bekannt geworden, wie sie in der Amnestie für Schwarzschlachtungen vom 16. Dezember 1949 angesprochen wurden, so dürfte doch die endgültige Abschaffung der gesonderten Schlachtgenehmigungen am 10. Januar 1950 wesentlich dazu beigetragen haben, das Zusammenleben der Einheimischen und Flüchtlinge zu entspannen, es von Mißtrauen und Neid zu befreien. Sie war begleitet von einer sprunghaften Verdoppelung des Schweinebestandes[521].

Eingliederung der Flüchtlinge in die Dankelshäuser Dorfgemeinde

Den Flüchtlingen angemessenen Wohnraum zu verschaffen und sie mit den notwendigsten Bedarfsgütern, Textilien, Brennmaterial und insbesondere Lebensmitteln, zu versorgen war die eine Seite ihrer Eingliederung in die Dorfgemeinde. Die andere war die Bereitstellung von Arbeitsplätzen, um sie in die Lage zu versetzen, selbständig für den Lebensunterhalt ihrer Familien sorgen zu können.

Dankelshausen war von jeher ein kleinbäuerliches Dorf gewesen. Während der Kriegs- und der ersten Nachkriegsjahre war es noch „kleinbäuerlicher" geworden. Hatten noch im Jahre 1939 „lediglich" 42 Prozent aller bäuerlichen Betriebe eine Flächenausstattung von weniger als 5 ha landwirtschaftlicher Nutzfläche gehabt, so war ihr Anteil zehn Jahre später auf 57 Prozent gestiegen. Absolut hatte ihre Zahl von 16 auf 21 zugenommen. Die Zahl der Betriebe mit 5 bis 10 ha landwirtschaftlicher Nutzfläche dagegen war von 16 auf 10 gesunken (vgl. Übersicht 18).

Die Veränderung der Betriebsgrößenstruktur, insbesondere die Abnahme der letztgenannten Betriebsgrößengruppe, dürfte nicht zuletzt mit dem Kriegsgeschehen zu erklären sein, mit der Verknappung der verfügbaren männlichen Arbeitskraft. Zu Weihnachten 1939, so der Dankelshäuser Pastor Hermann Georg Albert Röbbelen, seien aus der von ihm betreuten Kirchengemeinde 70 Soldaten an der Front mit Paketen bedacht und in den ersten Monaten des Jahres 1940 über 100 Männer als Soldaten eingezogen worden[522]. Ende des Krieges hatte Dankelshausen 26 Kriegsopfer[523] zu beklagen, zwanzig Prozent der männlichen Dorfbewohner des Jahres 1939[524].

Während der Kriegs- und auch noch in den Nachkriegsjahren dürften nicht wenige Familien Flächen an Verwandte und Freunde verpachtet haben, um ihnen bei dem Aufbau einer landwirtschaftlichen Selbstversorgerexistenz und möglicherweise auch bei ihrer Anerkennung als Hausschlachtungsberechtigte zu helfen. In Dankelshausen waren weder die kleinbäuerliche Landwirtschaft noch die im Jahre 1945 bestehenden sechs gewerblichen Arbeitsstätten (zwei Gastwirtschaften, zwei Maler ein Kolonialwarengeschäft und eine Schneiderin)[525] in der Lage, den Flüchtlingen die von ihnen nachgesuchten Verdienstmöglichkeiten in einem ausreichenden Umfange anzubieten.

Etwas günstiger waren die Bedingungen in den Dörfern mit einer größeren bäuerlichen Betriebsgrößenstruktur. *Auf dem Arbeitsmarkt*, so heißt es in dem Lagebericht des Mündener Landrats vom 4. Juli 1946, *war im letzten Monat eine leichte Entspannung festzustellen. 164 Männer und 63 Frauen konnten in feste Arbeitsverhältnisse vermittelt werden ... Die männlichen Arbeitslosen wurden hauptsächlich in die Land- und Forstwirtschaft sowie in das Bauhandwerk, die Frauen vorzugsweise in die Textil- und Hauswirtschaft sowie in die Landwirtschaft und das Nahrungsmittelgewerbe vermittelt*[526].

Die auch in den Dörfern mit größeren landwirtschaftlichen Betrieben bestehenden Schwierigkeiten, bezahlte Arbeitsplätze zu schaffen, unterstreicht die Verordnung des Niedersächsischen Ministers des Innern vom 26. Juli 1949: *Den Gemeinden wird dringend empfohlen, die Steuerpflichtigen nur in dem unumgänglich notwendigen Umfang zu Hand- und Spanndiensten heranzuziehen. Nach Möglichkeit sind geplante Vorhaben mit den örtlich vorhandenen Arbeitskräften und mittels Begründung eines ordentlichen Arbeitsverhältnisses durchzuführen ... Nur wenn die schlechte Finanzlage der Gemeinden die Bereitstellung ausreichender Mittel unmöglich macht, wird - unter Bezugnahme auf das Preußische Kommunalabgabengesetz vom 14. Juli 1893 - die Forderung von Hand- und Spanndiensten zu rechtfertigen sein*[527]. Es war wohl die angespannte Finanzlage, die zwei Jahre zuvor den Dankelshäuser Gemeinderat dazu veranlaßt hatte, eine allgemeine Einführung der Hand- und Spanndienste zu beschließen und als Umlage für das Rechnungsjahr 1947/48 zwei Arbeitsstunden pro Morgen Landbesitz festzusetzen. Eine geleistete Gespannarbeitsstunde bei Stellung von zwei Pferden und einem Mann sollte als drei Arbeitsstunden zählen. Für eine nicht geleistete Arbeitsstunde sollten drei Reichsmark erhoben werden[528].

Im Jahre 1950 waren in dem Mündener Kreisgebiet die Industrie und das Handwerk mit 40 Prozent aller Erwerbspersonen die wichtigsten Arbeitgeber, gefolgt von dem Handel, den Banken und Versicherungen mit insgesamt neun Prozent. In der Landwirtschaft waren 27

Prozent aller Erwerbspersonen tätig (vgl. Übersicht 19). Fünf Prozent hatten einen Nebenberuf in der Landwirtschaft[529].

Ein Vergleich der Eingliederung der Flüchtlinge im Kreis Münden im Jahre 1950 mit derjenigen in den von E. Pfeil und E. W. Buchholz (1958) bundesweit vergleichbaren, als *stark gewerblich* bezeichneten *Kreisen des platten Landes*[530] zeigt bedeutsame Unterschiede: Bei einem etwa gleichen Anteil der Flüchtlinge an der Wohnbevölkerung von 22 Prozent lag die Erwerbsquote der Flüchtlinge (Anteil der erwerbstätigen an der Zahl der aufgenommenen Flüchtlingen) im Kreis Münden mit 38,5 Prozent deutlich über der in den Vergleichskreisen mit 33,5 Prozent. Gleiches gilt für den Anteil der Flüchtlinge an allen Erwerbstätigen von 19,6 bzw. 17,8 Prozent[531].

Mit ihrer erfolgreichen Integration in die Wirtschaft des Kreises Münden verlief auch das „Hineinwachsen" der Flüchtlinge in die Gemeinde Dankelshausen sehr harmonisch. Darum bemüht, ihre Begünstigung durch die Erlaubnis zur Hausschlachtung etwas herunterzuspielen oder von ihrem Privileg im Rahmen des gesetzlich Erlaubten etwas abzugeben, haben die solchermaßen privilegierten alteingesessenen Bauernfamilien Flüchtlingskinder zuweilen zum Mittagessen eingeladen. So klein diese Solidaritätsgeste aus heutiger Sicht erscheinen mag, so dankbar wurde sie damals von den Kindern angenommen. Einen Schritt weiter ging der Dankelshäuser Gutspächter Wilhelm Schmidt, als er den Flüchtlingen ein Stück Ackerland gegenüber dem neuen Friedhof zur Einrichtung von Schrebergärten und zum Bau von kleinen Gartenlauben zu Verfügung stellte. Sein Anliegen, auf diese Weise den Flüchtlingen einen, wenn auch nur kleinen Platz zur Wahrung ihrer Identität in ihrer ihnen kulturell fremden neuen Heimat zu geben, wurde noch durch die Bereitschaft der Kirchengemeinde ergänzt, den zugezogenen Katholiken ihre Kirchentür für ihren Gottesdienst zu öffnen.

Mit einer solchen Geste hatte die Kirchengemeinde bereits im September 1939[532] vierzig evakuierte Saarländer willkommen geheißen. *Bald nach Kriegsbeginn*, so schreibt Pastor Hermann Georg Albert Röbbelen[533], *kam ein großer Schub von Saarflüchtlingen in unsere Gemeinden ... Am 24. August* 1940 *sind die letzten Saarländer abgereist und in ihre Heimat zurückgekehrt. ... uns ist es eine Freude gewesen, wenn an jedem zweiten Sonntag die Katholiken aus Dankelshausen und den Nachbardörfern in unsere schöne Kirche zusammenkamen, so dass es ihr an dem schönsten Schmuck nicht fehlte.*

Indem sich etliche Flüchtlinge aktiv sehr schnell in das Gemeindeleben einbrachten - wie etwa Fritz Kühn als Mitglied des Ende des Jahres 1948 gewählten Gemeinderats, Karl Marx als Chorleiter des Männer-Gesangvereins und Josef Schlömp als Initiator einer bei Jung und Alt beliebten Theatergruppe -, gelang es der Mehrzahl in kurzer Zeit, sich die Anerkennung und Wertschätzung der alteingesessenen Dankelshäuser zu erwerben[534]. Ihre Integration hat nicht nur die Gemeinde von 259 Mitgliedern im Jahre 1939 auf 314 im Jahre 1971 (vgl. Übersicht 20) wachsen lassen. Sie hat das kulturelle Leben in Dankelshausen wesentlich bereichert, eine Bereicherung, die von älteren Dankelshäusern noch heute mit Hochachtung hervorgehoben wird.

Auspendler und „Feierabendlandwirte" bestimmen das Dorfbild

Dankelshausen hat seit jeher unter einer starken Bodenknappheit gelitten. Nach Kriegsende war es die zunehmende auswärtige Beschäftigung, die den Druck auf den Boden verminderte. Im Jahre 1951 heißt es in dem Inspektionsbericht der Kirchenvisitation: *Die Gemeinde besteht vorwiegend aus kleinen und einer Anzahl mittlerer Bauern, Großbauern fehlen völlig; ferner aus Arbeitern, vorwiegend Fabrikarbeitern, einigen Wald- und wenigen Landarbeitern und Handwerkern. Sie alle haben Landbesitz. Ferner gibt es Angestellte, Beamte und einige Akademiker.*

Vom Jahre 1956 bis zum Jahre 1971 sank die Gesamtzahl der bäuerlichen Betriebe von 38 auf 28 (vgl. Übersicht 18). Von der Abnahme waren alle Betriebsgrößen betroffen: die Kleinstbetriebe mit weniger als 5 ha landwirtschaftlicher Nutzfläche von 19 auf 16, am stärksten die Betriebe mit 5 bis 10 ha von 13 auf 6. Wenn im Jahre 1970 von den insgesamt 28 landwirtschaftlichen Betrieben weit über die Hälfte, 65 Prozent, Flächen hinzugepachtet hatten[535], so spricht dieses dafür, dass die Strukturveränderung der Landwirtschaft überwiegend auf dem Pachtwege erfolgt ist. Trotz der Aufgabe oder Einschränkung ihrer landwirtschaftlichen Tätigkeit hatten sich die Dankelshäuser nicht von ihrem Grund und Boden getrennt.

Waren im Jahre 1950 noch 115 Dankelshäuser vollberuflich in der Landwirtschaft tätig gewesen, 60 Prozent der 192 Erwerbspersonen, so war ihre Zahl im Jahre 1970 auf nur 40, auf 28 Prozent der 143 Dankelshäuser Erwerbstätigen, gesunken. Von den 103 nicht mehr in der Landwirtschaft hauptberuflich Tätigen betrieben 21 eine „Feierabendlandwirtschaft"[536].

Von den hauptberuflich aus der Landwirtschaft Ausgeschiedenen haben sich nur sehr wenige außerhalb ihres angestammten Berufes in Dankelshausen selbständig gemacht und auf diese Weise innerdörflich neue nichtlandwirtschaftliche Arbeitsplätze geschaffen. Von 1950 bis 1970 sanken die Zahl der nichtlandwirtschaftlichen Arbeitsstätten von 13 auf 9 und die der dort Beschäftigten von 28 auf 14 oder von 14,6 auf 10,0 Prozent aller Erwerbstätigen (vgl. Übersicht 21).

Die Mehrzahl der Dankelshäuser hat sich außerhalb ihres Dorfes einen Arbeitsplatz gesucht, hat das Los eines Auspendlers auf sich genommen, morgens zur Arbeitsstätte zu fahren und abends zurückzukehren. Im Jahre 1950 waren es 41 oder 21 Prozent aller Erwerbspersonen, zwanzig Jahre später 92 bzw. 64 Prozent (vgl. Übersicht 22). Vor dem Krieg, im Jahre 1939, waren es 50 bzw. 23 Prozent gewesen[537]. Wie auch immer das Auspendeln zu bewerten sein mag, es brachte Geld in die Kassen der Dankelshäuser.

Von allen Bramwald-Dörfern waren es Dankelshausen und Varlosen, die durch das Auspendlertum am stärksten geprägt wurden (vgl. Übersicht 22). Bei einem Verhältnis der Dankelshäuser Wohnbevölkerung zu den Erwerbspersonen von 2,2:1 im Jahre 1970 wurde das Leben von 64 Prozent der Wohnbevölkerung durch das Auspendeln unmittelbar bestimmt.

Völlig anders dagegen verlief die Entwicklung in Scheden. Hier hat sich eine vergleichsweise „großbäuerliche" Landwirtschaft (Betriebe mit 10 bis 20 ha landwirtschaftlicher Nutzfläche) herausgebildet (vgl. Übersicht 18). Bis zum Jahre 1970 waren 58 nichtlandwirtschaftliche Arbeitsstätten mit insgesamt 432 Arbeitsplätzen geschaffen worden (vgl. Übersicht 21). Unter Abzug der 168 Einpendler aus den Nachbardörfern (vgl. Übersicht 22) hatten 264 oder 46 Prozent der Schedener Erwerbspersonen in ihrem Wohndorf eine neue nichtlandwirtschaftliche Tätigkeit gefunden. Die andere Hälfte ging einer Auspendler-Tätigkeit nach.

Von allen Bramwald-Dörfern ist Scheden als diejenige Gemeinde anzusprechen, die am stärksten einen innerdörflichen Umstrukturierungsprozeß von landwirtschaftlichen zu gewerblichen Tätigkeiten erlebte und die mit den Nachbargemeinden arbeitswirtschaftlich am engsten verflochten war.

Mag auch das Auspendeln (vgl. Übersicht 22) die Gefahr einer Minderung des dörflichen Gemeinschaftsgefühls heraufbeschworen haben, so war es auf der anderen Seite die „Feierabendlandwirtschaft" - sie umfasste in Dankelshausen 15 Prozent aller Erwerbstätigen[538] -, die sich einer solchen Bedrohung entgegenstellte. Durch das gemeinsame Dreschen, das Holzsägen, das Milchsammeln für die Molkerei in Oberscheden, die gemeinsam betriebene Gefrieranlage u. a. m. bewahrten sich die Dankelshäuser ein dörfliches Wir-Gefühl, das sich nicht zuletzt auf ihre Verbundenheit mit dem ererbten Grund und Boden gründete.

Begreifen wir allerdings die innerdörfliche Schaffung von nichtlandwirtschaftlichen Arbeitsplätzen als Ausdruck eines Umstrukturierungsprozesses, eines Prozesses, der das dörfliche Gemeinschaftsleben nachhaltig auf eine neue zukunftweisende wirtschaftliche und wohl auch auf eine neue „dorfgemeinschaftliche" Grundlage stellte, so ist Dankelshausen als eine Gemeinde anzusehen, die, verglichen mit den anderen Bramwald-Dörfern (vgl. Übersicht 21), im Jahre 1970 noch ganz am Anfang eines solchen Umstrukturierungsprozesses stand.

Dankelshausen verliert seine kommunale Eigenständigkeit

Einheitsgemeinde Scheden

In den ersten Jahren der Nachkriegszeit hatten die Unterbringung der Flüchtlinge und Vertriebenen sowie der wirtschaftliche Wiederaufbau im Vordergrund der politischen Bemühungen gestanden. In den 1960er Jahren waren es sodann die Verwaltung und deren leistungsgerechte Ausgestaltung, denen im Rahmen des wirtschaftlichen Umstrukturierungsprozesses eine verstärkte Aufmerksamkeit geschenkt wurde[539].

Die als unzulänglich eingeschätzte Verwaltungskraft insbesondere der ländlichen Gemeinden war kein völlig neues Problem. Bereits im Jahre 1852 hatte die hannoversche Landesregierung angeordnet, *darauf hinzuwirken, dass Landgemeinden, welche keine für die gehörige Ausübung der Rechten und Pflichten der Gemeinden genügende Größe haben, miteinander vereinigt werden (Samtgemeinden)*[540]. Blieb es damals im Wesentlichen bei der Propagierung dieses Leitbildes, so besann sich einhundertzwanzig Jahre später die Niedersächsische Landesregierung auf eben diesen kommunalen Reformansatz. Mit ihrer *Entschließung über die Verwaltungs- und Gebietsreform auf der Gemeindeebene* vom 9. Februar 1971[541] wollte sie ihn flächendeckend umsetzen: *Die Bürger des Landes Niedersachsen erwarten heute mit Recht Verwaltungsleistungen, die der größte Teil der Gemeinden nicht mehr erbringen kann; ihre heute unzureichende Verwaltungs- und Veranstaltungskraft kollidiert mit dem Anspruch, in ihren Gebieten die ausschließlichen Träger der gesamten öffentlichen Aufgaben zu sein. Die Gliederung der Gemeindeebene muß daher reformiert werden.*

Auf der Ortsebene sollten die Verwaltungen in der Weise ausgestattet werden, dass sie in der Lage waren, alle dort zu erledigenden Verwaltungsgeschäfte qualifiziert wahrzunehmen sowie die örtlichen Einrichtungen der Daseinsvorsorge umfassend und eigenverantwortlich herzustellen und zu unterhalten. Für diese Anliegen sollten die Verwaltungseinheiten mindestens 7.000 bis 8.000 Einwohner umfassen. In den dünn besiedelten Räumen sollten sie tunlichst nicht weniger als 5.000 Einwohner haben. Als Rechtsform der örtlichen Selbstverwaltung sollte es neben der Einheits- die Samtgemeinde geben.

Räumte die Niedersächsische Landesregierung den betroffenen Gemeinden auch beide Rechtsformen ein, so bevorzugte sie selbst die Einheitsgemeinde. Die Samtgemeinde betrachtete sie lediglich als eine Übergangslösung[542]. Nur in diesem eingeschränkten Sinne und weil mit der Samtgemeinde eine möglichst breite bürgerschaftliche Mitwirkung erreicht werde, gestattete sie auf dem flachen Lande die Samtgemeinde als eine dort brauchbare Alternative. In § 71 der Niedersächsischen Gemeindeordnung heißt es: Die Gemeinden eines Landkreises, die mindestens 400 Einwohner haben, können zur Stärkung ihrer Verwaltungskraft Samtgemeinden bilden. Sie darf nicht mehr als zehn Mitgliedsgemeinden umfassen. Kleinstgemeinden mit weniger als 400 Einwohnern - wie etwa Dankelshausen - dürfen nicht direktes Mitglied einer Samtgemeinde werden.

Die damalige Diskussion über die relative Vorzüglichkeit der beiden Rechtsmodelle erschöpfte sich nicht nur in einer Verbesserung der verwaltungstechnischen Rationalität. Sie konzentrierte sich auch auf das Wechselverhältnis zwischen Verwaltungseffizienz auf der einen und bürgerschaftlicher Mitwirkung auf der anderen Seite. Sie stand in der *Spannung zwischen verwaltungseffizienter Funktionalität und Demokratieprinzip*[543]. Indem die Landesregierung die Einheitsgemeinde bevorzugte, machte sie deutlich, dass sie vorrangig leistungsstarke kommunale Einrichtungen, die Angleichung der ländlichen Lebensweise an die städtischen Verhältnisse (Chancengleichheit) sowie die Anpassung der Verwaltung an die veränderten wirtschaftlichen und sozialen Bedingungen anstrebte. Hinter diesen reformleitenden Gesichtspunkten hatten übergeordnete Ziele, wie die Stärkung der Selbstverwaltung, die Beteiligung der Bürger an der Verwaltung (Partizipation) oder das Prinzip der Bürgernähe, zurückzutreten[544].

Als Ergebnis der Diskussion über die beiden Rechtsmodelle einigte man sich auf zwei Grundsätze: Die Bildung einer Samtgemeinde sollte nur freiwillig erfolgen. Und Gemeindezusammenschlüsse, die gegen den Willen der bestehenden Gemeinden notwendig würden, sollten ausschließlich in der Rechtsform der Einheitsgemeinde stattfinden. So freiwillig auch die Bildung einer Samtgemeinde erfolgen sollte, der Freiwilligkeit wurden in der Praxis insofern enge Grenzen gesetzt, als die Gemeinden vor die Wahl gestellt, zwischen Einheits- und Samtgemeinde zu wählen, sie die letztere als das *kleinere Übel* wählten[545]. In keinem Falle durften sie länger das bleiben, was sie bisher gewesen waren.

In ihrem Kommentar zu der Niedersächsischen Gemeindeordnung sprechen W. Thieme und J. Schäfer (1994, S. 259) davon, dass das 2. Gesetz zur Verwaltungs- und Gebietsreform vom 9. Juli 1971 mit seiner Vorschrift über die Bildung von Samtgemeinden deshalb erforderlich geworden war, weil *das Ziel des Gesetzgebers flächendeckend größere (Einheits-) Gemeinden einzuführen, politisch nicht umsetzbar war und vielerorts an der mangelnden Bereitschaft einzelner Gemeinden zum Zusammenschluß scheiterte.*

In zahlreichen Fällen, so G. Dronsch (1974, S. 135), sei die Überbetonung der Effektivität, der Leistungsfähigkeit, der Verwaltungs- und Veranstaltungskraft zu Lasten der Gesichtspunkte der Integration, der örtlichen Gemeinschaft (Verbundenheit), der Bürgernähe und der Überschaubarkeit der angestrebten neuen Einheit gegangen. *Insgesamt*, so auch T. Elster (1986, S. 339), *ist der Vorwurf an die kommunale Gebietsreform, „bürgerfernere" Einheiten geschaffen zu haben,... nicht unberechtigt, auch wenn es fairerweise mit der erheblichen Zunahme an Leistungen insbesondere auf der gemeindlichen Ebene bilanziert werden sollte.*

Als geeignete Anhaltspunkte für eine strukturgerechte Zusammenführung der Gemeinden sollte die Festlegung von zentralen Orten und ihrer Nahbereiche herangezogen werden[546]. Kernpunkt dieses Konzepts war die *zumutbare Entfernung*[547]. Dieses Konzept ging von der wohl nicht ganz unproblematischen Vorstellung aus, dass es für die Bevölkerung einer Siedlung nicht entscheidend ist, ob die Arbeitsstätte, das Verwaltungsgebäude, die Schule, das Einkaufszentrum und ähnliches in der eigenen oder in einer benachbarten Siedlung liegen. Als wichtig wurde erachtet, dass sie in einer zumutbaren Entfernung von sieben bis acht Kilometern zu erreichen sind.

Auf der Grundlage des Gesetzes zur *Neugliederung der Gemeinden im Raum Göttingen* vom 20. November 1972[548] wurden zum 1. Januar 1973 *die Gemeinden Dankelshausen, Meensen und Scheden ... zu einer Gemeinde Scheden zusammengeschlossen*. Ellershausen und Varlosen bildeten mit Imbsen und Löwenhagen die Einheitsgemeinde Niemetal. Mielenhausen wurde der Stadt Hann. Münden eingegliedert. Von den Bramwald-Dörfern blieb lediglich Bühren als selbständige Gemeinde bestehen.

Mit Bezug auf Dankelshausen hatte eine Untersuchung aus dem Jahre 1968 über die Mittelpunktsgemeinden im südlichen Niedersachsen[549] ergeben, dass die Dankelshäuser zur Deckung ihres Alltagsbedarfs vergleichsweise enge Beziehungen zu Scheden unterhielten, Scheden für sie der zentrale Ort war. Im Jahre 1961 hatten 10 Dankelshäuser oder 15 Prozent der insgesamt 70 Auspendler ihren Arbeitsplatz in Scheden[550].

Samtgemeinde Dransfeld

So schmerzlich die Dankelshäuser die Reform getroffen haben mag, das Gesetz beließ es nicht bei der Einheitsgemeinde Scheden. Für den Fall, so heißt es in § 3 Absatz 5 des Gesetzes vom 20. November 1972, dass die Stadt Dransfeld und die Gemeinden Jühnde, Scheden, Niemetal und Bühren *die für die Bildung einer Samtgemeinde erforderliche Hauptsatzung mit genehmigungsfähigem Inhalt nicht innerhalb von vier Wochen nach Inkrafttreten des Gesetzes vereinbart und der Aufsichtsbehörde vorgelegt haben, wird der Minister des Innern ermächtigt, sie durch Verordnung zu einer Gemeinde Dransfeld zusammenzuschließen, die die Bezeichnung „Stadt" führt.*

Mochte auch der Gesetzgeber den angesprochenen Gemeinden anheim stellen, sich für die eine oder andere Verwaltungsform zu entscheiden, so kann die angegebene Kürze der Bedenkzeit von nur vier Wochen in der Weise gedeutet werden, dass die Niedersächsische Landesregierung darauf setzte, dass sich die betroffenen Gemeinden nicht so schnell einigen würden und sie auf diese Weise die Einheitsgemeinde durchsetzen könnte.

Eine andere Frage ist, ob die Stadt Dransfeld für den Zusammenschluß der angesprochenen Gemeinden auch in der Form der bürgernäheren Form einer Samtgemeinde wirklich der „geeignete" Sitz war und ob die Gemeinden sie als einen solchen betrachteten. Nach den Ergebnissen der bereits erwähnten Untersuchung aus dem Jahre 1968 über die Verbindungslinien der vier geschaffenen Einheitsgemeinden zu denjenigen Zentren, in denen sie ihren Alltagsbedarf hauptsächlich deckten, kann dieses nur für die neu geschaffene Einheitsgemeinde Niemetal bejaht werden. Für die Gemeinden Bühren und Jühnde traf dieses nur mit großen Einschränkungen zu. Und für die Einheitsgemeinde Scheden? Hier waren keine Beziehungen zu Dransfeld zur Deckung ihres Alltagsbedarfs ermittelt worden. Alle drei zusammengeschlossenen Gemeinden, Dankelshausen, Meensen und Scheden, waren nach Hann. Münden hin orientiert. Die Anteile der Schedener Auspendler nach Göttingen und Hann. Münden waren annähernd ausgeglichen[551].

Sich der Problematik wohl bewußt, dass die Zuordnung der Gemeinde Scheden mit Meensen und Dankelshausen noch völlig offen war, Dransfeld für ihre Zuordnung keineswegs die „geborene" Nahversorgungsstadt war, stellte der Dransfelder Stadtrat im März 1971[552] fest, dass die Stadt *wegen der wirtschaftlichen Kraft der Gemeinde Scheden* an ihrer Zuordnung zu

Dransfeld besonders interessiert sei. Die Stadt solle sich vorrangig für diejenigen Gemeinden interessieren, von denen sie einen Vorteil zu erwarten hatte, und der Einheits- gegenüber der Samtgemeinde den deutlichen Vorzug einräumen.

So eigennützig der Dransfelder Stadtrat - wenn auch aus seiner Sicht gut verständlich - an die bevorstehende Gemeindereform heranging, auf so geringes Entgegenkommen stieß er bei den „einzuverleibenden" Gemeinden. Bereits einen Monat später in einer Versammlung in dem Dorfgemeinschaftshaus in Ellershausen sprachen sich die Bürgermeister von Varlosen, Jühnde, Bühren, Ellershausen, Imbsen und Varmissen für das Modell der Samtgemeinde aus. Zugleich drückten die Bürgermeister von Löwenhagen und Varmissen ihre gemeinsame Befürchtung aus, dass die Samtgemeinde wohl nicht mehr als eine Übergangslösung sei und sie in einer Einheitsgemeinde enden werde[553].

Auch wenn für den Dransfelder Stadtrat diese Niederlage, so muß man das Versammlungsergebnis wohl bezeichnen, schmerzhaft war, so hoffte er doch, ihr auch etwas Gutes abzugewinnen. Die *Möglichkeit zur Bildung einer Samtgemeinde* könnte *die Gemeinde Scheden bewegen ..., von einem Zusammenschluß mit der Stadt Münden Abstand zu nehmen*. Zeigte sich diese auch zu jener Zeit an dem Raum Scheden mit den Gemeinden Meensen und Dankelshausen nicht sonderlich interessiert, so tendierten die Einwohner der Gemeinde Scheden doch eher zu ihr als nach Dransfeld.

Im April 1972 stellte der Dransfelder Stadtrat fest, dass die Gliederung des Raumes Dransfeld nach dem Gesetzentwurf über die Gemeindereform im Raum Göttingen *in vollem Umfange den örtlichen Vorstellungen* entspricht. Bleibt nur die Frage zu stellen, wessen örtlichen Vorstellungen sie entsprach? Zweifel sind zumindest für die Einheitsgemeinde Scheden angebracht. Ihre Zuordnung zu Dransfeld muß wohl eher als das Ergebnis einer politischen Entscheidung gewertet werden, zwischen den Verwaltungszentren Hann. Münden und Göttingen eine leistungsfähige kommunale Verwaltungseinheit zu schaffen, denn als Ausfluß eines aus der Nahversorgung resultierenden siedlungsstrukturellen Unterzentrums. Schrieb noch am 10. Juli 1969 der Landkreis Münden an den Regierungspräsidenten in Hildesheim, dass die Gemeinde Dankelshausen *dem zentralen Ort Münden zuzuordnen* ist, so erwiderte dieser am 22. September, dass n*ach dem gegenwärtigen Stand der zentralörtlichen Untersuchung die Gemeinde dem Grundzentrum Dransfeld unmittelbar zuzuordnen ist*. Eine

Zuordnung des Raumes Scheden zu Münden – wie die bisherige Konzeption vorsah – würde die Qualifizierung der Stadt Dransfeld als Grundzentrum gefährden[554].

Wird auch noch zwei Jahre später, im Februar 1971, der *Raum Scheden als Problemgebiet bezeichnet, dessen Zuordnung nach Münden oder Dransfeld noch völlig offen ist*[555], so war ein Jahr später, im März 1972, für den Niedersächsischen Minister des Innern die Einrichtung von Dransfeld als ein Verwaltungszentrum eine beschlossene und aus seiner Sicht wohl auch gut begründete Sache, mochten die betroffenen Gemeinden auch denken, was sie wollten[556]: *Die Gemeinde Scheden möchte innerhalb einer Samtgemeinde Dransfeld mit den übrigen Schededörfern Dankelshausen, Mielenhausen und möglichst auch Meensen eine Gliedgemeinde bilden. Sollte es zur Bildung einer Einheitsgemeinde Dransfeld kommen, will Scheden der Einheit Münden zugeordnet werden. Dankelshausen ist bereit, mit Scheden eine Mitgliedsgemeinde zu bilden. Sowohl der Rat der Gemeinde Mielenhausen, der sich auf die Ergebnisse mehrerer Bürgerversammlungen stützt, als auch der von Meensen lehnen die Einbeziehung in eine Verwaltungseinheit Dransfeld ab. Beide Gemeinden haben sich für ihre Eingliederung in die Stadt Münden ausgesprochen, von deren Verwaltung sie eine bessere Betreuung erwarten. Beide weisen darauf hin, dass nach Münden bessere Verkehrsverbindungen bestehen und auch der überwiegende Teil der Auspendler dorthin fährt.*

Ohne zu dem dargelegten Willen der betroffenen Gemeinden Stellung zu beziehen und einen Vergleich zwischen Dransfeld und Münden in ihrer Qualität als zentrale Orte vorzunehmen, heißt es sodann:

Die vorgeschlagene Verwaltungseinheit Dransfeld umfaßt alle Gemeinden im Nordosten des Landkreises Münden, für die die Stadt Dransfeld, die zweitgrößte Gemeinde des Landkreises, schon heute eine Reihe bedeutsamer Funktionen auf der Ebene der Grundversorgung wahrnimmt. Die Schededörfer im Südwesten des Zuordnungsbereichs liegen allerdings innerhalb der sich teilweise überlagernden Einflußbereiche der zentralen Orte Dransfeld und Münden.

Durch die Mittelpunktschule mit Realschulzug ist Dransfeld der schulische Mittelpunkt für die Mehrzahl der zu vereinigenden Gemeinden; daneben gibt es noch eine voll ausgebaute Volksschule in Scheden. Die Polizeistation Dransfeld mit der Nebenstelle in Scheden betreut den gesamten Zuordnungsbereich genauso wie die Raiffeisenbank Dransfeld mit ihren Zweigstellen in Ellershausen, Jühnde, Löwenhagen, Meensen, Scheden und Varlosen.

Die Bereisung hat ergeben, dass auch die Schededörfer vor allem aufgrund ihrer geographischen Lage und ihrer strukturellen Verwandtschaft sinnvoll nur in die geplante Verwaltungseinheit Dransfeld einbezogen werden können. Das gilt auch für die der Stadt Münden am nächsten gelegene Gemeinde Mielenhausen, die mit den übrigen Orten des Schedetales so eng verbunden ist, dass sie nicht von ihnen getrennt werden kann. Sie gehört zum Schulzweckverband Schededörfer (Grund- und Hauptschule), Abwasserverband „Schedetal" und zum Standesamtsbezirk Scheden; der nächstgelegene Bahnhof befindet sich ebenso in Scheden wie Turnhalle und größerer Sportplatz. Die zuständige Kirchengemeinde ist Dankelshausen.

So stark auch den Schedetal-Dörfern die qualitative Beschreibung der Verwaltungseinheit Dransfeld wohl an den Haaren herbeigezogen, wenig überzeugend erscheinen mochte, so sehr ist dabei zugleich zu berücksichtigen, dass es darum ging, die aus übergeordneten Gründen *geplante Verwaltungseinheit Dransfeld* mit allen nur irgendwie einsichtbaren Mitteln zu rechtfertigen und sie den sie ablehnenden Gemeinden schmackhaft zu machen.

Ein Monat später, im April 1972, stimmte der Dankelshäuser Gemeinderat nach einem vorherigen *Zusammenschluß der Gemeinden Dankelshausen, Meensen, Mielenhausen und Scheden zu einer Gemeinde Scheden* den ministeriellen Vorstellungen *einer leitbildgerechten Samtgemeinde* einstimmig *zu*[557]. Voraussetzung allerdings war, dass der Ortsname Dankelshausen erhalten bliebe. Vier Monate später diskutierte er die geeigneten Möglichkeiten, die bislang an die Dankelshäuser Vereine geleisteten Zuwendungen innerhalb der Einheitsgemeinde Scheden festzuschreiben.

Vor der Herausforderung einer neuen kommunalen Identität

Für die Dankelshäuser bedeutete die Gemeindereform das Ende ihrer vor 140 Jahren gebildeten politischen Gemeinde. Mit der Einheitsgemeinde Scheden verloren sie nicht nur ihre kommunale Autonomie, sie verloren auch ihren eigenen Bürgermeister. Als gewählter Verantwortungsträger hatte er spätestens seit dem Beginn des 19. Jahrhunderts bis zur Bewältigung der Schwierigkeiten nach dem Ende des Zweiten Weltkriegs wohl ohne Zweifel einen unersetzbaren Bestandteil der Dorfgemeinde gebildet, nicht nur als Verwaltungsbeamter, sondern auch als kommunale Autoritäts-, Integrations- und Repräsentationsperson.

Nach dem Kommunalwahlrecht in Niedersachsen wird die Zahl der Ratsfrauen und Ratsherren durch die Einwohnerzahl bestimmt. Bei einer Einwohnerzahl zwischen 2001 und 3000 Personen – in diese Kategorie fiel die Einheitsgemeinde Scheden – beträgt sie 13[558]. Mit der Einheitsgemeinde Scheden wurden unter dem Gesichtspunkt der Einwohnerzahl sehr unterschiedliche Dörfer – Ende des Jahres 1971 betrug die von Scheden 1374, die von Meensen 377 und die von Dankelshausen 314 - mit sehr unterschiedlichen Biographien und Bedürfnissen zusammengeschlossen. Vor diesem Hintergrund erscheint es nicht ganz unberechtigt, davon zu sprechen, dass Dankelshausen im Gefolge der Gemeindereform der ständigen Gefahr ausgesetzt ist, zu einer „gemeindefernen Einheit", zu einem kommunalpolitisch ohnmächtigen „Ortsteil" des Dorfes Scheden herabgestuft zu werden.

Mit der Gemeindereform, so C.-H. Hauptmeyer (1986, S. 11), habe der Staat die politische Entmündigung der Dorfbewohner erreicht. Parallel dazu fände ein sozio-kultureller Enteignungsprozeß statt. In vielen Dörfern würden außer Wohnen und ein wenig Landwirtschaft keine Funktionen mehr angeboten, die erst in ihrer Fülle das Leben lebenswert machen. Anders dagegen G. Isbary (1968, S. 7). Nach seiner Auffassung müßten die Wandlungen nur richtig und zukunftsorientiert begriffen werden, um die bedrückende Frage verschwinden zu lassen, was aus dem Dorf in der Zukunft werden wird.

Wie auch immer die konträren Meinungen von den Dankelshäusern begriffen und bewertet wurden – nach den Sitzungsprotokollen vom April bis Dezember 1972 hat sie ihr Gemeinderat in seine Überlegungen überhaupt nicht einbezogen[559] -, die Gemeindereform erscheint kommunalpolitisch als die einzig richtige Antwort[560]. In diesem Zusammenhang spricht R. Voigt (1986, S. 65 ff) von der besonderen Vermittlerrolle der Vereine, die ihnen zwischen den Bürgern und der staatlichen Organisation zukommen kann. Der Zusammenhang zwischen Dorfpolitik und Vereinswesen werde daran deutlich, dass im ländlichen Raum andere Maßstäbe als beispielsweise in Großstädten bei der Kandidatenaufstellung zu den Kommunalwahlen gelten. Sie gründe sich weniger auf das parteipolitische Engagement als vielmehr auf die aktive Mitarbeit in den Vereinen. *Auf diese Weise bilden sich im Wechselspiel zwischen politischem System (Gemeinderat, Kommunalverwaltung und politische Parteien) und gesellschaftlichem System (Vereine)* lokale Eliten *heraus, die in der Dorfpolitik oft eine entscheidende Rolle spielen*, eine Rolle, die viele Vereine bereits zur Zeit ihrer Gründung gespielt haben.

Eine solche Rolle dürfte ursprünglich auch dem Dankelshäuser Männer-Gesangverein zuzumessen gewesen sein. Seine Gründung im Jahre 1882 erfolgte zu einer Zeit, als der „dörfliche Betrieb der Landwirtschaft" und die ihn prägenden horizontalen Solidaritäten durch die Gemeinheitsteilung und Verkoppelung bereits einen starken Lockerungsschub erlitten hatten[561]. In diesem Verständnis bieten heute eine Aktivierung und Belebung des Vereinsleben oder sonstiger dörflicher Gemeinschaftsaktivitäten ohne Zweifel eine geeignete Plattform, das Gemeindeleben, das Wir-Gefühl der Danielshäuser, zu stärken. Sie verfügen damit über vielseitige Möglichkeiten, die Folgen einer *bürgerfernen* Verwaltung – wenn sie denn als solche (noch) empfunden wird - einzudämmen und ihre Gemeinde vor einer Funktionsentleerung zu bewahren, die das als unvermeidlich anzusehende Maß übersteigt.

Anmerkungen

¹Seine erste urkundliche Erwähnung als Mündener Amtsbezirk geht auf das Jahr 1381 zurück. Im Jahre 1444 bestand sein Kernbereich, das spätere Unteramt oder Untergericht, aus den Orten Hedemünden, Wiershausen, Ober- und Niederscheden, Dankelshausen, Mielenhausen, Bühren, Varlosen, Imbsen, Gimte, Volkmarshausen und Blume. Um das Jahr 1535 wurde ihm das Amt Sichelnstein, das Oberamt oder Obergericht, hinzugefügt. Im Kaufungerwald zwischen Werra und Fulda gelegen, gehörten ihm die Dörfer Nienhagen, Sichelnstein, Benterode, Wahnhausen, Lutterberg, Escherode, Landwehrhagen, Uschlag, Spiekershausen, Speele und Oberode an. Im Jahre 1973 wurde der Landkreis Münden mit dem Landkreis Göttingen vereinigt. NHStAH Hann 74 Münden, Akten des Amtes Münden, Vorwort.

² Der Eigentümer eines Rittergutes war ursprünglich zur Heerfolge und zu Ritterpferdsgeldern verpflichtet. Als Gegenleistung war er vor allem von allen bäuerlichen und öffentlichen Lasten, wie Steuern, Einquartierungen, Fronen etc., befreit. In späterer Zeit wurden diese Vorrechte beseitigt.

³ Vgl. Ahnentafel der Familie von Stockhausen.

⁴ NHStAH 3 GM 2 A Nr. 17.

⁵ Vgl. Übersicht 1. – *Die zum Rittergut Dankelshausen gehörigen Forsten*, so schreiben G. Stölting und B. von Münchhausen im Jahre 1912 (S. 235), *sind seit längerer Zeit auf das benachbarte Gut Wellersen übertragen.* Nach dem Tode von <u>Heinrich Ludwig</u> im Jahre 1794 war das Gut Wellersen an den damaligen Eigentümer des Gutes Dankelshausen, <u>Benedikt Moritz</u>, gefallen. Es waren von nun an familieninterne Überlegungen und Regelungen seiner Nachkommen, die das „Hainholz" einmal ihrem Gut Wellersen, zum anderen ihrem Gut Dankelshausen zuordnen ließen.

⁶ P. Lufen (Bearb.), 1993, S. 250 f.

⁷ Kreisarchiv Göttingen, LA HMÜ Nr. 517.

⁸ Als Anbauern wurden diejenigen Hausbesitzer in einer Gemeinde bezeichnet, *deren neuentstandene Wohnstellen an den Gemeindenutzungen keinen Antheil* hatten. J. K. B. Stüve, 1851, S. 55 f.

⁹ Kreisarchiv Göttingen, GK GÖ A 66/TBA Nr. 1.

¹⁰ Kreisarchiv Göttingen, LK HMÜ 2467.

¹¹ Mielenhausen nur bis zum Hochmittelalter.

¹² L. Delfs, 1947, S. 56.

¹³ NHStAH Hann 74 Münden 2116.

¹⁴ Archiv der Gemeinde Dankelshausen. – Kreisarchiv Göttingen, LK HMÜ 2353.

¹⁵ Ohne Fördermittel des Landes hätten die Kosten den Wasserpreis von 1,90 DM auf 3,03 DM je Kubikmeter steigen lassen, auf einen Preis, der weit über dem Landesdurchschnitt lag. Kreisarchiv Göttingen, Amt 66/TBA Nr.1.

¹⁶ G. Henkel, 1999, S. 324.

¹⁷ C.-H. Hauptmeyer, 1986, S. 11.

¹⁸ H.-G. Stephan, 1997, S. 12.

¹⁹ W. Gusmann, 1928, S. 56.

²⁰ W. Gusmann, 1928, S. 7.

²¹ W. Gusmann, 1928, S. 43.

²² H.-G. Stephan, 1997, S. 14. – W. Gusmann, 1928, S. 18. – Die erste Erwähnung des „hausen"-Dorfes Volkmarshausen wird in die Zeit von etwa 830 bis 840 datiert. A. Deese und C. Tollmien, 1985, S. 124.

²³ A. Seidensticker, 1896b, S. 140 f.

²⁴ K. Mittelhäuser, 1977, S. 271.

²⁵ H. Potthast, 1984, S. 12.

[26] H. Wunder, 1986, S. 28.
[27] Unveröffentlichtes Protokoll eines Kartierkurses der TU Braunschweig *Historisch-siedlungsgeographische Untersuchungen im Raum Süd-Hannover* vom 27. bis 31. Oktober 1975. Kreisdenkmalpflege Göttingen.
[28] B. Damm, 2000, S.28.
[29] H. Potthast, 1984, S. 11.
[30] Archiv der Familie Hermann Beuermann.
[31] L. Delfs, 1947, S. 22.
[32] K. Mittelhäuser, 1977, S. 274.
[33] K. Mittelhäuser, 1977, S. 274.
[34] K. Mittelhäuser, 1977, S. 273. – K. Casimir, U. Ohainski und J. Udolph, 2003, S. 90 f.
[35] J. Stuckius, 1660, S. 977.
[36] Als Afterlehen wurde im Mittelalter ein Lehen bezeichnet, das der Lehnsgeber selbst von einem höher gestellten Lehnsherren empfangen hatte und es einem untergeordneten Lehnsnehmer weitergab.
[37] J. Stuckius, 1660, S. 951.
[38] M. Last,1977, S. 636 f.
[39] H. Potthast, 1984, S. 14.
[40] K. Sittig, 1976, S. 44 f. – J. von Stockhausen, 2001, S. 79 ff.
[41] B. Garbe, 2001, S. 9.
[42] Nach W.-D. Nück (2008, S. 273) ist die Bramburg im Jahre 1256 von dem Kloster Corvey in den Besitz von Herzog Albrecht I. gelangt.
[43] J. von Stockhausen, 2003, S. 42 ff.
[44] Sie blieb über viele Jahrhunderte hinweg die wichtigste Verbindungsstrecke von Hannover und Braunschweig nach Kassel. Erst ab dem Jahre 1824 wurde ihr die über Göttingen und Dransfeld führende Straße vorgezogen. G. Meinhardt, 1975, S. 8.
[45] J. von Stockhausen, 2003, S. 44.
[46] G. Schucht, 2000, S. 62.
[47] F. Vogt (Bearb.), 1913, S. 131.
[48] F. Vigener (Bearb.), 1913, S. 535.
[49] H. Wunder, 1986, S. 33 f.
[50] H. Tütken, 1967, S. 156.
[51] W. Ebel, 1953, S. 15.
[52] H. Linde, 1954, S. 8.
[53] Stadt Münden (Hg.), o. J., S. 37.
[54] K. Kayser, 1904, S. 157.
[55] H. Tütken,1967, S. 64.
[56] J. K. F. Schlegel,1802, S. 277 ff.
[57] Ohne Verf., 1990.
[58] F. W. Henning, 1994, S. 41.
[59] Nach D. Saalfeld (1960, S. 32) sind im Laufe des mittelalterlichen Siedlungsausbaues ständig neue Siedlerstellen durch Urbarmachung von Allmendeland und durch Höfeteilungen entstanden. Die ersten Ansiedler konnten zunächst in einem unbeschränkten Umfange Land kultivieren. Grenzen waren ihnen nur durch die eigene Arbeitskraft und die Möglichkeit der wirtschaftlichen Verwertung der Erzeugnisse gesetzt. Bei der späteren Ausdehnung des Kulturlandes waren die älteren Höfe wegen ihrer im Laufe der Zeit gewachsenen stärkeren Wirtschaftskraft den Neusiedlerstellen überlegen. So waren insbesondere sie es, die sich zu den größten Höfen entwickelten. Wenn ihr Bedarf an Arbeitskraft den der bäuerlichen Familie überstieg, fanden sie die zusätzlich benötigte

Arbeitskraft in den Gesindekräften und in der Neusiedlerschicht, die keinen oder nur einen geringen Anteil an der Ackerlandgewinnung hatten.

[60] K. S. Bader (1962, S. 187) spricht davon, dass der Ortsherr, der im Gefolge der Abrundung seiner Rechte nach einer Territorialisierung im Ortsraum strebte, mit aller Selbstverständlichkeit darum bemüht war, nicht nur das Gericht, sondern auch die Kirche im eigenen Dorf zu haben. Auch J. Jünemann (1968, S. 53) glaubt, dass die adlige Grundherrschaft die Kirchenorganisation in ihren Dienst gestellt habe.

[61] Ph. Meyer, 1919, S. 17.

[62] C. Cordes, 1983, S. 11.

[63] K. S. Bader, 1962, S. 189.

[64] Engelfridus war nicht nur Pfarrer in Dankelshausen, seit dem Jahre 1302 war er zugleich Pfarrer der heutigen Wüstung Wickertshausen, nordöstlich von Witzenhausen. Im Jahre 1315 war er Pfarrer in Münden und zwei Jahre später Probst des Reichsstifts Hilwartshausen (M. von Boetticher, 2001, S. 117 ff.). Mit diesen urkundlichen Belegen dürfte die in der Oberschedener Dorfchronik (G. Mehr, 1997, S. 151) geäußerte Vermutung, dass Engelfridus vor seiner Amtsübernahme in Dankelshausen in der heutigen Wüstung Wetenborn als Priester tätig gewesen ist, als überholt oder zumindest als überprüfungsbedürftig anzusehen sein.

[65] Im Gegensatz zu den Städten, für deren Gründung häufig die Verleihung der Stadtrechte in urkundlich verfaßter Form vorliegt, gibt es für die meisten Dörfer kaum Unterlagen über deren Entstehungszeit. Ihr Name taucht meistens irgendwann in einer häufig vergleichsweise belanglosen Urkunde auf. Vgl. R. Schnieders, 1964, S. 15

[66] M. von Boetticher, 2001, S. 117.

[67] J. Sieglerschmidt, 1987, S. 25.

[68] G. Arndt, 1926, S. 35.

[69] Auch für J. Sieglerschmidt (1987, S. 25) ist der Schutz der Kirche immanenter Bestandteil der Grundherrschaft.

[70] E. Hommel, 1967, S. 43.

[71] W. von Erffa, 1937, S. 8 f. – A. Timm, 1960, S. 114 ff.

[72] H. Reyer, 1983, S. S.25 ff.

[73] NHStAH Hann 74 Münden 175.

[74] K. Kunze, 1997, S. 21.

[75] Archiv der Kirche zu Dankelshausen.

[76] J. von Stockhausen, 2001, S. 216 ff.

[77] E. Schröder, 1990, S. 33.

[78] K. S. Bader, 1962, S. 196. – H. Wiswe, 1924, S. 82 f.

[79] H. Tütken, 1964, S. 315.

[80] E. Hommel, 1967, S. 42.

[81] Kreisarchiv Göttingen LK HMÜ 1228.

[82] Archiv der Gemeinde Dankelshausen.

[83] Vgl. K. S. Bader, 1962, S. 198.

[84] P. Althaus, 1912, S. 119.

[85] Vgl. J. Sieglerschmidt, 1987, S. 10.

[86] P. Althaus, 1912, S. 124.

[87] J. von Stockhausen, 2001, S. 335.

[88] G. Mehr, 1997, S. 157.

[89] E. Hommel, 1967, S. 41.

[90] Saat und Ernte. Dankelshäuser Schulrundschau. Kreis-Heimatfest 1955. Nr. 3.

[91] P. Althaus, 1912, S. 122.

[92] G. Mehr, 1997, S. 159.

[93] Archiv der Kirche zu Dankelshausen.
[94] Möglicherweise hat es sich bei dem besagten Pfarrer um Johann Heinrich Hogreve gehandelt, der in den Jahren 1716 bis 1733 das Dankelshäuser Pfarramt innehatte. Ph. Meyer, 1941, S. 179.
[95] Archiv der Kirche zu Dankelshausen.
[96] Schreiben des Landeskirchenamtes an Joachim von Stockhausen vom 11. Juni 2004.
[97] J. Desel, 1967, S. 128. – J. Jünemann, 1986, S. 118.
[98] G. Schucht, 2000, S. 54 f.
[99] K. Kunze, 1997, S. 21 f.
[100] Vgl. U. Stutz, 1955, S. 83 f. - J. K. F. Schlegel, 1804, S. 296 ff.
[101] Kreiskirchenarchiv Göttingen, Spez. Dankelshausen.
[102] Ohne Verf., 1862, S. 388.
[103] Die Hufe war ein Ertrags- und Flächenmaß der fränkischen Zeit, das ein Gehöft und das für eine Familie ausreichende Maß an Acker- und Weideland umfaßte.
[104] H. Wiswe, 1934, S. 80.
[105] Kreiskirchenarchiv Göttingen, Spez. Dankelshausen.
[106] K. Kayser, 1904, S. 157. – Im Jahre 1575 betrug in dem Dekanat Vechta der Wert des „Weinkaufs" - eine Art Anerkennungs- und Verwaltungsgebühr, die von dem Pastor bei dem Antritt einer neuen Pfarre üblicherweise zu entrichten und die an die Ertragskraft des Kirchenlehens gekoppelt war - in den geringer ausgestatteten Pfarren 20 Taler. W. Freitag, 1998, S. 76.
[107] J.K.F. Schlegel, 1804, S. 360.
[108] Kreiskirchenarchiv, Spez. Dankelshausen.
[109] H. Wiswe, 1934, S. 87.
[110] Kreiskirchenarchiv Göttingen, Spez. Dankelshausen.
[111] J. K. F. Schlegel, 1804, S. 349.
[112] H. Schröder, 2008, S. 308 ff.
[113] H. Schnabel-Schüle, 1997, S. 181.
[114] P. Althaus, 1912, S. 119 ff.
[115] J.F.K. Schlegel, 1804, S. 322.
[116] Archiv der Kirche zu Dankelshausen.
[117] Schreiben des Superintendenten an meinen Vater vom 28. November 1973.
[118] Schreiben des Landeskirchenamtes an Joachim von Stockhausen vom 11. Juni 2004.
[119] Siebzehn Jahre später in seinem Nachruf im Dezember 2007 bezeichnete Pastor Horst Metje, Vorsitzender des Dankelshäuser Kirchenvorstandes, meinen Bruder Hans – er hatte seit dem Jahre 1975 das Patronat inne gehabt - als *einen aufrechten und engagierten Christen und verantwortungsbewußten Patron*, der sich um *seine* Gemeinde verdient gemacht habe. Mündener Allgemeine vom 29. Dezember 2007.
[120] W. Ubbelohde,1823, S. 13.
[121] C. W. G. Wesenberg, 1907, S. 85.
[122] Die Verordnung vom 1. August 1798 über *Die Ansetzung der Justiarien und Actuarien adlicher Patrimonialgerichte* spricht von der den Gütern *anklebenden Gerichtsbarkeit*. NHStAH Hann 74 Münden 2065. - Wenn im Laufe der Zeit viele Rittergüter die Patrimonialgerichtsbarkeit verloren haben – bei ihrer gesetzlichen Aufhebung Mitte des 19. Jahrhunderts besaßen in den Fürstentümern Calenberg, Göttingen und Grubenhagen nur noch 48 der insgesamt 183 Rittergüter adlige Gerichte -, so wird deren wesentlichster Grund in der häufigen Teilung der grundherrlichen Güter gesehen. Solche Teilungen hätten zur Folge gehabt, dass die Entfernungen zwischen den Gerichtsuntertanen und den Gerichtsherren zu weit wurden, um bei vorfallenden Rechtssachen eine ordentliche Verhandlung durchzuführen. G. W. G. Wesenberg, 1907, S. 85.
[123] W. Ebel,1953, S. 15.
[124] E. D. von Liebhaber, 1794, S. 195.

[125] NHStAH Hann 74 Münden 1027.
[126] E. D. Liebhaber, 1794, S. 187 ff – W. Ubbelohde, 1823, S. xi ff.
[127] NHStAH Hann 74 Münden 6.
[128] NHStAH Hann 68 B 597.
[129] NHStAH Hann 68 B 597.
[130] NHStAH Hann 74 Münden 1028.
[131] NHStAH Hann 74 Münden 1611.
[132] NHStAH Hann 74 Münden 1245.
[133] In diesem Zusammenhang bemerkenswert ist, dass in dem Königreich Sachsen die Untergerichte für diejenigen Frevel zuständig waren, deren Bestrafung nicht über acht Tage Gefängnis hinausging. F. B. Weber, 1802, S. 234.
[134] NHStAH Hann 74 Münden 1961.
[135] NHStAH Hann 74 Münden 2847.
[136] NHStAH Hann 74 Münden 1032.
[137] NHStAH Hann 74 Münden 1033.
[138] NHStAH Hann 74 Münden 1275.
[139] E. von Meier, 1899, S. 384.
[140] E. von Meier, 1899, S. 381
[141] NHStAH Hann. 74 Münden B 208 und 209.
[142] Die Landdrosteien waren im Jahre 1823 als staatliche Mittelbehörden geschaffen worden, im Jahre 1867 erhielten sie den Namen und die Stellung eines Regierungsbezirkes. G.-C. von Unruh, 1978, S. 30.
[143] NHStAH Hann 74 Münden 2057.
[144] U. Hindersmann, 2001, S. 173.
[145] U. Hindersmann, 2001, S. 178 f.
[146] NHStAH Hann 74 Münden 2057.
[147] U. Hindersmann, 2001, S. 181.- NHStAH Hann 74 Münden 2065.
[148] In Paragraph 4 des Ablösungsrezesses des Gerichts Dankelshausen und Wellersen heißt es: Wegen Beitreibung der Gefälle (Abgaben), welche der abtretende Gerichtsherr aus dem bisherigen Gerichtsbezirke zu beziehen hat, soll dasjenige Verfahren eintreten, welches durch die neue Gerichtsverfassung und Prozeßordnung für die Beitreibung liquider Gefälle eingeführt werden wird. Archiv der Gemeinde Dankelshausen.
[149] NHStAH Hann 74 Münden 1235.
[150] V. von Stockhausen, 1936, S. 56.
[151] G. Stölting und B. von Münchhausen, 1912, S. 235.
[152] Beide Güter gehörten zu denjenigen Lehngütern, *die einschließlich der dabei benutzten Zehnten, gutsherrlichen Gefällen und sonstigen ablösbar gewordenen Rechte mutmaßlich einen Ertrag von jährlich 1200 Reichstalern und darüber abwerfen dürften.* NHStAH Hann 4 Nr. 1 I.
[153] NHStAH 74 Hann 746.
[154] G. Stüve, 1851, S. 133.
[155] NHStAH Hann 74 Münden 5690.
[156] Kreiskirchenarchiv Göttingen, Spez. Dankelshausen.
[157] G. Stüve, 1851, S. 137.
[158] Archiv der Gemeinde Dankelshausen.
[159] Archiv der Samtgemeinde Dransfeld, VI.
[160] NHStAH Hann 74 Münden K 1263.
[161] Archiv der Samtgemeinde Dransfeld.
[162] G. Franz (Hg.), 1963, S. 3.
[163] Stadt Münden (Hg.), o. J., S. 48 und 107.

[164] H. Wunder, 1986, S. 31.
[165] W. Schulze, 1987, S. 113.
[166] K. H. Schneider und H. H. Seedorf, 1989, S. 23.
[167] Vgl. H. Schröder, 2008, S.289.
[168] NHStAH Hann 74 Münden 1338.
[169] R. Oberschelp, 1982, S. 103.
[170] W. Osenbrück,1983, S. 62.
[171] K. Mittelhäuser, 1980, S. 275.
[172] NHStAH Dep 7 C Nr. 704.
[173] NHStAH Cal. Br. 19 Nr. 1021; Cal. Br. 19 Nr. 1032; Hann 76 A 13.
[174] NHStAH Hann 68 B 59.
[175] R. Oberschelp, 1982, S. 106.
[176] NHStAH Dep 7 C Nr. 731.
[177] Archiv der Gemeinde Dankelshausen.
[178] NHStAH Hann 9 E 66.
[179] Die Anbauern standen außerhalb des Gemeindeverbandes. Sie verfügten zwar über zinspflichtiges Eigentum, hatten aber keinen Anteil an der Gemeinheit. K. Kolb und J. Teiwes, 1977, S. 219 ff.
[180] R. Loeb-Caldenhof, 1934, S.16. - J. Mooser, 1979, S. 248.
[181] C.-H. Hauptmeyer, 1988, S. 223.
[182] H. Wunder, 1991, S. 392.
[183] D. Saalfeld, 1960, S. 33.
[184] K. H. Schneider und H. H. Seedorf, 1989, S. 27 f.
[185] F. B. Weber, 1802, S. 232 f.
[186] W. Osenbrück, 1983, S. 63 f.
[187] Zu dem Aufgabenbereich des Bauermeisters vgl. H. Reyer, 1983, S. 55 ff.
[188] G. Heising, 1954, S. 34 ff.
[189] NHStAH Cal Br 19 Nr. 1021.
[190] H. Reyer, 1983, S. 51.
[191] H. Wunder,1986, S. 85f.
[192] Kreiskirchenarchiv Göttingen, Spez. Dankelshausen.
[193] NHStAH Hann 74 Münden 3480.
[194] W. Osenbrück, 1983, S. 64.
[195] W. Achilles, 1968, S. 103.
[196] NHStAH Hann 74 Münden 3030.
[197] C. H. Ebhardt, 1813a, S. 551 f.
[198] NHStAH Hann 74 Münden 1609.
[199] W. Wittich, 1896, 26ff und 64 ff.
[200] NHStAH Cal Br. 19 Nr. 1021.
[201] L. Lichtermann, 1958, S. 28.
[202] L. Lichtermann, 1958, S. 30 und 34.
[203] L. Lichtermann, 1958, S. 35 f.
[204] L. Lichtermann, 1958, S. 25 ff.
[205] K. Kayser, 1904, S. 157.
[206] Archiv der Kirche zu Dankelshausen - NHStAH Hann 74 Münden 5690.
[207] E. Hommel, 1967, S. 42.
[208] NHStAH Hann 74 Münden 5690.
[209] G. W. Boehmer, 1831, S. 41 f.
[210] C. H. Ebhardt, 1840, S. 136 ff.
[211] J. Mertens, 1831, S. 48.

[212] NHStAH Hann 68 B 597.
[213] Das ungeschlossene Untergericht Mielenhausen der Herren von Mengershausen war im Jahre 1813 von der Verwaltung des Königreichs Westfalen suspendiert worden.
[214] NHStAH Hann 74 Münden M 38.
[215] NHStAH Hann 74 Münden M 36.
[216] U. Hindersmann, 2000, S. 236.
[217] H. Molsen, 1928, S. 45.
[218] U. Hindersmann, 2000, S. 159. – K. Mittelhäuser, 1980, S. 245.
[219] Archiv der Samtgemeinde Dransfeld, VI.
[220] G. von Armitstead, 1936, S. 33.
[221] U. Hindersmann, 2000, S. 240. – J. von Stockhausen, 2001, S. 425 ff.
[222] In dem Fürstentum Göttingen war die Zehntabgabe nach der Calenberger Zehntordnung vom 1. Juli 1709 geregelt. Der Feldzehnt wurde im 18. Jahrhundert meistens in natura eingefordert. Lediglich für die Brachfrüchte wurde er in Geld gezahlt. Kartoffeln blieben bis zum Jahre 1801 zehntfrei. R. Prass,1997, S. 77 f.
[223] Archiv der Familie Hermann Beuermann.
[224] Kreiskirchenarchiv Göttingen, Spez. Dankelshausen.
[225] Archiv der Gemeinde Dankelshausen.
[226] Archiv der Kirche zu Dankelshausen.
[227] NHStAH Hann 74 Münden 2130.
[228] NHStAB 3 GM 2 A Nr. 17.
[229] Waren die Hand- und Spanndienstleisungen von der Domäne Brackenburg bereits im Jahre 1776 in Geldzahlungen umgewandelt worden, so wurden sie in den adligen Gerichtsbezirken bis zur Zeit der Ablösungsgesetze in der herkömmlichen Form geleistet. NHStAH Hann 74 Münden 2130.
[230] Archiv der Familie Vahlbusch.
[231] http://home.t-online.de/home/Kripahle/zehnt/zehnt.htm.
[232] NHStAH Hann 74 Münden 2130.
[233] A. Schomburg, 1961, S. 97.
[234] Die Calenberger Zehntordnung vom 1. Juli 1709 verbot ausdrücklich, mehr als ein Viertel der Brache zu besömmern. C. H. Ebhardt, 1813a, S. 461 ff.
[235] NHStAH Hann 74 Münden 2130.
[236] Die Möglichkeit schuf ihnen das Gesetz über das Grundbuchwesen in der Provinz Hannover vom 28. Mai 1873. H. Molsen, 1928, S. 45.
[237] Archiv der Gemeinde Dankelshausen.
[238] Rezeß betr. die Spezialteilung der den Berechtigten zu Dankelshausen für Streulaub und Weideberechtigung am Bramwald zugefallenen Abfindung vom 26. Mai 1883. Archiv der Gemeinde Dankelshausen.
[239] Archiv der Familie Hermann Beuermann.
[240] C. F. Münchmeyer, 1881, S. 7 ff.
[241] W. Bischoff, 1966, S. 88. – Wenn wir danach fragen, warum sich im südlichen Niedersachsen, insbesondere in dem Gebiet des ehemaligen Landkreises Münden, die Realteilung trotz der auf die Unteilbarkeit des Grundbesitzes ausgerichteten landesherrlichen Verordnungen aus den Jahren 1593 bis 1649 gehalten hat, so werden wir auf den hier von jeher großen Teil des bäuerlichen Bodens als freies Erbland (auch fliegendes Land, Streuland, Zahlland, walzende Grundstücke genannt) verwiesen. Dabei handelte es sich um jenes Land, das ohne Verbindung mit einer bestimmten Hofstelle selbständig für sich bestand und nicht unter die Teilungsverbote der Landesregierung fiel. Als Eigentum war und blieb es frei teilbar und frei veräußerlich. L. Lichtermann. 1958, S. 19 ff.
[242] W. Bischoff, 1966, S. 88 ff.
[243] H. von Stockhausen, 1911, S. 33.

[244] J. von Stockhausen, 2003, S. 77 f.
[245] J. von Stockhausen, 2003, S. 76 ff.
[246] E. Hommel, 1967, S. 40.
[247] G. Mehr, 1997, S. 154.
[248] W. Lotze, 1909, S. 89.
[249] E. Hommel, 1967, S. 40.
[250] Kreiskirchenarchiv Göttingen, Spez. Dankelshausen.
[251] J. Bauer, 1907, S. 63.
[252] C. H. Ebhardt, 1813a, S. 64 ff.
[253] Niedersächsisches Landesarchiv – Staatsarchiv Wolfenbüttel 37 Alt 1841.
[254] Unter Bezugnahme auf die Hexenprozesse in Lemgo in den 1630er Jahren spricht U. Bender-Wittmann (1992, S. 258) von Spannungen auf allen Ebenen der Gesellschaft, *die nicht nur als Hexenbeschuldigungen formuliert und so für die Betroffenen handhabbar wurden, sondern in dieser konkreten historischen Situation auch von der Obrigkeit als Hinweise auf das Wirken des Bösen akzeptiert wurden und zu Prozessen führten.*
[255] J. von Stockhausen, 2001, S. 305.
[256] Kreiskirchenarchiv Göttingen, Spez. Dankelshausen. - Den Dankelshäuser Ereignissen recht ähnlich sind die in dem kleinen Dorf Coserow auf Usedom im Jahre 1626, die Wilhelm Meinhold in seiner Novelle *Maria Schweidler, die Bernsteinhexe* literarisch verarbeitet hat.
[257] B. Habicht, 1982, S. 253.
[258] Wenn die Zahl der Häuser im Jahre 1689 in Übersicht 7 und die im Jahre 1700 in Übersicht 10 nicht in allen Bramwald-Dörfern übereinstimmen, so ist der Grund für ihre unzulängliche Übereinstimmung darin zu sehen, dass unterschiedliches Datenmaterial verwandt wurde. Aus Gründen der Vergleichbarkeit wurden in Übersicht 10 ausschließlich die Angaben von Lina Delfs benutzt.
[259] Von A. Timm (1960, S. 52) wird es als *Feld-Wald-Wirtschaft* bezeichnet.
[260] L. Delfs, 1947, S. 39.
[261] Archiv des Niedersächsischen Forstamtes Bramwald in Hemeln.
[262] L. Delfs, 1947, S. 48.
[263] L. Delfs, 1947, S. 49.
[264] E. Wagner, 1903, S. 138 f.
[265] B. Habicht, 1982, S. 105.
[266] F. Gieseler, 1984.
[267] F. Gieseler, 1984.
[268] NHStAH Cal. Br. 19 Nr. 1021.
[269] G. Busse, 1995, S.15.
[270] NHStAH Hann 74 Münden 2138.
[271] K. H. Kaufhold, 2001, S. 65.
[272] G. H. Knösel, 1930, S. 424.
[273] J. von Stockhausen, 2003, S. 109 ff.
[274] G. Busse, 1995, S. 9.
[275] Rezess über die Verkoppelung der Feldmark und die Spezialtheilung der Gemeinheiten und der Weide-Aequivalente von den Ackerländereien und Wiesen von Dankelshausen vom Jahre 1880. Archiv der Gemeinde Dankelshausen.
[276] K. Mlynek, 1986, S. 496.
[277] H. Mundhenke (Bearb.), 1967, S. 66 ff.
[278] NHStAH Cal. Br. 19 Nr. 1021.
[279] H. Mundhenke (Bearb.), 1967, S. 191 ff.
[280] Kreisarchiv Göttingen LA HMÜ Nr. 517.
[281] B. Habicht, 1982, S. 182 f. – C. H. Ebhardt, 1813b, S. 80.

[282] Archiv der Gemeinde Dankelshausen.
[283] W. Kleeberg, 1978, S. 184.
[284] Kreisarchiv Göttingen LA HMÜ 496.
[285] H. Wunder, 1985, S. 76 f.
[286] Der Müller ließ sich seine Arbeit entweder durch Barzahlung oder durch das „Köppen" entgelten. Im letzteren Falle beanspruchte er eine bestimmte Menge, etwa 13 Pfund, pro Zentner Getreide. G. Schucht, 2000, S. 237.
[287] NHStAH Hann 74 Münden 1030.
[288] G. Mehr, 1997, S. 185.
[289] J. Jünemann, 1979, S. 111 f.
[290] Ohne Verf., o1909 ff b., S. 9 f.
[291] NHStAH Hann. 74 Münden G 184.
[292] Archiv der Gemeinde Dankelshausen.
[293] Ohne Verf., 1909 ff. a, S.13 f. .
[294] J. von Stockhausen, 2001, S.381 ff. und die dort zitierte Literatur.
[295] Ohne Verf., 1909 ff b, S.10.
[296] Ohne Verf., 1909 ff b, S. 251.
[297] Pastor G. Giesecke, *Geschichte der Stadt Dransfeld*. Archiv der Stadt Dransfeld.
[298] J. von Stockhausen, 2001, S. 385 ff.
[299] Ohne Verf., 1790, S. 1 ff.
[300] G. Mehr, 1997, S. 187.
[301] NHStAH Hann 74 Münden 5392.
[302] Der mit einer Muskete, einem Infanteriegewehr bewaffnete Soldat.
[303] K. H. Schneider und H. H. Seedorf, 1989, S. 43.
[304] NHStAH Hann 74 Münden 2138.
[305] L. Delfs, 1947, S. 55.
[306] R. Prass, 1997, S. 82 f. – Nach M. Damme wurden in Mielenhausen Kartoffeln erstmals im Jahre 1750 angebaut. Mündener Allgemeine vom 3. April 2007.
[307] NHStAH Hann 74 Münden 2138.
[308] NHStAH Hann 74 Münden 2138.
[309] NHStAH Hann 74 Münden 2136.
[310] NHStAH Hann 74 Münden 2138.
[311] NHStAH Hann 68 B 597, Aktenstück 88, Bittschrift vom 30.7.1784.
[312] J. Bauer, 1907, S. 37.
[313] H. Weidemann, 1925, S. 100 ff.
[314] P. Althaus, 1912, S. 121.
[315] D. Kayser, 1906, S. 168.
[316] P. Althaus, 1912, S. 121.
[317] H. Weidemann, 1925, S. 110.
[318] A. Tecklenburg, 1929, S. 50.
[319] R Steinmetz, 1908, S. 100.
[320] In weiser Voraussicht hatte man ihm wohl, wenn auch widerwillig, das Pfarramt gewährt nicht aber die Superintendentur. Sie war bereits im Jahre 1630 dem Superintendenten in Münden M. Martin Udenius übertragen worden. Es sollten hundertsiebzig Jahre vergehen, bis Dransfeld im Jahre 1802 seine Superintendentur, zu der auch die Pfarrgemeinde Dankelshausen gehörte, zurückerhielt. Im Jahre 1929 wurde die Inspektion Dransfeld mit der Mündener vereinigt. Ph. Meyer, 1937, S. 225.
[321] J. K. F. Schlegel, 1824, S. 35.
[322] Archiv der Kirche zu Dankelshausen.

[323] Kreiskirchenarchiv Göttingen, Spez. Dankelshausen.
[324] Archiv der Kirche zu Dankelshausen.
[325] Archiv der Gemeinde Dankelshausen.
[326] NHStAH Hann 74 Münden 44.
[327] NHStAH Hann 74 Münden 5463.
[328] H-J. Pflug, 1994, S. 218.
[329] J.K.F. Schlegel, 1824, S. 36.
[330] J.K.F. Schlegel, 1824, S. 49.
[331] Archiv der Kirche zu Dankelshausen.
[332] Ohne Verf., 1909 ff b, S. 66.
[333] Ohne Verf., 1909 ff b, S. 66.
[334] Archiv der Kirche zu Dankelshausen.
[335] Archiv der Kirche zu Dankelshausen.
[336] Archiv der Kirche zu Dankelshausen.
[337] Archiv der Kirche zu Dankelshausen.
[338] Ohne Verf., 1909 ff b, S. 60.
[339] Ohne Verf., 1909 ff b, S. 67.
[340] Archiv der Gemeinde Dankelshausen.
[341] Archiv der Kirche zu Dankelshausen.
[342] Kreiskirchenarchiv Göttingen, Spez. Dankelshausen.
[343] J. Bauer, 1907, S. 36.
[344] Archiv der Kirche zu Dankelshausen.
[345] Archiv der Kirche zu Dankelshausen.
[346] Archiv der Kirche zu Dankelshausen.
[347] Archiv der Kirche zu Dankelshausen. – Kreisarchiv Göttingen LA HMÜ 517. - Zwanzig Jahre später, im Jahre 1896, wurden 20 Prozent der Schullehrerkosten von den Besitzern der Güter Dankelshausen und Wellersen getragen, 80 Prozent hatte *die aus kleinen Landwirten und Arbeitern bestehende Gemeinde* zu erbringen. Kreisarchiv Göttingen LA Münden 529.
[348] Kreisarchiv Göttingen LA HMÜ Nr. 517.
[349] Archiv der Kirche zu Dankelshausen.
[350] Ohne Verf., o. J., S. 81 f.
[351] NHStAH Hann 74 Münden K 1069.
[352] Eine weit verbreitete, bis in das 20. Jahrhundert reichende Bezeichnung für Sinti und Roma.
[353] C. P. T. Schwencken, 1822, S. VIII.
[354] NHStAH Hann 74 Münden 842.
[355] E. Dietert, 2005, S. 25 f.
[356] A. Löb, 1908, 1908, S. 8. – S. Schütz, 1994, S. 59 ff.
[357] G. Schucht, 2005, S. 443 f.
[358] Ohne Verf., 1791. S. 468. - A. Löb, 1908, S. 3 ff.
[359] Ohne Verf., 1791, S. 468.
[360] J. D. von Pezold, 2002.
[361] J. F. Battenberg, 1997, S. 28 f.
[362] NHStAH Hann 74 Münden O 1-5.
[363] E. Dietert, 1994, S. 114 f.
[364] E. Dietert, 2005, S. 28 f.
[365] E. Dietert, 2005, S. 27.
[366] NHStAH Hann 74 Münden O 98.
[367] NHStAH Hann 74 Münden O 98 und 248.
[368] B. Habicht, 1983, S. 94f.

[369] P. Wilhelm, 1973, S. 108. - S. Schütz, 1994, S. 73.
[370] NHStAH Hann 74 Münden O 9, 124, 232, 239, U 122.
[371] Vgl. G. Schucht, 2005, S. 443.
[372] E. Dietert, 2005, S. 32.
[373] Königlich Statistisches Bureau, 1873, S. 54 f.
[374] NHStAH Hann 74 Münden O 120 und U122.
[375] H. Bodemeyer, 1855, S. 13.
[376] NHStAH Hann 74 Münden U 122.
[377] G. Schucht, 2005, S. 444.
[378] NHStAH Hann 74 Münden O 252.
[379] Archiv der Samtgemeinde Dransfeld.
[380] G. Schucht, 2005, S. 444.
[381] G. Schucht, 2005, S. 444. – Archiv der Stadt Dransfeld, Enteignung des jüdischen Besitzes im Landkreis Göttingen, 2000.
[382] W. R. Röhrbein (Bearb.), 1973, S. 41.
[383] NHStAH 180 Hildesheim 3952.
[384] Archiv der Gemeinde Dankelshausen.
[385] Königlich Statistisches Bureau, 1887.
[386] M. Zuckermann, 1909, S. 52.
[387] Archiv der Kirche zu Dankelshausen.
[388] Archiv der Stadt Dransfeld.
[389] K. Kollmann und Th. Wiegand, 1986, S. 40.
[390] G. Schucht, 2005, S. 446.
[391] NHStAH Hann 74 Münden O 252.
[392] NHStAH Hann 74 Münden O 213. – In Dransfeld betrug im Jahre 1842 das Jahresgehalt des dortigen jüdischen Religionslehrers 100 Taler zuzüglich Accidentien. Die jüdische Gemeinde dürfte etwa 100 Mitglieder umfaßt haben. Archiv der Stadt Dransfeld.
[393] NHStAH Hann 74 Münden O 252.
[394] A. Löb, 1908, S. 111 ff.
[395] Archiv der Stadt Dransfeld.
[396] W. R. Röhrbein (Bearb.), 1973, S. 41.
[397] L. Mündheim war seit dem Jahre 1842 als jüdischer Lehrer in Dransfeld tätig. Da er nicht die gesetzliche Elementar-Lehrer-Prüfung abgelegt hatte, erhielt er im März 1853 die Aufforderung, sich binnen 14 Tagen zur Prüfung in den Elementar-Wissenschaften bei der Kgl. Prüfungs-Kommission zu melden. Nachdem er *ein im Ganzen zufriedenstellendes Ergebnis* geliefert hatte, durfte er weiterhin der jüdischen Schule in Dransfeld vorstehen. Archiv der Stadt Dransfeld.
[398] K. Kollman und Th. Wiegand, 1986, S. 40.
[399] G. Schucht, 2005, S. 446.
[400] W. R. Röhrbein (Bearb.), 1973, S. 135.
[401] Mit dem Wort Safardin werden die spanisch-potugiesischen Juden bezeichnet, die im 14./15. Jahrhundert über Europa und den Orient verstreut wurden.
[402] In den 1980er Jahren hat Professor Berndt Schaller mit einigen Studenten der Universität Göttingen ihre hebräischen Grabinschriften ins Deutsche übersetzt.
[403] H. Bodemeyer, 1855, S. 33.
[404] H. Bodemeyer, 1855, S. 33.
[405] R. Sabelleck, 1988, S. 30f
[406] K. Kollmann und Th. Wiegand, 1986, S. 12.
[407] K. Kollmann und Th. Wiegand, 1986, S. 12.
[408] Kreisarchiv Göttingen LK HMÜ 1567.

[409] H. Linde, 1954, S. 11.
[410] A. Strandes, 1863. – H. Linde, 1951, S. 434.
[411] G. Mehr, 1997, S. 224.
[412] Kreiskirchenarchiv Göttingen, Spez. Dankelshausen.
[413] J. von Stockhausen, 2001, S. 438 f.
[414] Archiv der Stadt Dransfeld.
[415] A.-K. Henkel, 1996, S. 216.
[416] Zur Statistik des Königreichs Hannover, 1860, S. 140 f. – NHStAH Hann 74 Münden 1187.
[417] NHStAH Hann 74 Münden 1187.
[418] Vgl. K. Brethauer, 1978, S. 6.
[419] NHStAH Hann 74 Münden 3987.
[420] NHStAH Hann 74 Münden 3990.
[421] Vergleich zwischen der königlichen Domänenkammer zu Hannover und den Interessenten-Gemeinden des Bramwaldes - Hemeln, Bühren, Ellershausen, Varlosen, Dankelshausen, Oberscheden, Niederscheden, Volkerode und Mengershausen - über die Berechtigung im Bramwald. 1840. Archiv der Gemeinde Dankelshausen.
[422] Der Großherzoglichen Staatsforstverwaltung, so schreibt Thomas Mann in seinem Roman *Königliche Hoheit*, gebrach es an politischer Einsicht, dass es sich rächen mußte, wenn man den Wald, uneingedenk der Zukunft, zugunsten der Gegenwart maßlos und kurzsichtig ausbeutete. *Das war geschehen und geschah noch immer. Erstens hatte man große Flächen des Waldbodens in ihrer Fruchtbarkeit erschöpft, indem man sie beständig in übertriebener und planloser Weise ihres Streudüngers beraubt hatte. Man war darin wiederholt so weit gegangen, dass man da und dort nicht nur die jüngst gefallene Nadel- und Laubdecke, sondern den größten Teil des Abfalls von Jahren teils als Streu, teils als Humus entfernt und der Landwirtschaft überliefert hatte. Es gab viele Forsten, die von aller Fruchterde entblößt waren; es gab solche, die infolge Streurechens zu Krüppelbeständen entartet waren; und das war bei Gemeindewaldungen sowohl wie bei Staatswaldungen zu beobachten.*
[423] Kreisarchiv Göttingen XII 7-1.1.
[424] NHStAH Hann 74 Münden 2130.
[425] Rezeß betreffend die Abstellung der auf dem Bramwalde ruhenden Berechtigungen landwirtschaftlicher Natur vom 24. Juli 1874. Archiv des Niedersächsischen Forstamtes Bramwald.
[426] In dem Zeitraum von 1896 bis 1899 stieg die Menge an Zuckerrüben, die von Dankelshausen über den Bahnhof in Oberscheden an die Zuckerfabrik in Nörten geliefert wurde, von 4.800 auf 8.100 Zentner. Die Zuckerfabrik Nörten war am 8. Mai 1872 von 16 Grundbesitzern gegründet worden. Archiv der Gemeinde Dankelshausen. - R. Prass, 1997, S. 363.
[427] NHStAH Hann 74 Münden 2847.
[428] L. Delfs, 1940, S. 21 und 38 f.
[429] Nach A. Seidensticker (1896a, S. 215 u. 1896b, S. 138 ff) war das Dorf, nicht aber das Gut Dankelshausen im „Gemeinen Bramwald" holzberechtigt. Letzteres befriedigte seinen Bedarf in dem ihm gehörenden Gutswald, dem „Hainholz".
[430] L. Delfs, 1940, S. 39.
[431] Archiv der Gemeinde Dankelshausen. – Ab dem Jahre 1873 wurde im Deutschen Reich als neue Münze die Mark (RM) eingeführt. Das Verhältnis des früheren hannoverschen Talers zur neuen Währung betrug 1:3, d. h., 1 Rtl hatte den Wert von 3 RM.
[432] L. Delfs, 1947, S. 77.
[433] G. Heising, 1954, S. 50.
[434] Nicht auszuschließen ist, dass für die Begünstigten bei ihrer Entscheidung auch ihre finanziellen Belastungen durch die Ablösung der grundherrlichen Rechte eine Rolle gespielt haben. Auf dieses Motiv weist W. Bode (2003, S. 3) in seinem Beitrag über die Forstgenossenschaft Berka im Kreis Northeim hin.

[435] R. Loeb-Caldenhof, 1934, S. 31.
[436] Nach Paragraph 1 des Preußischen Gesetzes über die Verfassung der Realgemeinden in der Provinz Hannover vom 5. Juni 1888 handelte es sich bei den Realgemeinden um Genossenschaften, deren Mitglieder kraft ihrer Genossenschaftszugehörigkeit zur Nutzung einer Gemeinheit berechtigt sind. Sie stellten im Sinne des Gesetzes die Fortsetzung der alten deutschen Markgemeinde dar.
[437] Vgl. R. Prass, 1997, S. 28 ff.
[438] R. Spohr, 1931, S. 7.
[439] NHStAH Hann 74 Münden 2130.
[440] S. Wrase, 1973, S. 12 ff.
[441] S. Wrase, 1973, S. 84.
[442] S. Wrase, 1973, S. 92.
[443] Von Friedel Rehkop, Dransfeld, zur Verfügung gestellt.
[444] Rezess über die Verkoppelung der Feldmark und die Spezialtheilung der Gemeinheiten und der Weide-Äquivalente von den Ackerländereien und Wiesen von Dankelshausen des Amts Münden vom 24. April 1880. Archiv der Gemeinde Dankelshausen.
[445] A. Schomburg, 1961, S. 97. – In den 1860er Jahren betrug in dem Gebiet des Amtes Münden der Lohn eines Mannes für einen Arbeitstag ohne Beköstigung im Sommer 8 und im Winter 7 Silbergroschen, das sind 0,80 bzw. 0,70 Mark. Für Essen und Trinken wurden je Tag 2 bis 3 Silbergroschen oder 0,20 bis 0,30 Mark angesetzt. NHStAH Hann 74 Münden 2130.
[446] R. Prass, 1997, S. 365.
[447] R. Prass, 1997, S. 88.
[448] S. Wrase, 1973, S. 99 ff.
[449] Kreisarchiv Göttingen LK HMÜ Nr. 519.
[450] R. Spohr, 1931, S. 7 ff.
[451] Vgl. C.-H. Hauptmeyer und J. Rund (Hg.), 1992, S. 293 ff.
[452] E. von Meier, 1899, S. 585.
[453] R. Spohr, 1931, S. 9.
[454] Als vom Kreistag vorgeschlagener, jedoch vom Staat ernannter Beamter führte der Landrat die Landesverwaltung im Kreisgebiet und leitete als Vorsitzender von Kreistag und Kreisausschuß die Kommunalverwaltung des Landkreises. Konkret bestanden seine Aufgaben in Hoheitssachen, polizeilichen Funktionen, in der Aufsicht über Verkehr, Landwirtschaft und Fischerei, Wasserbau, Kirchen-und Schulwesen, Gesundheits- und Veterinärwesen, Fürsorge und Militärwesen, in der Gemeindeaufsicht sowie der Aufsicht über Handel und Gewerbe.
[455] Archiv der Gemeinde Dankelshausen.
[456] Nach § 17, Abs. 1 darf das Stimmrecht *eines einzelnen Gemeindemitgliedes ... in der Regel nicht mehr als 1/3 desjenigen der sämtlichen Gemeindemitglieder betragen. Wenn jedoch ein einzelnes Gemeindemitglied die Hälfte oder mehr aller Gemeindelasten trägt, so ist demselben auf dessen Antrag ein Stimmrecht bis zur Hälfte zu verleihen. Auch ist ein einzelnes Gemeindemitglied, welches mehr als die Hälfte aller Gemeindelasten trägt, berechtigt, gegen Übernahme aller Gemeindelasten die Einräumung des ausschließlichen Stimmrechts in der Gemeinde zu verlangen, insofern und so lange die Mehrheit der übrigen Gemeindemitglieder damit einverstanden ist.*
Nach Abs. 2 *soll das Stimmrecht derjenigen Grundbesitzer, deren in der Gemeinde belegener Grundbesitz so groß ist, dass er zur Bewirthschaftung zwei Pferde oder mehr erfordert, überwiegen.*
[457] Die Anbauern standen außerhalb des Gemeindeverbandes. Sie verfügten zwar über zinspflichtiges Eigentum, hatten aber keinen Anteil an der Gemeinheit. Vgl. K. Kolb und J. Teiwes, 1977, S. 219 ff.
[458] Archiv der Samtgemeinde Dransfeld, VI.
[459] Archiv der Gemeinde Dankelshausen.
[460] R. Sabelleck (Hg.), 1991, S. 89 ff. – R. Sabelleck, 1995, S. 82 ff.
[461] R. Sabelleck (Hg.), 1991, S. 93.

[462] R. Sabelleck (Hg.), 1991, S. 93 f.
[463] E. Schubert, 2005, S. 13.
[464] Kreisarchiv Göttingen LK HMÜ 1089.
[465] K. Verhey, 1965, S. 15.
[466] H.-U. Wehler, 2003, S. 336 ff.
[467] D. Wagner, 2004, S. 110.
[468] Archiv der Kirche zu Dankelshausen.
[469] Archiv der Kirche zu Dankelshausen.
[470] D. Schmiechen-Ackermann, 1990, S. 100 f. – W.D. Röhrbein, 1996, S. 31.
[471] Archiv der Samtgemeinde Dransfeld, VI.
[472] Kreisarchiv Göttingen LK HMÜ 498.
[473] Kreisarchiv Göttingen LK HMÜ 18.
[474] NHStAH Hann 310 I A Nr. 84.
[475] C. Tollmien, 1999, S. 38.
[476] NHStAH Hann 310 I A Nr. 63 II.
[477] W. Schivelbusch, 2005, S. 70.
[478] G. Franz (Hg.), 1963, S. 556.
[479] D. Münkel, 1991, S. 60.
[480] D. Münkel, 1991, S. 66 und 71.
[481] K. Mlynek, 1986, S. 106 ff u. 273 f.
[482] C.-H. Hauptmeyer und J. Runde, 1992, S. 379.
[483] Archiv der Gemeinde Mielenhausen.
[484] Vgl. K. H. Kaufhold (Hg.), 2001, S. 192 f.
[485] Niederschriftsbuch über die Beratung mit den Gemeinderäten (Dorf – Gemeindeältesten). Archiv der Samtgemeinde Dransfeld, VI.
[486] Archiv Dransfeld, VI.
[487] Archiv der Kirche zu Dankelshausen.
[488] Kreiskirchenarchiv Göttingen, Spez. Dankelshausen.
[489] Kreisarchiv Göttingen LK HMÜ 2979.
[490] Über den Umgang mit den polnischen Zwangsarbeitern war am 31. Juli 1940 in den Mündenschen Nachrichten zu lesen gewesen:

Der Mangel an Arbeitskräften hat auch in unserem Gau dazu geführt, polnische Gefangene und Zivilarbeiter in die Wirtschaft einzuspannen. Diese volksfremden Kräfte arbeiten nun in unserer heimischen Industrie, in der Landwirtschaft und im Gewerbe, und dabei läßt sich eine engere Berührung mit ihnen nicht ganz vermeiden. Trotzdem scheint es angebracht, davor zu warnen, dass diese Berührung zu eng wird!

Immer wieder hört man, namentlich aus den Ortschaften unseres Gaues, dass Gedankenlosigkeit und an Verbrechen grenzender Leichtsinn zu Erscheinungen und Verhältnissen führen, die nicht geduldet werden können und dürfen. „Mitleidige" Bauern nehmen die Polen ins Haus, essen mit ihnen am gemeinsamen Tisch, schanzen ihnen allerlei Vergünstigungen zu und lassen sie an den Vergnügungen unserer Dorfjugend teilnehmen. „Mitleidige" Frauen stecken den Polen Lebensmittel zu (die armen Menschen haben doch solchen Hunger!)."Gutmütige" deutsche Arbeiter setzen sich mit Polen zum Kartenspiel zusammen und halten sie womöglich mit Getränken u. Rauchwaren frei.

Dutzende von Beispielen für solche würdelose und ehrvergessene Haltung mancher deutscher Volksgenossen gegenüber den Polen könnten angeführt werden. Und wie vergelten die „armen" Polen diese Gutmütigkeit? Auch dafür gibt es Hunderte von Beispielen. Die Klagen über herausforderndes und freches Benehmen von Polen gegenüber deutschen Volksgenossen nehmen zu. Wenn manche ‚mitleidige' deutsche Frau hören könnte, wie die Polen über ihre Gutmütigkeit reden! Wenn mancher Volksgenosse die Briefe lesen könnte, die die Polen ihren Angehörigen schreiben! Helle Schamröte würde allen ins Gesicht steigen, die bisher den Polen mit Gutmütigkeit gegenübergetreten sind.

Mit solcher Gutmütigkeit und Gedankenlosigkeit, die letzten Endes eine Versündigung an Deutschland bedeuten, muß Schluß gemacht werden! Wer mit Polen zu tun hat, darf keinen Augenblick vergessen, was sie sind, wie sie sich aufgeführt haben, welcher grauenhaften Verbrechen dieses Volk schuldig ist. Unsere Soldaten haben in Polen nicht gekämpft, damit Angehörige dieses Volkes jetzt in deutschen Familien mit offenen Armen aufgenommen werden, sich auf den Straßen und in Gaststätten breit machen und deutschen Volksgenossen frech und unverschämt begegnen. Der Pole ist und bleibt für uns Pole, wir lassen ihn arbeiten, aber wir haben keine Gemeinschaft mit ihm. Wir behandeln Gefangene menschlich, aber wir pflegen keine Gemeinschaft mit ihnen. Gegenüber Angehörigen eines Volkes, das vielfacher Verbrechen gegen Deutschland schuldig ist, wahren wir Abstand! Stolz und Nationalgefühl verbieten uns, ihnen ein Wort mehr zu gönnen, als im Interesse der Arbeit unbedingt notwendig ist.

Kein Volksgenosse sollte vergessen, welche Erfahrungen wir mit den Juden gemacht haben. Will einer diesen Fehler noch einmal begehen? Darum heißt es auch für jeden Kurhessen: „Abstand wahren! Wer sich mit Polen einlässt, begeht Verrat am Deutschtum!".

[491] Saat und Ernte. Dankelshäuser Schulrundschau Nr. 2. Schulentlassung 1955.
[492] W. Rudzio, 1968, S. 41
[493] Archiv der Gemeinde Dankelshausen.
[494] Kreisarchiv Göttingen LK HMÜ 346.
[495] Vgl. J. von Stockhausen, 2001, S. 510 ff.
[496] Th. Berger und K.-H. Müller (Hg.), 1983, S.35.
[497] Archiv der Gemeinde Dankelshausen.
[498] Archiv der Gemeinde Dankelshausen – Kreisarchiv Göttingen LK HMÜ 18 und 19.
[499] Zugleich hatten sie jene „berüchtigten" Fragebögen auszufüllen, die den alliierten Siegermächten in jener Zeit dazu dienen sollten, die deutsche Gesellschaft, Kultur, Presse, Ökonomie, Rechtsprechung und Politik von allen Einflüssen des Nationalsozialismus zu *säubern*. Am 14. Dezember 1946 erfolgte ein allgemeines Rundschreiben der Kreisverwaltung des Kreises Münden an die Stadt- und Gemeindeverwaltungen mit der Aufforderung, dem Befehl der Militärregierung Folge zu leisten, umgehend alle Aktivitäten der NSDAP in der Landwirtschaft zu überprüfen. Ferner sollten sie dafür sorgen, *dass die „alten Pg.s" und bekannten Aktivisten umgehend ihren Fragebogen in 3-facher Ausfertigung* bei der Kreisverwaltung einreichten. Archiv der Gemeinde Dankelshausen.
[500] Unveröffentlichte Unterlagen von Dieter Wagner.
[501] B. Baedorf, 1952, S. 5.
[502] Archiv der Gemeinde Dankelshausen.
[503] B. Baedorf, 1949, S. 60.
[504] Archiv der Gemeinde Dankelshausen. - Über ihre gemeinsame Zugehörigkeit zur FDP können wir nur Vermutungen anstellen. Ein gewichtiger Grund mag die Einstellung der FDP zur damaligen Diskussion über eine Bodenreform gewesen sein. Eine breite Zustimmung dürfte ihr die Auffassung beschert haben, dass eine Bodenreform, die gegen die Landwirtschaft durchgeführt werde, zum Mißerfolg führe sowie ihre Ablehnung der Forderung der SPD und KPD, im Rahmen des Lastenausgleichs zugunsten der Flüchtlinge und Vertriebenen Grundbesitz uneingeschränkt zu beschlagnahmen. Im März 1948 führte eben diese Forderung zu einer Koalitionskrise der Niedersächsischen Allparteienregierung. Sie konnte erst im Juni im Rahmen einer Umbildung der Regierung auf der Basis eines Kompromißvorschlags beendet werden: beschlagnahmt werden sollte nunmehr nur noch ein solcher Grundbesitz, der 100 Hektar oder den Einheitswert von 130.000 RM übersteigt. H. G. Marten, 1978, S. 215 ff. - A. Kossert, 2008, S. 96f.
[505] Archiv der Gemeinde Dankelshausen.
[506] Nach der vorliegenden Statistik traf das Argument der Kriegsschäden nicht zu. Zum Stichtag 1. November 1945 waren im Landkreis Münden 13 Prozent aller Wohngebäude beschädigt worden, doppelt so viele wie im Durchschnitt der Landkreise des Regierungsbezirks Hildesheim. Nieder-

sächsisches Amt für Landesplanung und Statistik, Statistische Monatshefte für Niedersachsen, 2. Jg., 1948, Heft 1, S. 6.

[507] Unveröffentlichte Unterlagen von Dieter Wagner.

[508] Archiv der Gemeinde Dankelshausen.

[509] Ende der 1940er und in den 1950er Jahren erfolgten mehrere Umsiedlungsprogramme, in denen die bisherigen Hauptaufnahmeländer, wie Niedersachsen, über eine Million Flüchtlinge an die Länder mit geringen Aufnahmequoten, hauptsächlich Nordrhein-Westfalen, Baden-Württemberg und Rheinland-Pfalz, abgaben.

[510] Archiv der Gemeinde Dankelshausen.

[511] Niedersächsisches Amt für Landesplanung und Statistik, 1948, S. 12; 1949, S. 56.

[512] Archiv der Gemeinde Dankelshausen.

[513] Th. Berger und K.-H. Müller, 1983, S. 77.

[514] Kreisarchiv Göttingen LK HMÜ 346.

[515] Archiv der Gemeinde Dankelshausen.

[516] U. Schneider, 1982, S. 295.

[517] Unveröffentlichte Unterlagen von Dieter Wagner.

[518] Archiv der Gemeinde Dankelshausen.

[519] Archiv der Gemeinde Dankelshausen.

[520] Archiv der Gemeinde Dankelshausen.

[521] Archiv der Samtgemeinde Dransfeld, VI.

[522] Archiv der Kirche zu Dankelshausen.

[523] Heimatkunde- und Geschichtsverein Scheden (Hg.), 1995.

[524] Statistik des Deutschen Reichs, 1944, S. 8/21.

[525] Archiv der Gemeinde Dankelshausen.

[526] Unveröffentlichte Unterlagen von Dieter Wagner.

[527] Archiv der Gemeinde Dankelshausen.

[528] Archiv der Samtgemeinde Dransfeld, VI.

[529] Niedersächsisches Amt für Landesplanung und Statistik, 1953b, S. 83.

[530] E. Pfeil und E. W. Buchholz, 1958, S. 30.

[531] Niedersächsisches Amt für Landesplanung und Statistik, 1955a, S. 38. – E. Pfeil und E. W. Buchholz, 1958, S. 52.

[532] Mündensche Nachrichten vom 10. Juli 1940.

[533] Archiv der Kirche zu Dankelshausen.

[534] In vergleichbarer Weise berichtet A. Lehmann (1991, S. 51 ff) über die Bedeutung der Vereine für das Einleben der Flüchtlinge in die Dorfgemeinde.

[535] Niedersächsisches Landesverwaltungsamt, 1974, S. 94 f.

[536] Niedersächsisches Landesverwaltungsamt, 1973, S. 138 ff.

[537] Statistik des Deutschen Reichs, 1943, S. 8/21.

[538] Gemeindestatistik 1970, S. 138 ff.

[539] T. Elster, 1986, S. 325.

[540] G.-C. von Unruh, 1978, S. 27.

[541] G. Benne, 1980, S. 19.

[542] H.-J. Schmidt, 1982, S. 10.

[543] G. Benne, 1980, S. 18.

[544] U. Scheuner, 1981, S. 103.

[545] H.- J. Schmidt, 1982, S. 18.

[546] G. Benne, 1980, S. 28.

[547] G. Isbary, 1971, S. 87 ff.

[548] Niedersächsisches Gesetz- und Verordnungsblatt 1972, S. 475 f.

[549] R. Klöpper, 1968, S. 113 ff.
[550] Archiv der Samtgemeinde Dransfeld, VI.
[551] W. Wroz, 1976, S.123 ff.
[552] Protokolle der Stadt Dransfeld 1971 – 1972. Archiv der Stadt Dransfeld.
[553] Mag sich auch kürzerfristig ihre Befürchtung nicht erfüllt haben, so ist es bereits neun Jahre später die ausufernde Verschuldung der Samtgemeinde, die dem Thema einer möglichen Fusion der Mitgliedsgemeinden zu einer Einheitsgemeinde eine neue Aktualität verleiht. Mündener Allgemeine (HNA) vom 20. April 2010.
[554] Archiv der Samtgemeinde Dransfeld, VI.
[555] Archiv der Gemeinde Mielenhausen.
[556] Archiv der Gemeinde Mielenhausen.
[557] Archiv der Samtgemeinde Dransfeld, VI.
[558] H.-J. Kegler, 2001, S.107.
[559] Archiv der Samtgemeinde Dransfeld, VI.
[560] Vgl. auch U. Scheuner, 1981, S. 81 f.
[561] Vgl. C.-H. Hauptmeyer, 1984, S. 56.

Stammtafel der Familie von Stockhausen
(stark gekürzt)

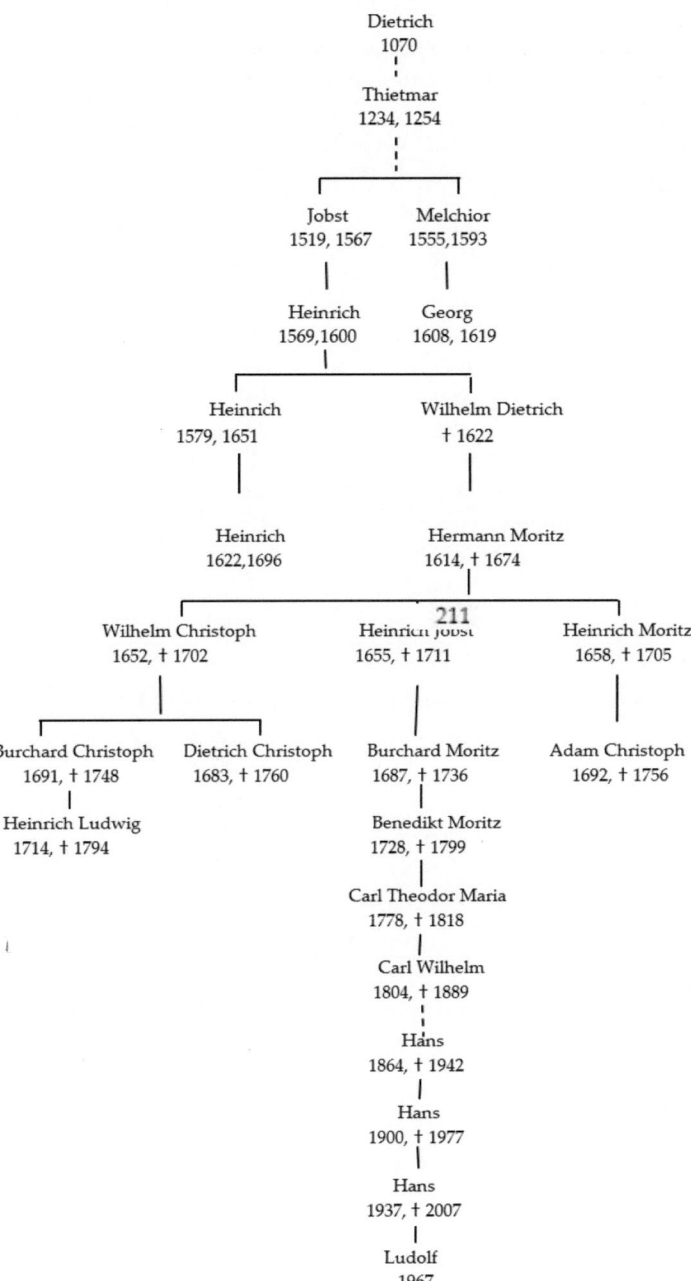

Übersichten

Übersicht 1: Bewohnerzahl und Gemarkungsflächen der Bramwald-Dörfer sowie des Gutsbezirks Wellersen im Jahre 1885

Dorf	Bewohner	Gemarkungsfläche in Hektar				je Bewohner
		Gesamt	Ackerland	Wiesen	Forst	
Dankelshausen	259	224	152	39	17	0,86
Gutsbezirk Wellersen	26	386	80	12	258	14,85
Ellershausen	294	217	133	37	47	0,73
Mielenhausen	326	266	135	23	50	0,82
Bühren	542	641	339	102	110	1,18
Varlosen	406	747	492	113	47	1,84
Oberscheden	617	901	505	49	231	1,46
Niederscheden	367	340	218	40	38	0,93

Quelle: Königlich Statistisches Bureau, 1887

Übersicht 2: Bauernklassen in den sieben Bramwald-Dörfern im Jahre 1585

Bauernklasse	Dankelshausen*	Ellershausen**	Mielenhausen***	Bühren	Varlosen	Oberscheden	Niederscheden
Ackerleute	-	-	-	3	6	8	5
Halbspänner	1	-	-	14	10	11	4
Köter	13	25	13	46	33	39	13
Häuslinge	-	1	-	1	3	2	-
Gesamt	14	26	13	64	52	60	22

*den von Stockhausen zuständig. **den von Bardeleben zu Wellersen zuständig.
***den von Mengershausen zuständig.
Quelle: M. Burchard, 1935, S. 57 ff.

Übersicht 3: Bäuerliche Betriebsgrößenstruktur in den Bramwald-Dörfern im Jahre 1689

Charakte-ristika	Zahl der Betriebe						
	Dankels-hausen**	Ellers-hausen	Mie-len-hausen	Bühren	Var-losen	Ober-sche-den	Nie-der-sche-den
Betriebs-größe*							
a) absolut							
unter 5,0	3	8	10	20	7	5	6
5 - 9,9	8	3	3	19	11	14	9
10 - 14,9	4	2	4	16	15	12	4
15 - 19,9	-	1	2	8	7	9	-
20 - 24,9	-	1	-	-	2	7	2
25 - 39,9	-	-	-	4	1	8	1
über 40,0	-	1	-	1	5	3	1
Gesamt	15	16	19	68	48	58	23
b) relativ							
unter 5,0	20	50	53	29	15	9	26
5 - 9,9	53	19	16	28	23	24	39
10 - 14,9	27	13	21	24	31	21	18
15 - 19,9	-	6	10	12	15	16	-
20 - 24,9	-	6	-	-	4	12	9
25 - 39,9	-	-	-	7	2	14	4
über 40,0	-	6	-	-	10	4	4
Gesamt	100	100	100	100	100	100	100
Ackerflä-che in ha	28	34	38	177	204	240	59
Dorfbe-wohner	84***	121	133	362	295	349	143
Dorfbe-wohner/ha	3,0	3,2	3,9	2,0	1,4	1,5	2,4

* Flächenangaben in Morgen (1 Morgen 0,26 ha)
** ohne den Dankelshäuser Gutshof und dessen Betriebsfläche
*** ohne den Gutshof mit 27 Personen

Quelle: H. Mundhenke (Bearb.), 1967, S. 66 ff. – Eigene Berechnungen.

Übersicht 4: Bäuerliches Krisenmodell

Ernteausfall	Betrieb	
	A	B
1. Normalernte		
Ernte	250 dz	1000 dz
Eigenverbrauch	200 dz	400 dz
Verkauf	50 dz	600 dz
Gelderlös (20 GE* pro dz)	1000 GE	12000 GE
2. Missernte: Fehlbetrag 20 Prozent		
Ernte	200 dz	800 dz
Eigenverbrauch	200 dz	400 dz
Verkauf	-	400 dz
Gelderlös (36 GE* pro dz)	-	14400 GE
3. Gute Ernte: Mehrertrag 20 Prozent		
Ernte	300 dz	1200 dz
Eigenverbrauch	200 dz	400 dz
Verkauf	100 dz	800 dz
Gelderlös (12 GE* pro dz)	1200 GE	9600 GE

* GE = Geldeinheit
Quelle: W. Abel, 1966, S. 23 – 25.

Übersicht 5: Wegebau-Dienste der Bramwald-Dörfer für die Chaussee von Hannover nach Kassel im Jahre 1837

Dorf	Entfernung in Stunden			Dienste in Tagen	
	des Aufladeplatzes*		des Abladeplatzes	Spanndienste (Pferde)	Handdienste
	von der Gemeinde	zum Abladeplatz	zur Gemeinde		
Ellershausen	1 ¾	2 ¼	3	99	38
Mielenhausen	1 ¼	1 ½	¾	51	98
Bühren	1 ¾	2 ¼	3	135	205
Varlosen	1 ¼	1 ¼	1 ¼	201	108
Oberscheden	¾	1 ¼	½	180	214
Niederscheden	1	1 ¼	¾	57	148

* Aufladeplatz des Baumaterials für Bühren, Ellershausen und Varlosen war der Hohe Hagen; für Niederscheden, Oberscheden und Mielenhausen der Meenser Berg.

Quelle: NHStAH Hann. 74 Münden M 39.

Übersicht 6: Die Bewohner der Bramwald-Dörfer und im südlichen
Niedersachsen von 1821 bis 1905

Dorf	1821	1848	1871	1885	1905
a) absolut					
Dankelshausen*	240	271	260	260	236
Ellershausen	256	292	266	294	284
Mielenhausen	240	322	293	326	307
Bühren	581	628	580	542	499
Varlosen	413	415	403	406	336
Oberscheden	583	602	608	617	558
Niederscheden	354	369	367	372	341
b) relativ					
Dankelshausen	100	113	108	108	98
Ellershausen	100	114	104	115	111
Mielenhausen	100	134	122	136	128
Bühren	100	108	100	93	86
Varlosen	100	100	98	98	81
Oberscheden	100	103	104	106	96
Niederscheden	100	104	104	106	96
Ländl. südliches Niedersachsen**	100	119	125	136	163

* ohne die auf dem Gut Wellersen lebenden 20 Personen - ** ohne die
Städte Hannover, Braunschweig, Osnabrück, Hildesheim, Göttingen.
Quelle: G. Uelschen, 1942, S. 56 ff. ; 1949, S. 617. – Eigene Berechnungen.

Übersicht 7: Anzahl der bäuerlichen Höfe in den Bramwald-Dörfern
von 1585 bis 1689

Dorf	1585	1645	1671	1680	1689
Dankelshausen	14	k.A.	k.A.	k.A.	15
Ellershausen	26	18	19	23	15
Mielenhausen	13	15	19	19	19
Bühren	64	42	49	45	68
Varlosen	52	37	40	44	48
Oberscheden	60	32	46	59	58
Niederscheden	22	17	19	20	23

Quelle: : M. Burchard, 1935, S. 57 ff. – NHStAH Cal. Des Nr. 769, Bd. IIc; Cal. Br.
22 Nr. 788, Bd. I; Cal. Br. 22 Nr. 796, Bd. III. – H. Mundhenke (Bearb.), 1967, S. 66 ff.

Übersicht 8: Die bäuerliche Betriebsgrößenstruktur in Dankelshausen in den Jahren 1689 und 1725

Betriebsgrößen-klasse (in Morgen)	Zahl der Betriebe			
	1689		1725	
	absolut	v. H.	absolut	v. H.
unter 5,0	3	20	2	10
5,0 - 9,9	8	53	3	16
10,0 - 14,9	4	27	10	53
15,0 - 19,9	-	-	4	21
Gesamt	15	100	19	100

Quelle: H. Mundhenke (Bearb.), 1967, S. 191 – 193. – NHStA Dep 7 C Nr. 704. – Eigene Berechnungen.

Übersicht 9: Entwicklung der Dorfbewohner der vier zur Dankelshäuser Parochie gehörenden Gemeinden von 1585 bis 1848

Dorf	Bewohner \ Jahr	1585*	1689	1790	1821	1848
Dankelshausen	absolut	70	111	200	240	271
	relativ	100	159	286	343	387
Mielenhausen	absolut	65	133	200	240	322
	relativ	100	205	308	369	495
Oberscheden	absolut	300	349	500	583	602
	relativ	100	116	167	194	201
Niederscheden	absolut	120	143	300	354	369
	relativ	100	119	250	295	308

*je Bauernstelle fünf Personen unterstellt

Quelle: M. Burchard, 1935, S. 57 ff. – H. Mundhenke (Bearb.), 1967, S. 66 ff. - Archiv der Kirche zu Dankelshausen. – G. Uelschen, 1966, S. 68.

Übersicht 10: Häuserzahl, Dorfbewohner je Hausstelle in den Jahren 1700 und 1785 und Anzahl der am „Gemeinen Bramwald" nutzungsberechtigten Reihestellen

Dorf	1700		1785		Mitte des 18. Jhdts.
	Häuserzahl	Dorfbewohner je Hausstelle	Häuserzahl	Dorfbewohner je Hausstelle	Zahl der Reihestellen
Dankelshausen	15	7,4	18	11,1	29
Ellershausen	24	k.A.	32	k.A.	39
Mielenhausen	22	6,0	27	7,4	40
Bühren	72	k.A.	89	k.A.	84
Varlosen	60	k.A.	63	k.A.	62
Oberscheden	69	4,3	85	5,9	79
Niederscheden	29	4,9	49	6,1	49

Quelle: L. Delfs, 1947, S. 55. – H. Mundhenke (Bearb.), 1967, S. 66 ff u.191 f. - NHStAH Dep 7 C Nr. 704. – Archiv der Kirche zu Dankelshausen.

Übersicht 11: Eintrieb von Mastschweinen der Bramwald-Dörfer in den Bramwald im Jahre 1598

Dorf	Speckschweine (große Schweine)		Vaselschweine (kleine Schweine)	
	gesamt	je Hof	gesamt	je Hof
Dankelshausen	72	5,1	176	12,6
Wellersen	18	18,0	36	36,0
Ellershausen	k.A.	k.A.	k.A.	k.A.
Mielenhausen	30	2,3	50	3,8
Bühren	159	2,5	198	3,1
Varlosen	200	3,8	30	0,5
Oberscheden	161	2,7	188	3,1
Niederscheden	44	2,0	79	3,6

Quelle: L. Delfs, 1947, S. 44 – Eigene Berechnungen

Übersicht 12: Vieheintrieb der Bramwald-Dörfer in den Bramwald im Jahre 1739

Dorf	Stückzahl je Betrieb*		
	Rindvieh	Schweine	Schafe
Dankelshausen	3,7	2,6	15,8
Ellershausen	4,2	2,5	16,7
Mielenhausen	3,1	1,9	15,4
Bühren	2,8	1,5	7,7
Varlosen	3,3	3,0	5,0
Oberscheden	2,5	2,9	9,5
Niederscheden	2,6	6,9	-

*Im Falle von Dankelshausen bezieht sich die zugrunde gelegte Zahl der Betriebe auf das Jahr 1725, bei allen übrigen Dörfern auf das Jahr 1700.
Quelle: L. Delfs, 1947, S. 48 u. 55. – Eigene Berechnungen.

Übersicht 13: Abfindungen der Nutzungsrechte am Bramwald

Dorf	Weiderechte	Streurechte	Mastrechte	Holzrechte
	unmittelbare Waldanlieger			
	in Hektar		in Mark	
Dankelshausen	13,6	3,0	304	18800
Ellershausen	44,4	8,0	1340	18800
Mielenhausen	15,8	-*	427	-*
Bühren	37,1	9,5	956	45500
Varlosen	26,6	16,4	887	42400
	mittelbare Waldanlieger			
	in Mark		in Mark	
Oberscheden	1286	1716	888	53400
Niederscheden	1891	381	697	30900

*Die Streu- und Holzrechte von Mielenhausen wurden von der Klosterforst Hilwartshausen abgefunden.
Quelle: L. Delfs, 1947, S. 75. – G. Meinhardt, 1979, S. 10.

Übersicht 14: Entwicklung der Bewohner, der viehbesitzenden Haushalte und des Viehbestandes in den Bramwald-Dörfern von 1873 bis 1892

Dorf	Jahr	Bewohner	Viehbesitzende Haushalte	Viehbestand				
				Pferde	Kühe	Schafe	Schweine	Ziegen
Dankelshausen	1873	248	43	13	46	394	59	40
	1883	230	44	7	40	502	78	44
	1892	233	45	10	67	392	138	36
Ellershausen	1873	266	54	27	93	394	105	11
	1883	309	59	24	79	310	108	23
	1892	284	55	23	87	311	189	10
Mielenhausen	1873	293	54	13	55	104	69	55
	1883	310	54	8	69	59	73	51
	1892	317	54	10	74	k.A	164	55
Bühren	1873	580	122	38	142	615	217	77
	1883	573	114	28	137	471	239	66
	1892	524	105	34	145	481	341	58
Varlosen	1873	403	83	46	132	866	180	24
	1883	400	84	44	135	939	174	13
	1892	380	74	52	153	770	304	19
Oberscheden	1873	606	127	44	166	333	148	79
	1883	622	126	37	161	294	251	95
	1892	627	128	34	158	86	326	119
Niederscheden	1873	365	74	16	111	159	88	38
	1883	374	81	39	101	144	95	47
	1892	346	71	35	95	103	183	65

Quelle: Königlich Statistisches Bureau, 1874, S. 24; 1884, S. 25 f. ; 1894, S. 27 f.

Übersicht 15: Landwirtschaftliche Betriebsgrößenstruktur in Dankelshausen in den Jahren 1877 und 1939

Betriebsgrößen in ha*	Zahl der Betriebe			
	1877		1939	
	absolut	v. H.	absolut	v. H.
20,0 und mehr	1	3	3	8
10,0 – 19,9	2	5	3	8
5,0 – 9,9	5	13	16	42
unter 5,0	30	79	16	42
Gesamt	38	100	38	100
unter 5 ha:				
4,9 – 4,0	2	7		
3,9 – 3,0	4	13		
2,9 – 2,0	5	17	k.A.	
1,9 – 1,0	7	23		
unter 1	12	40		
Gesamt	30	100		
* ausschließlich Eigentumsflächen				

Quelle: Rezess über die Verkoppelung der Feldmark und die Spezialtheilung der Gemeinheiten und der Weide-Äquivalente von den Ackerländereien und Wiesen von Dankelshausen des Amts Münden vom 24. April 1880. - Statistik des Deutschen Reichs, 1944, S. 8/21. – Eigene Berechnungen.

Übersicht 16: Stimmenanteil der SPD und NSDAP bei den Reichstagswahlen 1930 bis 1933

Wahlebene	SPD				NSDAP			
	1930	1932 *	1932 **	1933	1930	1932 *	1932 **	1933
Deutsches Reich	24,5	21,6	20,4	18,3	18,3	37,4	33,1	43,9
Provinz Hannover	31,6	26,1	25,2	22,2	22,1	45,2	39,8	49,9
Landkreis Münden	45,7	35,2	36,3	31,4	18,3	51,7	43,7	51,7
Bramwald-Dörfer								
Dankelshausen	k.A	22,3	20,0	19,0	k.A	69,2	72,2	69,7
Ellershausen	k.A	0,0	4,0	8,3	k.A	77,8	84,0	84,0
Mielenhausen	k.A	35,6	34,6	30,1	k.A	53,4	51,4	48,0
Bühren	k.A	22,9	24,0	18,5	k.A	67,4	63,9	61,7
Varlosen	k.A	16,0	17,1	5,6	k.A	76,5	72,0	81,4
Oberscheden	k.A	31,6	31,3	23,9	k.A	60,7	60,2	63,9
Niederscheden	k.A	16,0	17,1	14,4	k.A	76,5	72,0	74,0
*31.7.1932 - **6.11.1932								

Quelle: www.gonschior.de. – D. Wagner, 2004, S. 110. – Von Dieter Wagner zur Verfügung gestelltes Datenmaterial.

Übersicht 17: Wohnbevölkerung und Flüchtlinge in den Bramwald-Dörfern von 1925 bis 1950

Dorf	Wohnbevölkerung				Flüchtlinge				Personen je Wohnraum über 6 qm
					absolut		in v. H. der Wohnbevölkerung		
	1925	1939	1946	1950	1946	1950	1946	1950	1950
Dankelshausen	272	259	443	442	227	188	51,2	42,5	1,34
Ellershausen	278	281	433	447	202	168	46,7	37,6	1,43
Mielenhausen	331	317	502	485	185	111	36,9	22,9	1,41
Bühren	535	524	765	874	294	326	38,4	37,3	1,42
Varlosen	357	322	553	573	263	219	47,6	38,2	1,40
Oberscheden	637	657	1084	1128	448	339	41,3	30,1	1,46
Niederscheden	340	354	528	528	225	148	42,6	28,0	1,42

Quelle: G. Uelschen, 1966, S.68. - Niedersächsisches Amt für Landesplanung und Statistik, 1950, S.66 f; 1952, S. 42 f. - Eigene Berechnungen.

Übersicht 18: Struktur der landwirtschaftlichen Betriebe in den Bramwald-Dörfern von 1939 bis 1971

Dorf	Jahr	Anzahl	Betriebe mit einer LN* von ... bis unter ... ha							
			unter 5		5 – 9,9		10 –19,9		20 und mehr	
			absolut	v. H.	absolut	v. H.	absolut	v.H.	absolut	v. H.
Dankelshausen	1939	38	16	42	16	42	3	8	3	8
	1949	37	21	57	10	27	4	11	2	5
	1956	38	19	50	13	34	4	11	2	5
	1971	28	16	57	6	21	3	11	3	11
Ellershausen	1939	54	38	70	9	17	6	11	1	2
	1949	52	38	73	9	17	4	8	1	2
	1956	53	37	70	11	21	3	6	2	4
	1971	46	32	70	6	13	5	11	3	7
Mielenhausen	1939	68	59	87	6	9	2	3	1	2
	1949	65	58	89	5	8	2	3	-	-
	1956	64	58	91	4	6	2	3	-	-
	1971	19	12	63	3	16	2	11	2	11
Bühren	1939	105	61	58	30	29	13	12	1	1
	1949	104	62	60	27	26	14	13	3	3
	1956	99	57	58	28	28	14	14	-	-
	1971	64	24	38	23	36	14	22	3	5
Varlosen	1939	74	32	43	22	30	17	23	3	4
	1949	72	32	44	20	28	16	22	3	4
	1956	70	33	47	18	26	15	21	4	6
	1971	51	17	33	13	25	14	27	9	18
Oberscheden	1939	121	86	71	25	21	8	7	2	1
	1949	125	94	75	14	11	15	12	2	2
	1956	114	86	75	11	10	16	14	1	1
Niederscheden	1939	63	47	75	9	14	6	10	1	2
	1949	64	48	75	7	11	6	9	1	2
	1956	49	35	71	3	6	10	20	1	2
Scheden**	1971	59	22	37	10	17	13	22	14	24

*LN = landwirtschaftliche Nutzfläche. ** Im Jahre 1964 schlossen sich Ober- und Niederscheden zu einer Gemeinde zusammen.

Quelle: Statistik des Deutschen Reichs, 1944, S. 8/21. - Niedersächsisches Amt für Landesplanung und Statistik, 1953c, S. 42; 1958, S. 78 ff. – Niedersächsisches Landesverwaltungsamt, Statistik von Niedersachsen, 1972, S. 70 f.

Übersicht 19: Beschäftigungsstruktur aller Erwerbspersonen und Flüchtlinge im Kreis Münden nach Wirtschaftsabteilungen im Jahre 1950

Wirtschaftsabteilung	alle Erwerbspersonen in v. H.	Flüchtlinge in v. H.
Land- und Forstwirtschaft	26,9	16,3
Industrie und Handwerk	40,4	45,8
Handel, Banken, Versicherungen	9,4	9,7
Dienstleistungen	6,8	10,0
Verkehr	6,2	5,7
Öffentlicher Dienst	10,3	12,1
Gesamt	100,0	99,6*

* ohne Angabe 0,4 v. H.
Quelle: Niedersächsisches Amt für Landesplanung und Statistik, 1955a, S. 42; 1955b, S. 83.

Übersicht 20: Entwicklung der Wohnbevölkerung der Bramwald-Dörfer von 1939 bis 1971

Dorf	1939	1950	1956	1960	1961	1965	1970	1971
a) absolut								
Dankelshausen*	259	442	371	355	348	328	308	314
Mielenhausen	317	485	451	436	420	411	447	469
Ellershausen	281	447	325	325	310	317	323	317
Bühren	524	874	726	671	649	614	598	570
Varlosen	322	573	477	k.A	443	412	385	396
Oberscheden	657	1128	923	924				
Niederscheden	354	528	462	439				
Scheden**					1377	1375	1383	1374
b) relativ (1950=100)								
Dankelshausen*	59	100	84	80	79	74	70	71
Mielenhausen	65	100	93	90	87	85	92	96
Ellershausen	63	100	73	73	69	71	72	71
Bühren	60	100	83	77	74	70	68	65
Varlosen	56	100	83	k.A	77	72	67	69
Oberscheden	58	100	82	82				
Niederscheden	67	100	88	83				
Scheden**		100			83	83	84	83

*einschließlich des Gutes Wellersen.
** Ober- und Niederscheden zusammen

Quellen: Statistik des Deutschen Reichs, 1941, S. 119 – Niedersächsisches Amt für Landesplanung und Statistik, 1958, S. 76 ff. - Amtliches Gemeindeverzeichnis für Niedersachsen, 1965, S. 58 f.; 1971, S. 73 f. - Gemeindeverzeichnis für Niedersachsen, 1972, S. 34. – Ohne Verf., 1961, S. 124. – Eigene Berechnungen.

Übersicht 21: Nichtlandwirtschaftliche Arbeitsstätten und Beschäftigte in den Bramwald-Dörfern von 1950 bis 1970

Dorf	Jahr	Nichtlandwirtschaftliche Arbeitsstätten und Beschäftigte		
		Arbeitsstätten absolut	Beschäftigte absolut	in v. H. aller Erwerbstätigen
Dankelshausen	1950	13	28	14,6
	1961	10	17	5,7
	1970	9	14	10,0
Mielenhausen	1950	13	38	15,9
	1961	20	42	17,1
	1970	14	57	33,5
Ellershausen	1950	14	28	13,5
	1961	12	23	13,5
	1970	18	25	13,1
Bühren	1950	27	62	15,0
	1961	29	60	16,3
	1970	33	66	22,7
Varlosen	1950	15	23	7,7
	1961	16	41	18,3
	1970	11	18	9,8
Oberscheden	1950	54	272	48,7
	1961	51	192	43,4
Niederscheden	1950	22	45	16,7
	1961	17	145	60,9
Scheden	1970	58	432	74,6

Quelle: Niedersächsisches Amt für Landesplanung und Statistik, 1953a, S. 42. – Niedersächsisches Landesverwaltungsamt, 1972c, S. 34 ff; 1964a, S. 116 ff; 1964b, S. 46 ff; 1973, S. 138 ff.

Übersicht 22: Entwicklung der Wohnbevölkerung, Erwerbspersonen und Berufspendler der Bramwald-Dörfer von 1950 bis 1970

Dorf	Jahr	Wohn-bevölke-rung	Er-werbs-perso-nen	Auspendler		Einpendler	
				absolut	in v.H. d. Er.	absolut	in v.H. d. Er.
Dankelshau-sen	1950	442	192	41	21	-	-
	1961	348	175	70	40	-	-
	1970	308	143	92	64	1	-
Mielenhausen	1950	485	239	89	37	3	1
	1961	436	245	130	53	7	3
	1970	447	170	117	69	21	12
Ellershausen	1950	447	208	43	21	2	1
	1961	325	170	57	34	12	7
	1970	323	196	57	30	7	4
Bühren	1950	874	413	77	19	3	1
	1961	671	367	126	34	6	2
	1970	581	291	150	52	8	3
Varlosen	1950	573	297	42	14	2	1
	1961	k.A.	224	70	31	17	8
	1970	385	184	89	49	2	1
Scheden*	1950	1656	828	198	24	95	11
	1961	1363	680	305	45	125	18
	1970	1383	579	263	45	168	29

* bis zum Jahre 1964 Ober- und Niederscheden
Quelle: Niedersächsisches Amt für Landesplanung und Statistik, 1953a, S. 42. – Niedersächsisches Landesverwaltungsamt, 1964, S. 116 ff; 1973, S. 138 ff.

Quellennachweis

Archive
Archiv der Gemeinde Dankelshausen
Archiv der Gemeinde Mielenhausen
Archiv der Kirche zu Dankelshausen
Archiv des Niedersächsischen Forstamtes Bramwald
Archiv der Samtgemeinde Dransfeld
Archiv der Stadt Dransfeld
Archiv der Samtgemeinde Dransfeld
Diverse Familienarchive
Kreisarchiv Göttingen
Kreiskirchenarchiv Göttingen
Niedersächsisches Landesarchiv – Staatsarchiv Wolfenbüttel
Niedersächsisches Hauptstaatsarchiv Hannover – NHStAH
Niedersächsisches Staatsarchiv Bückeburg – NStAB

Literatur, Statistiken
Abel, Wilhelm, 1966, Agrarkrisen und Agrarkonjunktur. Hamburg und Berlin
Achilles, Walter, 1968, Zur Frage nach der Bedeutung und dem Ursprung südniedersächsischer Hofklassen, in: Braunschweigisches Jahrbuch, Bd. 49, S. 86 – 10
----, 1978, Wandlungen der Niedersächsischen Agrarwirtschaft im 19. Jahrhundert, in: Niedersächsisches Jahrbuch für Landesgeschichte, Bd. 50, S. 7 – 26
----, 1982, Die Lage der hannoverschen Bevölkerung im späten 18. Jahrhundert. Hildesheim
Althaus, Paul, 1912, Die Generalvisitation des D. Molanus in der Spezialinspektion Münden. 1675. Zweiter Teil, in: Zeitschrift der Gesellschaft für niedersächsische Kirchengeschichte, S. 99 – 148
Amtliches Gemeindeverzeichnis für Niedersachsen, 1965, Gebietsstand: 1. Januar 1965. Hannover
----, 1971, Gebietsstand: 1. Januar 1970. Hannover
Armitstead, George von, 1936, Die bäuerliche Gesetzgebung Hannovers unter besonderer Berücksichtigung der staatlichen Grundherrschaft und das Reichs-Erbhofgesetz. Diss. Hannover
Arndt, Georg, 1926, Das Kirchenpatronat in Hannover, in: Zeitschrift der Gesellschaft für niedersächsische Kirchengeschichte, S. 32 – 52
Bader, Karl Siegfried, 1962, Dorfgenossenschaft und Dorfgemeinde. Köln und Graz
Baedorf, Berndt, 1949, Die kommunale Selbstverwaltung in Niedersachsen. Stuttgart
---- (Hg.), 1952, Die Deutsche Gemeindeordnung. Textausgabe für Niedersachsen. Hannover
Battenberg, J. Friedrich,1997, Aus der Stadt auf das Land? Zur Vertreibung und Neuansiedlung der Juden im Heiligen Römischen Reich, in: Monika Richarz und

Reinhard Rürup (Hg.), Jüdisches Leben auf dem Lande. Studien zur deutschjüdischen Geschichte. Tübingen, S. 9 – 35

Bauer, Julius, 1907, Kirchliche und sittliche Zustände in den lutherischen Gemeinden Niedersachsens im Reformationsjahrhundert, in: Zeitschrift der Gesellschaft für niedersächsische Kirchengeschichte, 107, S. 29 – 72

Bender-Wittmann, Ursula (1992), Hexenprozesse in Lemgo 1628 – 1637. Eine sozialgeschichtliche Analyse, in: G. Ulrich Großmann und Thomas Schwark (Hg.), Der Weserraum zwischen 1500 und 1650: Gesellschaft, Wirtschaft und Kultur in der Frühen Neuzeit. Materialien zur Kunst- und Kulturgeschichte in Nord- und Westdeutschland, Bd. 4. Marburg, S. 235 – 266

Benne, Günter, 1980, Die Verwaltungsstruktur des ländlichen Raumes des Landes Niedersachsen. Schriftenreihe des Instituts für Landwirtschaftsrecht der Universität Göttingen, Bd. 22. Köln, Berlin u. a.

Berger, Thomas und Karl-Heinz Müller (Hg.), 1983, Lebenssituationen 1945 – 1948. Materialien zum Alltagsleben in den westlichen Besatzungszonen 1945 – 1948. Hannover

Bierbrauer, Peter, 1989, Aufstieg der Gemeinde und die Entfeudalisierung der Gesellschaft im späten Mittelalter, in: Peter Blickle und Johannes Künisch (Hg.), Kommunalisierung und Christianisierung. Zeitschrift für Historische Forschung, Beiheft 9. Berlin, S. 29 – 55

Bischoff, Wolfgang, 1966, Die Geschichte des Anerbenrechts in Hannover von der Ablösungsgesetzgebung bis zum Höfegesetz vom 2. Juni 1874. Diss. Göttingen

Bode, Willi, 2002, Forstgenossenschaften und Realgemeinden. Die Forstgenossenschaft Berka. http: people.freenet.deBode Webseite/Forstgenossenschaften.htm

Bodemeyer, Hildebrand, 1855, Die Juden. Ein Beitrag zur Hannoverschen Rechtsgeschichte. Göttingen

Boehmer, Georg Wilhelm, 1831, Der Aufstand im Königreich Hannover im Jahre 1831 actenmäßig dargestellt. Leipzig

Boetticher, Manfred von, 2001, Urkundenbuch des Stifts Hilwartshausen. Hannover

Brelie-Lewien, Doris von und Helga Grebing, 1997, Flüchtlinge in Niedersachsen, in: Bernd Ulrich Hucker, Ernst Schubert und Ernst Weisbrod (Hg.), Niedersächsische Geschichte. Göttingen, S. 619 - 634

Brethauer, Karl, 1978, Das Gericht auf dem Leineberg, in: Göttinger Monatsblätter, 5. Jg., Ausgabe 52, Juni, S. 6

Brosius, Dieter, 1997, Die Eingliederung der Flüchtlinge als Verwaltungsproblem, in: Dieter Poestges Hg.), Übergang und Neubeginn. Beiträge zur Verfassungs- und Verwaltungsgeschichte Niedersachsens in der Nachkriegszeit. Göttingen, S. 81 – 96

Burchard, Max,1935, Die Bevölkerung des Fürstentums Calenberg-Göttingen gegen Ende des 16. Jahrhunderts. Die Musterungsrolle von 1585 und andere einschlägige Quellen. Leipzig

Busse, Gerd, 1995, Flachsanbau und Leinenherstellung, in: Beate Birkigt-Quentin, Gerd Busse und Wolfgang Schäfer (Hg.), Flachs und Leinen zwischen Leine und Weser. Adelebsen, Uslar, Wahlsburg 1995, S. 4 - 19

Casimir, Kirstin, Uwe Ohainski, Jürgen Udolph, 2003, Die Ortsnamen des Landkreises Göttingen. Veröffentlichungen des Instituts für Historische Landesforschung der Universität Göttingen, Bd. 44. Bielefeld

Cordes, Cord, 1983, Geschichte der Kirchengemeinden der Ev.-luth. Landeskirche Hannovers 1848 – 1980. Hannover

Damm, Bodo, 2000, Hangrutschungen im Mittelgebirgsraum – Verdrängte „Naturgefahr"?, in: Standort. Zeitschrift für Angewandte Geographie, Jg. 24, H. 4, S. 27 – 34

Deese, Angelika und Cordula Tollmien, 1985, Acta betreffend Volkmarshausen, die Erhebung aller Materialien, so zu seiner Geschichte heute bekannt sind sowie Gedanken dazu, wie das schöne Dorf erhalten und verbessert werden könne. Volkmarshausen

Delfs, Lina, 1947, Der Bramwald. Diss. Göttingen

Desel, Jochen, 1967, Das Kloster Lippoldsberg und seine auswärtigen Beziehungen. Melsungen

Dietert, Eike, 1994, Hessische Judenpolitik in ihren Auswirkungen auf Südniedersachsen, in: Rainer Sabelleck (Hg.), Juden in Südniedersachsen. Hannover, S. 101 – 135

---, 2002, „...der Messias werde von hier aus kommen". Die Auseinandersetzungen um den Bau der Synagoge in Gelliehausen in den Jahren 1777 und 1785, in: Göttinger Jahrbuch, Bd. 50, S. 33 – 39

---, 2005, Die Ansiedlung von Juden im Fürstentum Göttingen seit 1670 und das Vorgehen der Landesregierung gegen eigenmächtige Judenaufnahmen durch die Inhaber der Adligen Gerichte, in: Herbert Obenaus (Hg.), Landjuden in Nordwestdeutschland. Hannover, S. 15 - 33

Dronsch, Gerhard, 1974, Zwischenbilanz der niedersächsischen Verwaltungs- und Gebietsreform, in: Die Niedersächsische Gemeinde, 26 Jg., H. 5, S. 133 - 142

Ebel, W., 1953, Ein Jahrtausend Gerichtswesen im Lande Göttingen, in: Göttinger Jahrbuch, S. 10 – 20

Ebhardt, Christian Hermann, 1813a, Sammlung der Verordnungen für das Königreich Hannover aus der Zeit vor dem Jahre 1813. 1. Bd. Hannover

---, 1813b, Sammlung der Verordnungen für das Königreich Hannover aus der Zeit vor dem Jahre 1813. 2. Bd. Hannover

---, 1840, Gesetze, Verordnungen und Ausschreiben für das Königreich Hannover aus dem Zeitraume von 1813 bis 1839. 5. Bd. Hannover

Elster, Theodor, 1986, Die Verwaltung, in: Heinrich Korte und Bernd Rebe (Hg.), Verfassung und Verwaltung des Landes Niedersachsen. 2., völlig neubearbeitete u. erweiterte Auflage. Göttingen, S. 288 - 553

Erffa, Wolfram von, 1937, Die Dorfkirche als Wehrbau. Mit Beispielen aus Württemberg. Stuttgart

Franz, Günther (Hg.), 1963, Quellen zur Geschichte des deutschen Bauernstandes in der Neuzeit. München und Wien
Freist, Helmuth, 2001, Die Forstordnung der Herzogin Elisabeth 1549 für den Bramwald, in: Forst und Holz, 56. Jg., Nr. 6, S. 179 – 183
Freitag, Werner, 1998, Pfarrer, Kirche und ländliche Gemeinschaft. Das Dekanat Vechta 1400 – 1803. Bielefeld
Garbe, Burckhard, 2001, Die schönsten Sagen. Bd. 1: Region Kassel. Märchenlandweg. Kassel
Gemeindeverzeichnis für Niedersachsen, 1972, Stand: 1. Juli 1972. Hannover
Gieseler, Friedrich, 1984, Der Flachs und seine Verarbeitung in Stadt und Kreis Münden, in: Beiträge zur Heimatpflege, Reihe I, H. 7
Grab, Walter, 1991, Der deutsche Weg der Judenemanzipation 1789 – 1938. München und Zürich
Gusmann, Walter, 1928, Wald- und Siedlungsfläche Südhannovers und angrenzender Gebiete etwa im 5. Jhdt. n. Chr. Hildesheim und Leipzig
Habicht, Bernd,1982, Stadt- und Landhandwerk im südlichen Niedersachsen im 18. Jahrhundert. Göttingen
Hasel, Karl, 1974, Zur Geschichte des Waldbesitzes in Deutschland, in: Ingomar Bog u. a. (Hg.), Wirtschaftliche und soziale Strukturen im saekularen Wandel. Festschrift für Wilhelm Abel zum 70. Geburtstag. Bd. I: Agrarische Wirtschaft und Gesellschaft in vorindustrieller Zeit. Hannover, S. 77 - 95
Hauptmeyer, Carl-Hans, 1983a, Das alte Dorf – Gemeinschaft und Zwang, in: Carl-Hans Hauptmeyer, Heinar Henckel u. a.: Annäherungen an das Dorf. Hannover, S. 148 – 163
---, 1983b, Das abhängige Dorf – eine historische Retrospektive, in: Carl-Hans Hauptmeyer, Heiner Henckel u. a., Annäherungen an das Dorf. Hannover S. 37 – 58
---, 1984, Zum Funktionswandel niedersächsischer Dörfer in der Nachkriegszeit – das Calenberger Land als Beispiel, in: Neues Archiv für Niedersachsen, Bd. 33, Heft 1, S. 48 - 59
---, 1986, Entstehen und Verlust lokaler Autonomien im ländlichen Raum. Die deutsche Tradition der Gemeindereformen, in: Gerhard Henkel (Hg.), Kommunale Gebietsreform und Autonomie im ländlichen Raum. Essener Geographische Arbeiten Nr. 15. Paderborn, S. 1 - 13
---, 1988, Dorf und Territorialstaat im zentralen Niedersachsen, in: Ulrich Lange (Hg.), Landgemeinde und frühmoderner Staat. Sigmaringen, S. 217 – 235
Hauptmeyer, Carl-Hans und J. Runde (Hg.), 1992, Quellen zur Dorf- und Landwirtschaftsgeschichte. Der Raum Hannover im Mittelalter und in der Neuzeit. Hannoversche Schriften zur Regional- und Lokalgeschichte, Bd. 3. Bielefeld
Havemann, Wilhelm, 1855, Geschichte der Lande Braunschweig und Lüneburg. Bd. 2. Göttingen

Heimatkunde- und Geschichtsverein Scheden (Hg.), 1995, Die Toten können sich nicht wehren, umso mehr haben sie Anspruch auf Gerechtigkeit. 1945 – 1995 ... 50 Jahre danach. Scheden

Heising, Günther, 1954, Die hannoverschen Realgemeinden. Diss. Göttingen

Henkel, Anne-Katrin, 1996, „Ein besseres Loos zu erringen, als das bisherige war": Ursachen, Verlauf und Folgewirkungen der hannoverschen Auswanderungsbewegung im 18. und 19. Jahrhundert. Hameln

Henkel, Gerhard, 1999, Der ländliche Raum. Gegenwart und Wandlungsprozesse seit dem 19. Jahrhundert in Deutschland. 3., völlig neu bearbeitete Auflage. Stuttgart und Leipzig

Henning, Friedrich Wilhelm,1994, Deutsche Agrargeschichte des Mittelalters 9. bis 15. Jahrhundert. Stuttgart

Herlemann, Beatrix, 1997, Nationalsozialismus auf dem Lande, in: Bernd Ulrich Hucker, Ernst Schubert und Bernd Weißbrod (Hg.), Niedersächsische Geschichte. Göttingen, S. 566 - 581

Hindersmann, Ulrike, 2001, Der ritterschaftliche Adel im Königreich Hannover 1814 – 1866. Hannover

Hommel, Emil, 1967, Dir gebührt die Ehre. Kirche und Gemeinde St. Markus in Oberscheden im Wandel der Zeiten. Scheden

Hugo von, 1789, Beyträge zu des Herrn Vice-Cantzlers Struben Abhandlung von geschlossenen Gerichten im Fürstentum Calenberg, in: Annalen der Braunschweig-Lüneburgischen Churlande, 3. Jg., S. 225 -252

Isbary, Gerhard, 1968, Kennt die Zukunft noch Dörfer?, in: Der Landkreis, H. 1, S. 7 – 8

---, 1971, Raum und Gesellschaft. Beiträge zur Raumordnung und Raumforschung. Bearbeitet von Dieter Partzsch. Hannover

Jünemann, Joachim, 1968, Das Patronat der Kirchen in Jühnde, Barlissen und Klein Schneen, in: Göttinger Jahrbuch, S. 49 - 72

---, 1979, Dransfeld als Garnison und Etappe, in Göttinger Jahrbuch, S. 97 – 139

---, 1986, Radiaesthetische Aufschlüsse an einstigen Kirchen, Burgen und Kultstätten im Landkreis Göttingen. Dransfeld

Kaufhold, Karl Heinrich (Hg.), 2001, 1801 bis 2001. 200 Jahre Sparkasse Göttingen. Älteste deutsche kommunale Sparkasse. Stuttgart

Kayser, Karl, 1904, Die General-Kirchenvisitation von 1588 im Lande Göttingen-Kalenberg, in: Zeitschrift der Gesellschaft für niedersächsische Kirchengeschichte, S. 93 - 207

---, 1906, Die Generalvisitation des D. Gesenius im Fürstentum Göttingen 1646 und 1652, in: Zeitschrift der Gesellschaft für niedersächsische Kirchengeschichte, S. 147 – 207

Kegler, Hans-Jürgen, 2001, Das Kommunalwahlrecht in Niedersachsen. O. O.

Kleeberg, Wilhelm, 1978, Niedersächsische Mühlengeschichte. Hannover 1978

Klöpper, Rudolf, 1968, Heutige Mittelpunktsgemeinden und ihre Bereiche im südlichen Niedersachsen, in: Neues Archiv für Niedersachsen, Bd. 17, H. 2, S. 113 - 119

Knösel, Geog Heinrich, 1930, Linnenlegge im Hannoverland, in: Niedersachsen, S. 420 – 424

Knufinke, Ulrich, 2005, Synagogentypen des ländlichen Raums im südlichen und östlichen Niedersachsen, in: Herbert Obenaus (Hg.), Landjuden in Nordwestdeutschland. Hannover, S. 235 - 260

Königlich Statistisches Bureau, 1873, Die Gemeinden und Gebietsbezirke der Provinz Hannover und ihre Bevölkerung. Berlin

---,1874, Der Viehbestand der Gemeinden und Gutsbezirke im Preussischen Staate. Heft III. Berlin

---, 1884, Viehstandslexikon für das Königreich Preussen. Heft IX Provinz Hannover. Berlin

---, 1887, Gemeindelexikon für die Provinz Hannover. Berlin

---, 1894, Viehstand-Lexikon für den preussischen Staat. Heft IX Provinz Hannover. Berlin

Kolb, Karlheinz und Jürgen Teiweis, 1977, Beiträge zur Sozial- und Rechtsgeschichte der Hannoverschen Ständeversammlung von 1814 – 1833 und 1837 – 1849. Hildesheim

Kollmann, Karl und Thomas Wiegand, 1986, Spuren einer Minderheit. Judenfriedhöfe und Synagogen im Werra-Meißner-Kreis. Waldkappel-Wichmannshausen

Kühlhorn, Erhard, 1994, Die mittelalterlichen Wüstungen in Südniedersachsen. Bd. 1: A – E. Bielefeld

Kunze, Klaus, 1997, Fürstenhagen im Bramwald. Quellen und Darstellungen zur Ortsgeschichte. Uslar

Lange, Karl- Heinz, 1958, Die Grafen von Northeim. Diss. Kiel

Last, Martin, 1977, Niedersachsen in der Merowinger und Karolinger Zeit, in: Hans Patze (Hg.), Geschichte Niedersachsens, Bd. 1. Hildesheim, S. 543 – 652

Lehmann, Albrecht, 1991, Im Fremden ungewollt zuhaus. Flüchtlinge und Vertriebene in Westdeutschland 1945 – 1990. München

Liebhaber, Erich Daniel von, 1794, Beiträge zur Erörterung der Staatsverfassung. Gotha

Lichtermann, Ludwig, 1958, Die Hofübergabe im südlichen Niedersachsen. Diss. Göttingen

Linde, Hans, 1951, Das Königreich Hannover an der Schwelle des Industriezeitalters, in: Neues Archiv für Niedersachsen, Nr. 5, S. 413 - 443

---, 1954, Zur sozialökonomischen Struktur und soziologischen Situation des deutschen Dorfes, in: Das Dorf. Gestalt und Aufgabe ländlichen Zusammenlebens. Schriftenreihe für ländliche Sozialfragen, H. 11. Hannover, S. 5 – 24

Löb, Abraham,1908, Die Rechtsverhältnisse der Juden im ehemaligen Königreiche und der jetzigen Provinz Hannover. Frankfurt

Loeb-Caldenhof, Richard, 1934, Die Realgemeinden in der Provinz Hannover. Göttingen

Lotze, Wilhelm, 1909, Geschichte der Stadt Münden nebst Umgebung mit besonderer Hervorhebung des dreißigjährigen und siebenjährigen Krieges. Zweite, unveränderte Auflage. Münden

Lufen, Peter F. (Bearb.), 1993, Baudenkmale in Niedersachsen, Bd. 5.2: Landkreis Göttingen, Altkreis Münden. Hameln

Marten, Heinz Georg, 1978, Die unterwanderte FDP. Politischer Liberalismus in Niedersachsen – Aufbau und Entwicklung der Freien Demokratischen Partei 1945 – 1955. Göttingen

Meese, F. A., 1861, Politisch-statistische Schilderung der Verfassung und Verwaltung des vormaligen Fürstbischöflich-Hildesheimischen Amtes Wohlendorf, wie solches um das Jahr 1800 war, in: Zeitschrift des historischen Vereins für Niedersachsen, S. 1 - 101

Mehr, Gottfried, 1997, 950 Jahre Scheden – unser Ort gestern und heute. Scheden

Meier, Ernst von, 1899, Hannoversche Verfassungs- und Verwaltungsgeschichte 1680 – 1866. 2. Bd. Leipzig

Meinhardt, Günther, 1975, Von Kassel nach Göttingen in 10 Stunden für anderthalb Taler, in: Göttinger Monatsblätter, Ausgabe 12, Februar, S.8 - 9

---, 1979, Das Bramwald-Haus – ein Bautyp, der in alten Akten wieder entdeckt wurde, in: Göttinger Monatsblätter, 6. Jg., Ausgabe 68, Oktober, S. 10 – 11

Mertens, Julius, 1831, Über die neue Grundsteuer-Veranlagung und das Grundsteuer-Gesetz v. 9. Aug. 1822 sowie über deren Einwirkung auf den gegenwärtigen Nothstand der Ackerbautreibenden Provinzen des Königreichs Hannover, mit besonderer Rücksicht auf die Provinz Hildesheim. Hildesheim

Meyer, Philipp, 1919, Die kirchliche Gemeindeverfassung in Calenberg-Göttingen nach den reformatorischen Ordnungen von 1542/43 und ihre mittelalterlichen Grundlagen, in: Zeitschrift der Gesellschaft für niedersächsische Kirchengeschichte, S. 16 – 60

---, 1937, Die Inspektionseinteilung des Göttinger Landes im Wandel der Zeit, in: Zeitschrift der Gesellschaft für niedersächsische Kirchengeschichte, S. 206 – 226

---, 1941, Die Pastoren der Landeskirchen Hannovers und Schaumburg-Lippes seit der Reformation. 1. Bd. Göttingen

Mittelhäuser, Käthe, 1977, Ländliche und städtische Siedlung, in: Hans Patzel (Hg.), Geschichte Niedersachsens, Bd. 1. Hildesheim, S. 259 – 438

---, 1980, Häuslinge im südlichen Niedersachsen, in: Blätter für deutsche Landesgeschichte, Jg. 116, S. 235 – 278

Mlynek, Klaus, 1986, Gestapo Hannover meldet ... Polizei- und Regierungsberichte für das mittlere und südliche Niedersachsen zwischen 1933 und 1937. Hildesheim

Möller, Petra (1992), Beobachtungen zum Getreidehandel im Weserraum, in: G. Ulrich Großmann und Thomas Schwark (Hg.), Der Weserraum zwischen 1500 und 1650: Gesellschaft, Wirtschaft und Kultur in der Frühen Neuzeit. Materialien zur Kunst- und Kulturgeschichte in Nord- und Westdeutschland, Bd. 4. Marburg, S. 115 – 141.

Molsen, Heinrich, 1928, Die politischen und die Realgemeinden in den hannoverschen Teilungs- und Verkoppelungsrezessen und die Reiheberechtigten in Hannover. Uelzen

Mooser, Josef, 1979, Gleichheit und Ungleichheit in der ländlichen Gemeinde, in: Archiv für Sozialgeschichte, Bd. 19, S. 231 – 262

Münchmeyer, Carl. F., 1881, Das Höfegesetz für die Landwirthe, deren Rathgeber und Freunde zumal in den Gebieten des gemeinen römischen Rechts und des allgemeinen preußischen Landrechts. Hannover

Münkel, Daniela. 1991, Bauern und Nationalsozialismus. Der Landkreis Celle im Dritten Reich. Bielefeld

Mundhenke, Herbert, 1941, Das Patrimonialgericht Adelebsen. Ein Beitrag zur historischen Geographie des Fürstentums Göttingen. Göttingen

--- (Bearb.), 1967, Die Kopfsteuerbeschreibung der Fürstentümer Calenberg, Göttingen und Grubenhagen von 1689. Teil 9. Hildesheim

Niedersächsisches Amt für Landesplanung und Statistik, 1948, Statistische Monatshefte für Niedersachsen, 2. Jg. H. 1

---, 1949, Veröffentlichungen des Niedersächsischen Amtes für Landesplanung und Statistik, Reihe F, Bd. 6. Hannover

---, 1950a, Veröffentlichungen des Niedersächsischen Amtes für Landesplanung und Statistik Reihe F, Band 4: Die Volks- und Berufszählung vom 29. Oktober 1946 in Niedersachsen. Heft 3: Die Ergebnisse nach Gemeinden. Hannover

---, 1952, Gemeindestatistik für Niedersachsen. Teil 1: Volkszählung und Wohnungszählung am 13. September 1950. Hannover

---, 1953a, Gemeindestatistik für Niedersachsen. Veröffentlichungen des Niedersächsischen Amtes für Landesplanung und Statistik, Reihe F 15, H. 5, Teil 2: Berufszählung am 13. September 1950. Hannover

---, 1953b, Die wirtschaftliche Gliederung der Bevölkerung Niedersachsens. Veröffentlichungen des Niedersächsischen Amtes für Landesplanung und Statistik, Reihe F 15, H. 2. Hannover

---, 1953c, Gemeindestatistik für Niedersachsen, Teil 4: Landwirtschaftliche Betriebszählung 1949. Hannover

---, 1955a, Die wirtschaftliche Gliederung der Bevölkerung Niedersachsens nach den Ergebnissen der Berufszählung am 13. September 1950. Veröffentlichungen des Niedersächsischen Amtes für Landesplanung und Statistik, Reihe F 15, H. 2, B: Tabellenteil. Hannover

---, 1955b, Die wirtschaftliche Gliederung der Bevölkerung Niedersachsens nach den Ergebnissen der Berufszählung am 13. September 1950. Veröffentlichungen des Niedersächsischen Amtes für Landesplanung und Statistik, Reihe F 15, H. 2, A: Textteil. Hannover

---, 1958, Gemeindestatistik für Niedersachsen: Bevölkerung, Wohnungswesen, Land- und Forstwirtschaft, gewerbliche Wirtschaft und Finanzen. Ausgewählte Ergebnisse des Jahres 1956. Hannover

---, 1958b, Gemeindestatistik für Niedersachsen. Veröffentlichungen des Niedersächsischen Amtes für Landesplanung und Statistik, Reihe F, Bd. 18, H. 1. Hannover
Niedersächsisches Landesverwaltungsamt, 1964a, Gemeindestatistik Niedersachsen 1960/61. Teil 1: Bevölkerung und Erwerbstätigkeit. Bd. 27. Hannover
---, 1964b, Gemeindestatistik Niedersachsen 1960/61. Teil 3: Arbeitsstätten (ohne Landwirtschaft). Statistik von Niedersachsen, Bd. 29. Hannover
---, 1972a, Statistik von Niedersachsen, Bd. 170. Hannover
---, 1972b, Gemeindeverzeichnis für Niedersachsen. Stand: 1. Juli 1972. Hannover
----, 1972c, Gemeindestatistik Niedersachsen 1970. Teil 3: Arbeitsstätten. Statistik von Niedersachsen, Bd. 183. Hannover
---, 1973, Gemeindestatistik Niedersachsen 1970. Teil 2: Bevölkerung und Erwerbstätigkeit. Heft 2: Regierungsbezirk Hildesheim. Statistik von Niedersachsen, Bd. 187. Hannover
---, 1974, Gemeindestatistik Niedersachsen 1970. Teil 4: Landwirtschaft 1971/72. B. Ergebnisse der Vollerhebung zur Landwirtschaftszählung vom Mai 1971. Statistik von Niedersachsen, Bd. 230. Hannover
Nück, Wolfgang-Dietrich, 2008, Graf Sigebodo II. von Scharzfeld/Lauterberg. Zur Geschichte der Grafen von Scharzfeld und Lauterberg (1131/1132 – 1399/1400) sowie zu den Anfängen der Stadt Münden. Göttinger Forschungen zur Landesgeschichte, Bd. 12. Bielefeld
Oberschelp, Reinhard, 1982, Niedersachsen 1760 – 1820. Bd. 1. Hildesheim
---, 1993, Stahl und Steckrüben. Beiträge und Quellen zur Geschichte Niedersachsens im Ersten Weltkrieg (1914 – 1918). Bd. 1. Hameln
Osenbrück, Willi, 1983, Mielenhausen und die Mündener Familie (von) Mengershausen, in: Stadt Münden (Hg.), 800 Jahre Stadt Münden an der Werra, Fulda und Weser. Streiflichter in seiner Geschichte. Münden, S. 61 -68
Pfeil, Elisabeth und Ernst Wolfgang Buchholz, 1958, Eingliederungschancen und Eingliederungserfolge. Regionalstatistische Analysen der Erwerbstätigkeit, Berufsstellung und Behausung der Vertriebenen. Mitteilungen aus dem Institut für Raumforschung, H. 35. Bad Godesberg
Pflug, Hans-Jürgen, 1994, Zwischen Klosterbrüdern und Adelsherren – Eberhausen. Göttingen-Geismar
Potthast, Heinz, 1984, Beispiele zum Werden einer Kulturlandschaft im Raum Hemeln-Bursfelde. Sydekum-Schriften zur Geschichte der Stadt Münden, H. 9. Hannoversch Münden
Prass, Reiner, 1997, Reformprogramm und bäuerliche Interessen. Die Auflösung der traditionellen Gemeindeökonomie im südlichen Niedersachsen, 1750 – 1883. Göttingen
Pyta, Wolfram, 1996, Ländlich-evangelisches Milieu und Nationalsozialismus bis 1933, in: Horst Müller, Andreas Wirsching und Walter Ziegler (Hg.), Nationalsozialismus in der Region. Sondernummer Schriftenreihe der Vierteljahrshefte für Zeitgeschichte. München, S. 199 - 212

Reyer, Herbert, 1983, Die Dorfgemeinde im nördlichen Hessen. Untersuchungen zur hessischen Dorfverfassung im Spätmittelalter und in der frühen Neuzeit. Marburg

Röhrbein, Waldemar R. (Bearb.), 1973, 700 Jahre Juden in Südniedersachsen. Geschichte und religiöses Leben. Ausstellung im Städtischen Museum Göttin-gen vom 14. Oktober bis 9. Dezember 1973. Göttingen

---, 1996, Gleichschaltung und Widerstand in der Evangelisch-lutherischen Landeskirche Hannover 1933 – 1945, in: Heinrich W. Grosse, Hans Otte und Joachim Perels (Hg.), Bewahren ohne Bekennen? Die Hannoversche Landeskirche im Nationalsozialismus. Hannover, S. 11 - 42

Rösener, Werner, 1991, Bauern im Mittelalter. Vierte, unveränderte Auflage. München

Rudzio, Wolfgang, 1968, Die Neuordnung des Kommunalwesens in der Britischen Zone. Zur Demokratisierung und Dezentralisierung der politischen Struktur: eine britische Reform und ihr Ausgang. Quellen und Darstellungen zur Zeitgeschichte, Bd. 17. Stuttgart

Saalfeld, Diedrich, 1957, Der landwirtschaftliche Betrieb im Raume Südhannover-Braunschweig in der vorindustriellen Zeit. Diss. Göttingen

---, 1960, Bauernwirtschaft und Gutsbetrieb in der vorindustiellen Zeit. Quellen und Forschungen zur Agrargeschichte Bd. 6. Stuttgart

---,1982, Stellung und Differenzierung der ländlichen Bevölkerung in Nordwestdeutschland in der Ständegesellschaft des 18. Jahrhunderts, in: Ernst Hinrichs und Günter Wiegel (Hg.), Sozialer und kultureller Wandel in der ländlichen Welt des 18. Jahrhunderts. Wolfenbüttel, S. 229 - 251

Sabelleck, Rainer, 1988, Synagogen, Schulen und Friedhöfe. Historische Schrifteneihe des Landkreises Nienburg/Weser, Bd. 4. Nienburg

--- (Hg.), 1991, Kriegs- und Friedenserlebnisse eines hannoverschen Jägers, Georg Steinberg, beim 3. Jägerbataillon. Mannheim

---, 1995, Einquartierung. Zum Verhältnis zwischen Zivilbevölkerung und Militär, in: Rainer Sabelleck (Hg.), Hannovers Übergang vom Königreich zur preußischen Provinz 1866. Hannover, S. 79 - 99

Sartorius, Otto Hugo, 1931, Aus der Kirchengeschichte Dankelshausens, in: Oberweser Heimat, 2. Jg., Nr. 9

Scheuner, Ulrich, 1981, Voraussetzungen der kommunalen Gebietsreform, in: Georg Christoph von Unruh, Werner Thieme und Ulrich Scheuner, Die Grundlagen der kommunalen Gebietsreform. Baden-Baden, S. 57 - 127

Schivelbusch, Wolfgang, 2005, Entfernte Verwandtschaft. Faschismus, Nationalsozialismus, New Deal 1933 – 1939. München, Wien

Schlegel, Karl Johann Fürchtegott, 1802, Churhannöversches Kirchenrecht. Zweiter Teil. Hannover

---, 1803, Churhannoversches Kirchenrecht. Dritter Theil. Hannover

---, 1804, Churhannoversches Kirchenrecht. Vierter Theil. Hannover

---, 1824, Über Schulpflichtigkeit und Schulzwang nebst einer kurzen Geschichte des Schulwesens zunächst in Absicht der Hannoverschen Lande. Hannover

Schmidt, Hans-Joachim, 1982, Die Samtgemeinde nach der Verwaltungs- und Gebietsreform in Niedersachsen. Diss. Göttingen

Schmiechen-Ackermann, Detlef, 1990, Nazifizierung der Kirche – Bewahrung des Bekenntnisses – Loyalität zum Staat: Die Evangelische Kirche in der Stadt Hannover 1933 bis 1945, in: Niedersächsisches Jahrbuch für Landesgeschichte, Bd. 62, S.97 - 132

Schnabel-Schüle, Helga, 1997, Kirchenvisitationen und Landesvisitationen als Mittel der Kommunikation zwischen Herrscher und Untertanen, in: Heinz Duchardt und Gert Melville (Hg.), Im Spannungsfeld von Recht und Ritual. Soziale Kommunikation im Mittelalter und Früher Neuzeit. Köln, Weimar und Wien, S. 173 – 186

Schneider, Karl Heinz und Hans Heinrich Seedorf, 1989, Bauernbefreiung und Agrarreform in Niedersachsen. Hannover

Schneider, Ulrich, 1982, Niedersachsen unter britischer Besatzung 1945. Besatzungsmacht, deutsche Verwaltung und die Probleme der unmittelbaren Nachkriegszeit, in: Niedersächsisches Jahrbuch für Landesgeschichte, Bd. 54, S. 251 – 319.

Schnieders, Rudolf, 1964, Porträt des Dorfes. Gestern Heute Morgen. München

Schomburg, August, 1961, Ein Schoninger Bauer erzählt aus seinem Leben, in: Südhannoverscher Heimatkalender, S. 97 - 99

Schrader, Ludwig, 1832, Die älteren Dynastenstämme zwischen Leine, Weser und Diemel und ihre Besitzungen, hauptsächlich wie sie im 11. und 12. Jahrhundert befunden sind. Göttingen

Schröder, Eckart, 1990, Mittelalterliche Dorf- und Kirchhofbefestigungen im Landkreis Göttingen, in: Göttinger Jahrbuch, Bd. 38, S.25 – 37.

Schröder, Herwig, 2008, Die historische Dorfgenossenschaft von ihren Anfängen bis zu ihrer Aufhebung im 19. Jahrhundert, in: Günther Jaritz (Schriftleitung), Klein Schneen ein Dorfgeschichte. Friedland OT Klein Schneen, S. 285 – 331.

Schubert, Ernst, 2005, 1866 und die Folgen: Die Schlacht von Langensalza und der Untergang des Königreichs Hannover. Vortrag im Rahmen der Vortragsreihe „Landesgeschichte im Landtag" am 13. September (Maschinenschrift.)

Schucht, Gisela, 2000, Chronik des Dorfes Bühren. Von den Anfängen bis in die Gegenwart. 977 – 2002 im Juni. Salzgitter

---, 2005, Dankelshausen, in: Herbert Obenaus (Hg.), Historisches Handbuch der jüdischen Gemeinden in Niedersachsen und Bremen. Bd. I. Göttingen, S. 443 - 447

Schütz, Siegfried, 1994, Das Judenrecht im Kurfürstentum und Königreich Hannover, in: Rainer Sabelleck (Hg.), Juden in Südniedersachsen. Hannover, S. 57 – 82

Schulze, Winfried, 1987, Deutsche Geschichte im 16. Jahrhundert. Frankfurt

Schwencken, Carl Philipp Theodor, 1822, Aktenmäßige Nachrichten von dem Gauner- und Vagabunden-Gesindel sowie von einzelnen professionierten Dieben in den Ländern zwischen dem Rhein und der Elbe nebst genauer Beschreibung ihrer Person. Cassel

Schwiening, Georg, 1909, Die wahre Hensemannsche von Oberscheden (1485), in: Hessenland, S. 38 – 41

Seidensticker, August, 1896a, Rechts- und Wirtschaftsgeschichte norddeutscher Forsten besonders im Lande Hannover actenmässig dargestellt. Bd. 1. Göttingen

----, 1896b, Rechts- und Wirtschaftsgeschichte norddeutscher Forsten besonders im Lande Hannover actenmässig dargestellt. Bd. 2. Göttingen

Sieglerschmidt, Jörn, 1987, Territorialstaat und Kirchenregiment. Studien zur Rechtsdogmatik des Kirchenpatronatsrechts im 15. und 16. Jahrhundert. Köln und Wien

Sittig, Karl, 1976, Sagen des südhannoverschen Berglandes. Hann. Münden

Spohr, Rudolf, 1931, Die hannoversche Realgemeinde mit besonderer Berücksichtigung der Rechtsprechung. Hannover

Stadt Münden (Hg.), o. J., Geliebtes Land an Fulda, Werra und Weser. O.O.

Statistik des Deutschen Reichs, 1941, Bd. 550, Amtliches Gemeindeverzeichnis für das Deutsche Reich auf Grund der Volkszählung 1939. 2. Auflage. Berlin

---, 1943, Bd. 559, Gemeindestatistik. Ergebnisse der Volks-, Berufs- und landwirtschaftlichen Betriebszählung 1939 in den Gemeinden. Berlin

---, 1944, Bd. 559: Gemeindestatistik: Ergebnisse der Volks-, Berufs- und landwirtschaftlichen Betriebszählung 1939 in den Gemeinden. Berlin

Steinmetz, Erwin, 1975, Die Burgen im Großkreis Göttingen, VII. Die Bramburg, in: Göttinger Monatsblätter, Ausgabe 12, Februar, S. 12 - 14

Steinmetz, Rudolf, 1908, Die Generalsuperintendenten von Calenberg, in: Zeitschrift der Gesellschaft für niedersächsische Kirchengeschichte, 13. Jg., S. 25 - 266

Stephan, Hans-Georg, 1997, Zur Siedlungsdichte im Raum Fürstenhagen von der Steinzeit bis zum Ausgang des Mittelalters, in: Klaus Kunze: Fürstenhagen im Bramwald. Quellen und Darstellungen zur Ortsgeschichte. Uslar, S. 9 – 34

Stockhausen, Hans von, 1911, Das hannoversche Höferecht, in: Heimatkalender für die Kreise Göttingen Land, Münden und Uslar. S. 30 - 33

Stockhausen, Joachim von, 2001, Spurensuche im Grenzgebiet von Werra und Weser. Göttingen

----, 2003, Hann. Münden und die Schiffahrt auf Werra, Fulda und Weser. Göttingen

Stockhausen, Viktor von, 1936, Vom altwelfischen Eigen im Leinegau, in: Göttinger Blätter, 2. Jg., H. 1, S. 46 - 57

Stölting, Gustav und Börries von Münchhausen, 1912, Die Rittergüter der Fürstentümer Calenberg, Göttingen und Grubenhagen. Beschreibung, Geschichte, Rechtsverhältnisse. Hannover

Strandes, A., 1863, Die Domicil-Ordnung für das Königreich Hannover und der s.g. Gothaer Vertrag wegen Uebernahme Auszuweisender. 2. Auflage Hannover

Stuckius, Joh., 1660, Consiliorum sive Responsorum tum Collegii in Academia Helmstadiensi tum ab ipso privato nomine elaboratorum. Frankfurt a. M.

Stüve, Johann Karl Bertram, 1851, Wesen und Verfassung der Landgemeinden und der ländlichen Grundbesitzer in Niedersachsen und Westfalen. Jena

Stutz, Ulrich, 1955, Die Eigenkirche als Element des mittelalterlich-germanischen Kirchenrechts. Darmstadt

Tecklenburg, August, 1929, Kirche der Heimat. Bilder aus der Religions- u. Kirchengeschichte im südlichen Hannover. Gütersloh

Thaule, Otto, 1951/1970, Der Steinberg bei Meensen und seine Geschichte. Meensen (Maschinenschrift)

Thieme, Werner und Joachim Schäfer (Hg.), 1994, Niedersächsische Gemeindeordnung. Kommentar. 2., neubearbeitete Auflage. Köln, Berlin u. a.

Timm, Albrecht, 1960, Die Waldnutzung in Nordwestdeutschland im Spiegel der Weistümer. Köln und Graz

Tollmien, Cordula, 1999, Nationalsozialismus in Göttingen (1933 – 1945). Diss. Göttingen

Tütken, Hans, 1964, Geschichte des Dorfes und Patrimonialgerichts Geismar bis zur Gerichtsauflösung im Jahre 1839. Diss. Göttingen

---,1967, Geschichte des Dorfes und Patrimonialgerichts Geismar bis zur Gerichtsauflösung im Jahre 1839. Göttingen

Ubbelohde, Wilhelm, 1823, Statistisches Repertorium über das Königreich Hannover. Hannover

Uelschen, Gustav, 1942, Die Bevölkerung im Wirtschaftsgebiet Niedersachsen 1821 – 1939. Oldenburg.

---, 1966, Die Bevölkerung in Niedersachsen 1821 – 1961. Veröffentlichungen der Akademie für Raumforschung und Landesplanung. Abhandlungen, Bd. 45. Hannover

Unruh, Georg Christoph von, 1956, Das Dorf einst und jetzt. Uelzen

---, 1978, Gebiets- und Verwaltungsreform in Niedersachsen 1965 – 1978. Hannover

Verhey, Kalaus, 1965, Der Bauernstand und der Mythos von Blut und Boden im Nationalsozialismus mit besonderer Berücksichtigung Niedersachsens. Diss. Göttingen

Vigener, Fritz (Bearb.), 1913, Regesten der Erzbischöfe von Mainz von 1289-1396. 2. Abteilung, Bd. 1. Leipzig

Vogt, F. (Bearb.), 1913, Regesten der Erzbischöfe von Mainz von 1289-1396. 1. Abteilung, Bd. 1. Leipzig

Voigt, Rüdiger, 1986, Dorfpolitik nach der Gebietsreform, in: Gerhard Henkel (Hg.), Kommunale Gebietsreform und Autonomie im ländlichen Raum. Essener Geographische Arbeiten, Nr. 15. Paderborn, S. 59 - 76

Wächter, Hans-Helmut, 1959, Die Landwirtschaft Niedersachsens vom Beginn des 19. bis zur Mitte des 20. Jahrhunderts. Bremen-Horn

Wagner, Dieter, 2004, Das Wahlverhalten in den ehemaligen Landkreisen Duderstadt, Göttingen und Münden bei den Reichstagswahlen 1928 bis 1933, in: Südniedersachsen, 32. Jg., H. 4, S. 106 - 114

Wagner, Eduard, 1903, Die Bevölkerungsdichte in Südhannover und deren Ursachen. Göttingen

Weber, Friedrich Benedikt, 1802, Ökonomisch-juristische Abhandlungen über die Rittergüter, deren Eigenschaften, Rechte, Freyheiten und Befugnisse in Deutschland und besonders in Chursachsen. Leipzig

Wehler, Hans-Ulrich, 2003, Deutsche Gesellschaftsgeschichte. Vierter Band: 1914 – 1949. München
Weidemann, Heinz, 1925, Gerard Wolter Molanus, Abt zu Loccum. Eine Biographie. 1. Bd. Göttingen
Wenskus, Reinhard, 1972, Das südliche Niedersachsen im frühen Mittelalter, In: Festschrift für Hermann Heimpel zum 70. Geburtstag am 19. September 1971. Göttingen, S. 348 - 398
Wesenberg, Carl Wilhelm Gotthilf, 1907, Der Vizekanzler David Georg Strube, ein hannoverscher Jurist des XVIII. Jahrhunderts. Seine staatsrechtlichen Anschauungen und deren Ergebnisse. Hannover und Leipzig
Wilhelm, Peter, 1973, Die jüdische Gemeinde in der Stadt Göttingen. Studien zur Geschichte der Stadt Göttingen, Bd. 10. Göttingen
Wissel, Georg von, 1784, Der Jäger im Felde oder Kurze Abhandlung, wie der Dienst bey leichten Truppen im Felde zu verrichten. Göttingen
Wiswe, Hans, 1934, Dorfkirche und Grundherrschaft im südlichen Niedersachsen während des späteren Mittelalters, in: Jahrbuch des Braunschweigischen Geschichtsvereins, 2. Folge, Bd. 6, S. 78 – 88
Wittich, Werner, 1896, Die Grundherrschaft in Nordwestdeutschland. Leipzig
Wrase, Siegfried, 1973, Die Anfänge der Verkoppelungen im Gebiet des ehemaligen Königreichs Hannover. Hildesheim
Wroz, Winfried, 1976, Das Niedersächsisch-hessische Grenzgebiet unter besonderer Berücksichtigung der Gebiets- und Verwaltungsreform, in: Neues Archiv für Niedersachsen, Bd. 25, H. 2, S. 123 - 140
Wunder, Heide, 1985, Das Dorf um 1600 – der primäre Lebenszusammenhang der ländlichen Gesellschaft, in: Wolfgang Brückner, Peter Blickle und Dieter Breuer (Hg.), Literatur und Volk im 17. Jahrhundert. Probleme populärer Kultur in Deutschland. Wiesbaden, S. 69 – 87
---, 1986, Die bäuerliche Gemeinde in Deutschland. Göttingen
---,1991, Die ländliche Gemeinde als Strukturprinzip der spätmittelalterlich-frühneuzeitlichen Geschichte Mitteleuropas, in: Peter Blickle (Hg.), Landgemeinde und Stadtgemeinde in Mitteleuropa. Ein struktureller Vergleich. München, S. 385 - 402
Zuckermann, Mendel, 1909, Die Vorarbeiten der Hannoverschen Regierung zur Emanzipation der Juden im Königreich Hannover. Hannover
Zur Statistik des Königreichs Hannover, 1860, 7. Heft. Hannover
Ohne Verf., 1790, Detaillierte Verlust-Listen der kurfürstlichen Hannovrischen Truppen im Siebenjährigen Kriege, in: Neues Militärisches Journal, 7. Stück, S. 1 - 8
Ohne Verf., 1791, Zur Geschichte der Juden in den Braunschweigschen Landen überhaupt, und in Göttingen insonderheit, in: Schlozers Staats-Anzeigen, Heft 60, S. 467 - 475

Ohne Verf., 1862, Inhaltsangabe der dem historischen Vereine für Niedersachsen überlieferten Beschreibungen vaterländischer Kirchen nebst Zubehör, in: Zeitschrift des historischen Vereins, S. 375 – 418

Ohne Verf., 1909 ff a, Chronik der evangel. Volksschule in Niederscheden. Kreis Münden, Regierungs-Bezirk Hildesheim. Niederscheden

Ohne Verf., 1909 ff b, Chronik der evl. Volksschule in Oberscheden, Kreis Münden, Regierungsbezirk Hildesheim. Oberscheden.

Ohne Verf., 1964, Pendlerbewegungen im Südhannoverschen Raum. Ein Beitrag des Arbeitsamtes Göttingen, in: Südhannoverscher Heimatkalender, S. 117 - 120

Ohne Verf., 1990, 1840 bis 1990 – 150 Jahre Kirche in Volpriehausen. Festschrift anlässlich der „Woche der Kirche" vom 27. Juni bis 1. Juli